走进传统文化

国文化漫谈

张成权◎编著

北京师范大学出版集团
BEIJING NORMAL UNIVERSITY PUBLISHING GROUP
安徽大学出版社

图书在版编目(CIP)数据

中国文化漫谈 / 张成权编著 .—合肥：安徽大学出版社，2013.5(2020.11 重印)
(走进传统文化)
ISBN 978-7-5664-0411-4

Ⅰ.中… Ⅱ.张… Ⅲ.①中华文化—基本知识 Ⅳ.①K203

中国版本图书馆 CIP 数据核字(2013)第 059773 号

中国文化漫谈 　　　　张成权　编著

ZHONGGUO WENHUA MANTAN

出版发行：北京师范大学出版集团
安 徽 大 学 出 版 社
(安徽省合肥市肥西路 3 号 邮编 230039)
www.bnupg.com.cn
www.ahupress.com.cn
印　　刷：山东润声印务有限公司
经　　销：全国新华书店
开　　本：152mm×228mm
印　　张：18.5
字　　数：283 千字
版　　次：2013 年 5 月第 1 版
印　　次：2020 年 11 月第 5 次印刷
定　　价：31.00 元
ISBN 978-7-5664-0411-4

策划编辑：朱丽琴　姜　萍　　装帧设计：李　军
责任编辑：朱丽琴　程尔聪　　美术编辑：李　军
责任校对：程中业　　　　　　责任印制：陈　如

Mulu
目录

引 言

走进文明(上)

走进文明(下)

东周:中国的“轴心时代”

老子与先秦道家

孔子与先秦儒家

墨子与先秦墨家

从管仲到韩非:先秦法家

封建帝国对意识形态的选择

“三教”:从并立到融合

理学的兴衰

西学东渐

有容乃大

引言

这是一本漫谈中国文化的小册子。

虽然这本小册子的篇幅很有限，但我们仍然力求以史实为依据，尽可能地吸取前人和今人的研究成果，勾勒出中国文化起源、形成和演进的基本轨迹。

在漫谈中国文化之前，我们将按习惯先讲一讲什么是文化。

在现代汉语中，“文化”是一个使用频率很高的概念，似乎无需再作什么解释。但是，正像人们所说的，使用频率很高的概念往往是难以界定的概念，“文化”也是这样。因此，谈谈我们在这本小册子中对文化的理解，还是有必要的。

第一个给文化下定义的是英国人类学家爱德华·伯内特·泰勒(Edward Burnett Tylor)，他在1871年出版的《原始文化》中开宗明义就对文化作出了这样的界定：“文化，或文明，就其广泛的民族学意义来说，是包括全部的知识、信仰、艺术、道德、法律、风俗以及作为社会成员的人所掌握和接受的任何其他的才能和习惯的复合体。”[①] 泰勒以后，便不断有人给文化下定义，美国文化学家克罗伯(A·L·Krober)与克拉克洪(C·Kluckhohn)在1952年出版的《文化：有关概念和定义的回顾》一书中，列举了从泰勒《原始文化》出版以后80年间所出现的文化定义，结果，他们一下子就列举了162个，还不包括中国、前苏联和东欧各国学者的定义。有人估计，如果算上他们未列的和1952年以后新出现的文化定义，大约有200—300个。

文化定义的纷繁，反映了人们对文化理解的分歧之大，这也告诉我们，在讨论什么是文化的时候，不能也无法从定义出发。

如果撇开定义，我们倒想介绍一下日本著名文化史学家石田一良对文化的理解。他在《文化史学：理论与方法》一书中，曾经以日本东大寺俊乘堂的重源上人雕像为例说明文化是什么。重源(1121—1206)是日本镰仓时代[②]初期的一位高僧,他曾3次到宋朝求法。这座木雕像是出自镰仓时代一位雕刻名师之手的杰作。石田一良说,雕刻这座木像,首先需要木材,其次需要将木材加工成重源上人的形状。木材是自然物,而雕刻成重源上人的形状则是人类的行为。这就是说,这座雕像是自然与人类协力合作的产物:没有"自然",人类无法施其术;没有人类加工,"自然"则不会具有艺术形态。那么,作为文化(他讨论的是文化财富,相当于我们所说的文化遗产),究竟是指木像的哪一部分呢?石田认为,决不是木像的自然方面,而是它的人工方面。因为如果将木像砸碎,还可以遗下自然物(木片),但木像的人工方面——制作方法和表现样式则不存在了。所以,决定木像成为艺术形态的主要因素是人工方面。石田一良由此进一步指出:作为文化的应该是来自人工的无形的方法及样式[③]。

石田一良所说的"人工的无形的方法及样式",是属于人的内在的精神层面的东西。如果我们对其加以引申,就可以把文化看作人们在处理人与自然、人与社会以及人自身的内部关系中所采取的精神活动、实践活动的原则和方法。

但是,原则也好,方法也好,"样式"也好,都是无形的内在的。如果仅仅这样,那么,文化就成为一种难以捉摸的东西,我们谈论文化也就无从入手了。好在文化还是要表现出来的,还要借助一定的载体加以呈现,这个载体可以是语言文字,可以是物质产品,可以是制度规范,也可以是人们的行为举止。文化借助载体得以外化,才使我们能够认识它。也就是说,载体是我们认识文化的途径和渠道。

文化一旦通过载体外化,就成为内在的和外在的、自然的和人工的统一体。我们常说的"文明",就是这个统一体的凝聚和积累。这样,文明与文化的关系就成为:文化是形成文明的内核,是文明产生和发展的动力;而文明则成为文化外在的表现,是文化的凝结。这两者是很难分得清楚的。泰勒的文化定义,就没有区分文化和文明。所以在讨论一个较大社会群体的文化的时候,也就不可避免地会把文明作为认识这个群体文化的基本途径。

我们虽然赞成石田一良对文化的理解,即将文化看作"人工的无形的方法及样式",但还想作一点补充——价值观对"人工的无形的方法及样式"有着重要的作用。在人们的精神活动和实践活动中,价值观往往处于支配的核心的位置。以石田一良所说的雕刻木像为例，雕刻者总是要表现或突出他认为最重要的东西。一个人、一个群体、一个民族为什么要把这个东西而不是那个东西、这个方面而不是那个方面看作更重要一些，这就涉及价值观问题。

我们在这本小册子中对文化的理解基本上就是如此。

顺便说一下，在文化学中，还流行一种特别突出文化"符号"意义的理论，认为人类的一切文化成就都是"符号"化活动的结果。我们没有采纳这种理论，不是认为这种理论没有价值，而是因为它既与我们对文化的理解不一致（即把文化看作属于内在的、精神层面的东西），也与中国文化所强调的"言不尽意"、"得意忘言"这类文化精神不一致。中国文化能够给人以一种韵味深远的感觉，与它特别强调"言外之意"（而不是"符号"本身）不无关系。

关心文化问题的读者不难发现，我国一些学者在谈论文化的时候，不仅喜欢在定义上绕圈子，还想在中国古代文献中寻找出"文化"一词的词源。于是，他们从《易·贲卦·象传》中找到了"观乎天文，以察时变；观乎人文，以化成天下"；从刘向《说苑·指武》篇中找到了"凡武之兴，为不服也。文化不改，然后加诛"；从束皙的《补亡诗》中找到了"文化内辑，武功外悠"，就以为在汉语文献中找到了"文化"的词源，并且还从汉语的"文化"含义中引申出中国文化的特点：重"文治教化"。但他们忘记了"文化"这个概念是舶来品，并不是汉语中所固有的。一般认为它来源于英文的 culture（英文又源于拉丁文，是由拉丁文的动词 Colere 一词派生的④），并且不是从英文中直接翻译的，而是 19 世纪末从日语中引入的。所以我们就奇怪了：一个外来词怎么会在古代汉语中找到它的词源呢？

"文化"是外来词，这本是常识。但人们怎么会想到从汉语中去寻找它的词源呢？这是不是与长期流行的这样一种思维习惯有关，即总想把外来的东西看作中国"古已有之"的。如果是这样，那就有必要提醒：保留这种思维，是颇不利于当代中国人开放心态的培育的，也是不利于不同文明之间的真正对话的。因为中国既然一切已经"古已有之"，那又何必再去与其他文明交流和对话呢？

另外，我们对"中国文化"也需要作一些说明。

中国文化的多元性，现在已经是大家的共识。中国文化的多元性，不仅指它在文化元素构成上的多元性，还包括它在地域上的多元性和民族上的多元性。也就是说，“中国文化”这个概念应该是中国各种地域文化（如齐鲁文化、三晋文化、巴蜀文化、荆楚文化、吴越文化、岭南文化、闽台文化等等）的综合，也应该是中国各个民族文化（现代的民族和古代的民族）的综合。多元的地域文化和民族文化构成了中国文化的亚文化系统。因此，从逻辑上说，漫谈中国文化，应该将古代和现代各地区、各民族所创造的文化都要谈到。但是，这在这样一本薄薄的小册子中是无论如何也无法做到的。

好在中国文化不仅具有多元性，在多元的地域文化和民族文化中，还表现出“主导性”的特点，即在多元的区域文化、民族文化中，中原地区的华夏—汉民族文化一直处于主导地位，并且得到周边地区其他民族的广泛认同，形成“多元一体”的文化格局。这就为我们讨论中国文化提供了一条主线，也使简要谈论中国文化成为可能。当然，这也会带来中国文化内涵不准确的问题，即在很多情况下，人们在讲中国文化时，所指的仅仅是“华夏——汉文化”，而不是中国文化的全部。这本小册子所谈的中国文化或中华文化也是这样。在有些场合下，虽然也用“中国文化”概指各个民族的文化，但这种情况比较少。这是需要特别说明的。

在这本小册子中，有时还会涉及“中国文化特点”或“中国文化特质”问题。“特点”或“特质”是比较的概念。凡是提到文化的“特点”或“特质”，都必须以某种文化作为参照。参照系不同，对“特点”或“特质”的概括也会不一样。比如以古希腊—罗马文化为参照，或以古印度文化为参照，概括出的中国文化的特点就会很不一样。我们在谈到中国文化的“特点”或“特质”时，如果没有特别说明的话，其参照系则是现代的西方文化，即欧美文化。

提起中国文化的“特质”或“特点”，使我们想到对中国文化的两种“恶评”，一是“僵化”，二是“封闭”。

“僵化”有时讲得好听一些，叫“静态”，即认为中国文化属于“静态”文化。按照我们的理解，“静态”有两种含义：一是在“动”、“静”的关系上，认为中国文化是“主静”的；二是认为中国文化是静止的、没有发展的。

把中国文化看作静态的文化，是由来已久的。早在 18 世纪，著名的德国学者赫尔德就曾用“木乃伊”来形容中国文化的停滞和僵化[5]。就连恩格斯视为极富历史感的哲学家黑格尔[6]，在谈到中国的时候也显示出历史感的匮乏。在他的笔下，中国人就是清朝人，中国的政治体制就是清朝的政治体制，几乎没有自己的历史。这就实际上把中国文化看成是静止的，没有发展和变化的。只要翻一翻黑格尔的《历史哲学》，他的这一观点就可以看得很清楚。鸦片战争前后来到中国的外国人，看到的是梳着长辫子的男人和裹小脚的女人，更是以为中国人自古以来就是这样。这种认为中国历史几千年没有变化的观念，早在一百多年前就受到王韬的驳斥，他说："泰西人士尝阅中国史籍，以为五千年来未之或变也。夫中国何尝不变哉！巢、燧、羲、轩（轩辕氏，即黄帝）开辟草莱，则为创制之天下；唐（即尧）、虞（即舜）继统，号曰中天，则为文明之天下；三代（指夏商周）以来，至秦而一变；汉、唐以来，至今日而又一变。西人动讥儒者墨守孔子之道而不变，不知孔子而处于今日，亦不得不一变。"[7]但王韬没有能够改变人们对中国文化的看法，直到"五四"运动前后，一些新文化运动的领导者仍然认为中国文化是"静的文化"，并认为这是中国文化与西方文化的主要区别之一。这种观念一直影响到今天，也一直存在于国外的学者之中。所以，美国学者伊佩霞（Patricia Buckley Ebrey）在谈中国历史时特别指出西方那种把中国视为静止不变的、几乎是没有历史的看法，是"陈旧观念"[8]。

形成中国历史与中国文化是不变的看法，不是没有原因的。这与中国历史与中国文化的特殊性有关。与其他民族的历史与文化相比，中国的历史与文化表现出长期连续而没有中断的特点，它没有出现真正意义上的"断裂"或"断层"。一个没有"中断"过的连续性极强的对象，总容易使人产生一成不变的感觉。

但是，这种感觉并不符合中国历史和中国文化的实际。中国文化不仅是"变"的文化，并且很早就形成了"变"的观念。作为儒家经典之首的《周易》，讲的就是"变"的哲学，如《周易・系辞上》说"易"的含义有三个，第一就是"变易"，它还提出"穷则变，变则通，通则久"的观念。这种"变"的观念对中国文化有着深刻的影响。就连自汉代以后基本上占据统治地位的儒学，也经历了经学、义疏之学和理学的变化，在不同时期表现出不同的形态。

说中国文化"封闭"，也不符合实际。中国历史上有过封闭时期，清王朝中期就是这样。但将中国文化归结为"封闭"，就没有道理。我们认为,中国文化能够悠久而不中断,得力于三个方面:一是中国自身多元的地域文化和民族文化之间的相互碰撞和交流,使它富有生命力;二是通过教化、制度和习俗的不间断的传承,使它得以继承和发展;三是对外来文化的兼容并蓄。我们说中国文化在本质上不是封闭的文化,主要是指第三点。对外来文化的兼容并蓄,不仅表现在汉唐时期,也表现在宋、元、明代和清代前期。只要想想佛教融入中国文化、基督教几次进入中国、西学在中国的传播等等,就自然会承认,与其说中国文化"封闭",倒不如说中国文化"宽容"。"有容乃大"才是中国人对待外来文化和境内不同民族、不同地域文化的最主要理念。

最后,我们还想就这本小册子作三点交待。

其一,这本小册子虽然题为"漫谈",但我们不想把"漫谈"变成"散谈",而如前面所说的,还想通过随笔式的叙述,大体"勾勒出中国文化起源、形成和演进的基本轨迹",而不是仅仅关注那些零碎的、互不关联的中国文化知识。

勾勒中国文化形成和发展的脉络,主要关注的是中国文化自身发展的过程和阶段性,因此,历史朝代不是叙述单元。我们认为,中国文化大体经历了三个大的阶段:萌芽、形成和演进。从新石器时代到西周,是中国文化的萌芽时期,在这个时期,中国文化的基本元素日渐呈现和发展,中国文化的特质也日趋明显;东周时期(春秋战国)是中国文化的形成期或成熟期,其基础和特点大体奠定在这个时期,中国文化以后的发展,也常常要从这个时期吸取思想资料,获取思想动力,所以这是中国的"轴心时代";秦汉以后是中国文化与时推移、不断演化的时期,各个时代在保持中国文化特质的同时,又对中国文化不断加以丰富和发展,形成稳定性与变动性的统一。如果说这本小册子还有一个叙述的"框架"的话,那么,这就是我们叙述中国文化的基本"框架"。

其二,也不想使"漫谈"形同信口开河,而力求所提供的知识是可靠的。中国有一个成语,叫作"真知灼见",它常常用于形容那种正确而透彻的观点或见解。一本负责任的书稿也应该做到这样。在讨论、介绍中国文化的著作已经出版够多的情况下再讲中国文化,还想能够讲出多少"灼见",显然是困难的,但"真知"则是起码的要求。所以,我们这本小册子不敢奢望有"灼见",但则力求是"真知"。所谓

"真知",是指知识的可靠性,包括事实叙述的准确、原著诠释的正确、论述依据的明确,尽量避免误读原著、以讹传讹、断章取义、"六经注我"。当然,这并不排除本书有与其他著作说法不一样的地方。但不论讲得一样或不一样,我们都将尽可能做到有依据,决不讲那些"无根"的东西。

其三,讨论中国历史和文化,必然要涉及大量的历史文献。这些文献出自古代文人之手,它们基本上是用"文言"写就的,如果文献征引太多,可能在阅读时会增加不必要的麻烦。因此,我们尽可能将"文言"资料转述为白话,不得已而引用的少数引文,也将对其不常见的词语加以简释,使读者不必把时间耗在文字词语的查阅上。

【注释】

①[英]爱德华·泰勒:《原始文化》(重译本),广西师范大学出版社,2005年中文版,第1页。

②指日本历史上以镰仓为全国政治中心所形成的"武家"政权时代。文治元年(1185)镰仓幕府成立,出现了武士政权,产生"武家"政治和"公家"(公卿、贵族)政治的对立。13世纪后期,幕府的武士统治面临困难,镰仓幕府逐渐退出历史舞台。

③[日]石田一良:《文化史学:理论与方法》,浙江人民出版社,1989年中文版,第146—147页。

④参见覃光广等主编:《文化学辞典》,中央民族学院出版社,1988年,第107—108页。

⑤赫尔德曾说:"这个帝国(指中国)是一具木乃伊,它周身涂有防腐香料,描画有象形文字,并求以丝绸包裹起来;它体内血液循环已经停止,犹如冬眠的动物一般。"[德]赫尔德:《关于人类历史哲学的思想》,见[德]夏瑞春编:《德国思想家论中国》,江苏人民出版社,1995年中文版,第89页。

⑥恩格斯曾说:"黑格尔的思维方式不同于所有其他哲学家的地方,就是他的思维方式有巨大的历史感作基础。"认为他是人类思想史上,"第一个想证明历史中有一种发展,有一种内在联系的人"。恩格斯:《卡尔·马克思〈政治经济学批判〉》第一分册,《马克思恩格斯选集》第二卷,人民出版社,1995年中文版,第42—43页。

⑦王韬:《弢园文新编·变法上》,生活·读书·新知三联书店,1998年,第13页。

⑧[美]伊佩霞:《剑桥插图中国史·序言》,《剑桥插图中国史》,山东画报出版社,2001年中文版,卷首。

走进文明(上)

中國文化漫談
走進文明
繪於癸巳新春
合肥北郊
石呆居

史前文明:史前文化的踪影

我们习惯说中国文化“源远流长”。但“源”到底在哪里,却很难讲清楚。

为了搞清中国文化的源头,人们往往要追寻到人类的史前时代。

史前时代是指人类出现之后到文字发明之前的漫长时期。在这个时代的绝大部分时间里,人类都处在混混茫茫的状态,他们与禽鸟野兽为伍,巢居穴处,饮血茹毛。这时,人类能够留下什么历史?我们又怎么去了解他们的历史?

想象是人类填补知识空白的最初方式。我们的祖先不仅凭借想象构建了5000年的文明史,还凭借想象把中国历史推演到将近300万年前①。

但想象毕竟是想象。真正科学揭示史前的历史,需要依靠考古学——史前考古学。考古学告诉我们,在有文字记载之前,中国人的祖先与其他地区的古人类差不多,经历过石器时代和青铜器时代。石器时代又分为旧石器时代和新石器时代两个阶段,在石器时代与青铜器时代之间,或许还有一个铜石并用的时代。中国文化,就产生在这个过程中。

不过,考古学家们向我们直接展现的只是“考古学文化”,即具有一定特征、构成一定类型的人类遗址、遗迹、遗物等等的遗存。即使是相当发达的考古学文化,显示的也只是一种物质形态的文明,而不是我们所说的文化。

但史前文化正是凝结在这些物质形态的文明之中。这些物质形态的文明保留了史前文化的踪影。探寻史前文化,也只能从这些踪迹中切入。所以,我们探究中国文化的起源,将从在中华大地上所发现的远古时代的物质遗存,即远古文明开始。

文明的标志

“文明”与“文化”一样,也是历史范畴。

人类究竟是在什么时候进入文明时代?能不能给人类的文明时代找到一个起点?这样的问题曾经困扰着考古学家、人类学家、历史学家。为了确定人类在什么时候跨进文明时代的门槛，他们很想找出人类进入文明时代的物质性标志。

1877年，美国人类学家路易斯·亨利·摩尔根(L. H. Morgan，1818—1881)出版了《古代社会》[②]一书。这本非马克思主义者所写的充分体现唯物史观的著作的出版，立即引起了人们的注意。马克思就对《古代社会》很感兴趣，曾准备对摩尔根的研究成果作进一步的阐发，为此，他在1881年到1882年对《古代社会》作了详细的摘要，写了很多批语。可惜的是马克思的愿望未能实现便逝世了，他的遗愿是由恩格斯完成的。

恩格斯对《古代社会》的评价同样很高，认为它是"一本像达尔文著作对于生物学那样具有决定意义的书"[③]，并以马克思的笔记为基础，对《古代社会》作了历史唯物主义的阐发，写成了著名的《家庭、私有制和国家的起源》。

在《古代社会》这本人类学的经典性著作中，摩尔根按照进化论的观点，将人类历史划分为蒙昧社会、野蛮社会和文明社会三个阶段，并将蒙昧社会、野蛮社会两个阶段分为初、中、晚三个时期，他还为每个阶段和时期确立了一个标志性的起点。摩尔根认为，人类处于蒙昧时代最重要的进步是语言的产生以及获得鱼类食物和学会利用火；制陶术的发明是人类进入野蛮时代的主要标志；而文字的发明和应用则是人类进入文明时代的主要标志。他说：文明社会"始于标音字母的使用和文献记载的出现。……刻在石头上的象形文字可以视为与标音文字相等的标准"[④]。又说："文字的使用是文明伊始的一个最准确的标志"[④]。在文字的出现和应用之前，人类就一直处于蒙昧、野蛮时代，即人们习惯所称的"史前时代"。

此后，不少人类学家、考古学家、历史学家以及文化学家纷纷对文明的标志提出自己的看法。他们的思路基本上是摩尔根观点的延续，即从确立文明构成的要素入手。目前，比较流行的看法是把文字、青铜器(或金属冶炼)、城市(或五千以上人口聚落)作为人类进入文明时代的标志，这叫"三要素"说；或者在"三要素"的基础上再加上宗教礼仪性建筑，这叫"四要素"说。

不论是"三要素"说还是"四要素"说，实际上都是以国家的形成作为人类进入文明的标志。由于国家是抽象形态的东西，特别是远古时代的国家，现在已经难以考察，于是人们便用能够反映国家存在的具体的事物(“三要素”或“四要素”)来作为人类进入文明时代的标志。

“三要素”说或“四要素”说虽然为不少学者所赞同和运用,但也受到质疑。这不仅是因为在一个文明中,各个文明要素未必能够同时出现,也未必是同步发展的,这使学者们很难综合运用几个要素来确定某个文明产生的具体时间和过程。同时,在一些公认的古老文明中,文明要素却常常出现缺项。例如,大家都承认中美洲的玛雅文明和特奥蒂瓦坎文明是发达的古代文明,但它们却没有出现青铜器或其他金属冶炼技术;在南美洲的印加文明中,人们发现了强大的专制国家,却没有发现文字;在古埃及早王朝时期之前,农业文明已经相当发达了,但也没有发现典型的城市,学者们只好将它称之为“没有城市的文明”。

“新石器革命”:农业革命

“没有城市的文明”这个提法很值得玩味。从这个提法中我们看到了理论思维的惰性:当事实已经打破既有的理论框架的时候,人们不是修正理论以更好地反映事实,而是把事实看作既有规律的例外。

这种颇有“削足适履”之嫌的做法,当然不是真正的理论家的风格。到20世纪50年代,著名的英国史前考古学家柴尔德(P. V. G. Childe)在《远古文化史》[5]一书中,便对文明的起源提出了新的看法,他第一次提出了“新石器革命”的概念。

柴尔德所说的“新石器革命”或“新石器时代的革命”,指的就是农业革命。在讨论文明的标志上,柴尔德与摩尔根侧重于工具和技术的进步不同,他特别看重人类谋生方式(实际上是人类社会的主导产业)的变化。在他看来,农业的发生是人类历史上的最重要事件,正是由于农业的出现,产生了“变更人类经济的第一次革命,使人类控制了他自己的食物补给”[6]。

马克思曾经说过,农业是“使其他一切部门所以能够独立化的自然基础”[7],恩格斯也说过:“农业是整个古代世界的决定性的生产部门。”[8]柴尔德把农业产生看作人类经济的第一次革命,或许是受到马克思和恩格斯的启示。只是马克思、恩格斯是从古代社会结构的角度来讨论农业在古代社会中的地位,而柴尔德则是从人类社会的历史发展进程角度考察农业的出现，把农业的出现与文明的起源联系了起来。

柴尔德以产业变化为基础观察历史的方法，对后来的学术界产生了深远的影响。美国未来学家、赫德森研究所前所长赫尔曼·卡恩（Herman Kahn）的“大过渡”理论就认为，大约一万年前开始的农业革命就是人类文明发展史上的第一个分水岭，大约两百年前开始的工业革命则是第二个分水岭。美国未来学家阿尔文·托夫勒（Alvin Toffler）提出的颇为流行的“三次浪潮”说，依据的也是人类各个历史时期主导产业的不同。

“农业革命”究竟给人类生活带来什么变化？

当还没有固定的食物来源的时候，人们只能四处游走，寻觅食物，过着居无定所的生活。“农业革命”之后，为了照料驯化的动物和进行土地耕作，人们便需要定居下来。定居以后，人们就开始了聚族而居、邻里守望的新的生活方式和交往方式。为了生活、生产和安全的需要，人们也开始考虑定居地的设施建设，出现了房舍、仓储、墓地、水利工程、防卫设施等等人工建筑。

在采集、渔猎时代，由于觅食的困难，新生人口有时会被视为负担。人们开始种植和养殖以后，摆脱了对自然的完全依赖，第一次有了一定的谋生主动权，使食物来源变得较为稳定，在原来的游牧生活中常常被视为负担而丢弃的新生人口，现在则有能力也需要加以抚养，以便把他们培育成为新的劳动力。这样，自然加快了人口的增长。

“农业革命”也促进了社会分工和分层。生活资料有了富余，就有条件养活一些人，使他们从农业生产中分离出来，专门从事手工业生产和精神活动，这种分工又带来交换的需要，促使新的分工的发生，产生了商人。同时，人口增加，聚落扩大，分工发展，也使公共事务日渐增多，社会组织日趋复杂，管理权力越来越强化。社会管理权力的不断增强，加速了社会阶层的分化，出现了权利和义务不对称的各个阶层，形成了“劳力者食人，劳心者食于人”的局面。

“农业革命”还带来人类与自然关系的变化。在摩尔根那个时代，人们虽然已经大体上接受了人类的祖先是猿猴（类人猿）的假设，但从猿到人的过程究竟有多长，可能还不太清楚。现在，考古学家可以告诉我们，这个过程至少经历了三、四百万年，甚至长达七百万年以上。在这几百万年中,人类都是靠大自然的赐予而生存,采集、渔猎是获取食物的基本形式。人们把这种经济活动叫作“采集经济”。在采集经济时代,人与自然是无法分离的,人就是自然的一部分,也只是自然的一部分。

但是,从“新石器革命”开始,人类的谋生方式有了质的变化:食物的获取由纯粹依赖大自然的赐予开始变为向大自然索取,人类开始了依靠自己的劳动进行粮食生产和牲畜饲养以解决食物问题,即由采集经济向生产经济过渡。生产经济的出现,则意味着人类开始按人的需要利用自然,并且在自然界打上人类活动的烙印。所以,农业经济出现的意义还在于:它标志着人类开始从自然界分离出来,并且在人类活动范围所及的自然界中留下人类活动的痕迹,使自然成为“人化”的自然。

自然的“人化”是人类文明的发端,也是人类社会加速发展的开始。所以,人类进入新石器时代虽然只有 10000 年左右时间,这段时间虽然只占人类已有全部历史的几百分之一,但正是在这几百分之一的时间里,人类社会呈现出突飞猛进的进展,迅速地经历了从打磨石器、使用弓箭、乘坐独木舟到蒸汽机、火车、汽车、电话、飞机、电视,又到热核技术、航天技术、计算机技术、生物工程等等这样巨大的变化。

如果把新石器时代以后的历史比作是人类历史的“正剧”的话,那么,在此之前几百万年的漫长岁月,则仅仅是这短短 10000 年左右的“正剧”的序幕。而结束这个无比漫长序幕的,使人类的“正剧”正式上演的,正是“农业革命”。所以我们认为,农业的出现最有理由成为人类跨入文明门槛的标志。

中华大地上的“农业革命”

中国古代出现过关于农业起源的种种传说。这些传说主要有:①神农氏发明农业说。在《易经》、《淮南子》等古籍中,都记有神农氏发明耒耜和播种五谷的事迹。在传说中,神农氏往往与炎帝合而为一。炎帝又称烈山氏。“烈山”可能与原始农业曾经采用过刀耕火种的方式有关。②黄帝发明农业说。《史记》就持这种说法,它认为,是黄帝“时播百谷草木,淳化鸟兽虫蛾”[⑨],发明了农业。③后稷发明农业说。后稷是五帝之一的帝喾(kù)的儿子,名弃,相传是周族的祖先,以后被奉为谷神。

这些传说把中国农业起源的时间大体定格在炎帝和黄帝时代,恰好与“中华文明五千年”的观念相吻合,这就增强了传说的可信度。但是,农业考古发现却告诉我们,这些传说都不是信史。

下面,我们将分两个阶段来介绍与中华文明起源有关的农业考古概况。

从 20 世纪 50 年代到 80 年代末是第一阶段。在这个阶段,考古工作者发现了大量的有谷物遗迹的遗址。这些遗址主要集中于黄河流域与长江流域,最早的有代表性的遗址,在黄河流域是河南郑州裴李岗遗址、河北武安磁山遗址,在长江流域是浙江余姚河姆渡遗址。考古学界根据考古发现得出结论:中国农业大约起源于新石器时代前期,距今约 8000—7000 年。如《中国大百科全书》说:“黄河流域和长江中、下游是新石器时代农业相当发达的两个地区,至少从公元前五、六千年起,这里便分布着繁荣的农耕文化。”[10]

这个阶段的考古发现,证明了中国是世界农业起源中心之一,中国先民是粟、稷的最早培育者,也是水稻的最早培育者之一,彻底澄清了中国农业外来说。但是,仅仅将农业起源追溯到 8000 年前,也有一些问题。

首先,不能对农业遗迹中所发现的一些现象作出解释。比如在河姆渡遗址第 4 层的较大范围内,稻谷、稻壳、茎叶等混杂,形成了 0.2—0.5 米厚的堆积层,最厚处超过 1 米,与其同时,还发现大量的骨耜,仅河姆渡一处就出土了上百件,这都不是农业刚刚发生时所能有的现象。也就是说,农业活动发生的时间应该更早。

其次,我国新石器时代的出现,大约距今 13000 年到 10000 年。如果我们从理论上承认农业的发生是人类进入新石器时代的重要标志,那么,从进入新石器时代到农业的出现,便存在着 5000—2000 年左右的时间差。这个时间差意味着农业考古可能还会有新的发现,也果然有了新的发现。

从 20 世纪 90 年代开始,我国的农业考古进入了第二个阶段。

这一阶段农业考古突破性的进展,除了发现古稻田遗址外,就是考古工作者发现和认定了十余处距今 10000 年左右的农业遗址。如湖南道县玉蟾岩遗址、江西万年仙人洞和吊桶环遗址、江苏溧水神仙洞遗址,河北徐水南庄头遗址、河北阳原于家沟遗址,广西南宁豹子头遗址等等。著名考古学专家张光直先生曾经断言:“到了距今13000年至10000年前,我们的旧石器时代先民们的活动范围遍及中国,他们已经做好了迈出下一步的准备,即向农业转变。”[11]张光直先生的断言现在已经被农业考古所证实,我们也有理由宣布:中国农业的产生与中国进入新石器时期是同步的。

原始农业类型

分布在黄河流域和长江流域的农业遗址,从作物品种上表现为两种主要类型:旱作农业和稻作农业。

旱作农业

在河南郑州裴李岗文化遗址与河北武安磁山文化遗址这两处新石器文化遗址中,已经呈现典型的农业村落的特征:在遗址中,有房基、窖坑、陶窑、墓地;在出土遗物中,有石斧、石刀、石镰、石铲等农业生产和石磨盘等粮食加工工具,以及家畜的骨骼;出土的粮食遗存则主要是粟、稷。这两处遗址是远古时代中国北方地区旱作农业的代表。

另外,在距今8000年左右的甘肃秦安大地湾遗址中,除发现大量的房屋遗址、灶址、灰坑和窖穴、窑址、墓葬外,还发现了沟渠12段,出土了陶器4147件、动物骨骼17000多件,表明这里已经有了较为发达的原始农业。人们对大地湾遗址特别关注,还因为在这里发现了炭化稷的标本。它同样证明了稷与粟是我国北方最早种植的农作物。

稻作农业

浙江余姚河姆渡遗址是长江下游稻作农业的典型代表。在这个遗址中,出土了大量的石锛、骨耜、斜铤骨镞、管状骨针、骨哨、木矛、木刀、陶甑(双层蒸器)等生产工具和生活用具,发现了大批带榫卯的木质建筑构件、干栏式建筑遗迹,以及由稻谷、稻壳、茎叶等混杂形成的堆积层。

大量的农业工具和剩余农产品表明,这个地区的农业生产已经颇为发达。另外,这里出土的一件刻画着稻穗和猪纹图像的陶盆也很引人注目,因为它似乎是向人们显示:家畜饲养已经成河姆渡人生活的一部分。

河姆渡遗址不是长江流域最早的稻作农业遗址，更不是长江领域唯一的稻作农业遗址。例如，在湖南道县玉蟾岩遗址发现的栽培水稻实物，就比河姆渡遗址所发现的水稻种植的时间要早得多，有人断定它的年代大约是在 14000－10000 年前，可能是我国也是世界上最早的水稻种植遗址。

这两种类型的农业遗址反映了中国原始农业的基本格局。这种北方以旱作农业为主、南方以稻作农业为主的格局，直到今天还大体保留。

除了以上两种类型的农业遗址外，还发现了块茎类农业的遗址：甑皮岩遗址。该遗址距今约 10000 年左右，它的发现曾轰动一时，考古工作者开始以为这里将会出土大量稻类，成为华南地区乃至世界上最早的稻作农业遗址，但发掘的结果，却是出土了数量可观的块茎类植物遗存，它也因此成为华南地区块茎类农业的代表。

农业格局的形成，是根据自然条件“因地制宜”的结果。它从一个侧面反映出，农业的出现虽然可以反映人类开始脱离自然而独立的倾向，但并不意味着人类从此就可以不受自然的约束，而是形成了人与自然关系的两重性：人类从自然分离开来的独立性和人类生产、生活对自然的依赖性。

中华文明的多源起源

前面对中国农业起源的介绍，选择的对象主要是黄河流域和长江流域较为典型的农业遗址。

其实，在我国所发现的新石器遗址中，基本上都有农业（种植业和畜牧业）作为经济支撑或经济要素。这些遗址如果全部列举出来，将是成千上万的。即使是已经命名的考古学文化遗址，也有数十处。其中较为典型的遗址，在长江流域，有四川巫山的大溪遗址、湖北京山的屈家岭遗址、江西万年的仙人洞遗址、安徽潜山的薛家岗遗址、安徽含山的凌家滩遗址、浙江余姚的河姆渡遗址、浙江嘉兴的马家浜遗址、浙江余杭的良渚遗址；黄河流域有甘肃临洮的马家窑遗址、陕西西乡的李家村遗址、西安的半坡遗址、河南新郑的裴李岗遗址、河南渑池的仰韶遗址、河北武安的磁山遗址、山东泰安的大汶口遗址、山东章丘的龙山遗址;在东北和内蒙古地区,则有黑龙江密山的新开流遗址、辽宁沈阳的新乐遗址、长海的小珠山遗址、内蒙古敖汉旗的兴隆洼遗址、巴林左旗的富河沟门遗址、赤峰的红山文化遗址;华南地区也有湖南澧县的彭头山遗址、道县的玉蟾岩遗址、广西桂林的甑皮岩遗址、曲江的石峡遗址、广东深圳的咸头岭遗址、福建闽侯的昙石山遗址,还有西藏昌都的卡若遗址、台湾台北的大坌坑遗址和圆山遗址、高雄的凤鼻头遗址,等等。

在中华大地上所发现的成千上万的新石器文化遗址,如果在中国地图上一一标示出来,那真像著名考古学家苏秉琦先生所比喻的那样,是“满天星斗”。为了对这“满天星斗”般的新石器文化进行分类整理,以揭示它们内在的关联,苏秉琦先生还提出“文化区系类型”学说(他后来通俗地称为“条块”说)。苏秉琦先生认为,中华文明在发生过程中,经过裂变、冲撞和融合,一些较小地区的文化系统(相当于他所说的“类、型”)逐步形成较大的文化系统(相当于他所说的“系”),这些文化系统又进一步综合起来,形成更大的文化系统或者叫作文化圈(相当于他所说的“区”)。苏秉琦先生认为,在我国新石器时代,最终形成的文化区系或文化圈有 6 个[12],即:

1. 以燕山南北、长城地带为重心的北方;
2. 以山东为重心的东方;
3. 以关中(陕西)、晋南、豫西为中心的中原;
4. 以环太湖为中心的东南部;
5. 以环洞庭湖与四川盆地为中心的西南部;
6. 以鄱阳湖—珠江三角洲一线为轴心的南方。

这六大区系,也就是中华文明发祥的 6 个主要区域,或中华文明在起源时期所逐步形成的 6 大文化中心(也有人把甘青地区独立出来作为一个文化区,这样,就成为 7 个文化区或文化中心)。苏秉琦先生所说的“满天星斗”般的新石器文化遗址,就分属于这 6 个文化中心。它们自成体系,各有特点,相互辉映。

6 大文化中心或 7 大文化中心的提出,意味着对中华文明起源的重新认识。长期以来流行这样一种说法:“黄河是中华文明的摇篮。”也就是说,人们一直认为只有黄河流域(主要是黄河中下游)才是中华文明的发源地。这就是中华文明起源的“一源说”。

现在,成千上万的新石器遗址的发现,数十种已经命名的考古学文化的存在，特别是横贯东西、纵跨南北的 6 大文化区系（或 6 大文化中心）的形成，都足以说明中华文明的发源地不限于黄河流域。

中华文化的多源发生，是我国丰富多彩的民族文化和地域文化形成的前奏，也为中华文明形成富有内在生机和活力的发展机制奠定了基础。在一个周边由大海、高山、沙漠、草原和大河环绕的相对封闭的地理单元中发生的中华文明，所以能够经久不衰，一个很重要的原因就在于它的内部存在着不同民族文化和区域文化的碰撞、交流和融合。

新石器文明掠影

新石器时代毕竟太遥远了，我们很难凭借想象去勾画出那个时代的图景。好在我国考古工作者发现了数量惊人的新石器时代遗址和实物，这使我们有可能领略先民们创造的灿烂的新石器文化。但是，这些遗址和实物的数量实在太多了，涉及的内容实在太广泛了，这使我们在介绍时感到左右为难。下面只能选择少量器物以展现我国新石器文明的几个侧面，只能算是掠影。

掠影(1)：绚丽多彩的陶器

农业发生之后，特别是人类定居以后，人们很快便掌握了制陶技术，开始了陶器的制作。由于陶器的制作与农业的出现大体是同步的，它也因此而与农业一起被视为人类进入新石器时代的标志。

陶器是人类第一次按照自己的预期而制作出来的人工制品，是人们第一次靠自己的智慧完全改变了自然物（黏土）的性状而生产出来的产品。可能人们对自己伟大的创造力太欣赏了，对自己亲手制造的产品太热爱了，所以不遗余力地在陶器上进行美化：精心造型、精心构图、精心藻绘，从而制作出绚丽多彩的陶器，使陶器成为实用器物和审美创作的统一体。

1962 年，江西万年县仙人洞出土了距今大约 10000－9000 年前的大口深腹圆底罐及其他陶器的碎片，这是我国迄今所发现的最早陶器。到了距今 6000 年前后，陶器制作便进入高峰期，精美的彩陶普遍出现。后来，中原地区的彩陶制作逐渐衰落，彩陶制作的重心发生了转移，在黄河上游出现了更为灿烂的彩陶文化；而在黄河流域的下游,薄胎黑陶则逐渐成为龙山文化最具代表性的陶器。与此同时,长江流域和江南地区,在距今7000年及之后,陶器的制作也得到迅速的发展,形成了各具特色的陶器风格。

陶器出现以后,从原始的粗陶发展到精美的彩陶和黑陶,制陶技术的改进起了重要的作用。新石器时期陶艺的改进,有两点尤其值得注意,一是烧制方式的改进,一是制陶机械的使用。

在烧制方式上,陶器经历了从平地堆烧到入窑烧制的过程。人们什么时候发明了陶窑,现在还难以确定。大概在七、八千年前,即裴李岗文化和磁山文化时期,横穴窑就开始出现;到仰韶文化时期,采用竖穴式的陶窑就越来越多了;到龙山文化时期,使用竖穴式陶窑则更加普遍。

在制作工艺上,陶器则经历了由手制到轮制的过程。捏塑法、模制法、泥条盘筑法(即将泥料搓成较长的泥条,连续向上盘筑,再里外抹平,制成器形)等都属于手制工艺。到大约四、五千年前的大汶口文化晚期,黄河流域开始出现轮制工艺,即把泥料放在木制的圆形平盘(陶轮)上,利用陶轮的旋转作用,进行器形修整,或用手将泥料拉成所需的器型。这种陶轮,在《墨子》中叫作"运钧"[13]。龙山文化时期,轮制工艺广泛采用,并逐步由慢轮发展为快轮。如果没有轮制工艺,当时要制作出"蛋壳陶"(由器壁薄如蛋壳而得名)这种薄胎黑陶是不可想象的。在长江流域,马家浜文化晚期也出现了轮制工艺,到良渚文化时期,轮制工艺便普遍使用起来。

人们为什么会想到制作陶器?恩格斯曾经认为:"在许多地方,也许是在一切地方,陶器的制造都是由于在编制的或木制的容器上涂上粘土使之能够耐火而产生的。在这样做时,人们不久便发现,成型的粘土不要内部的容器,同样可以使用。"[9]在恩格斯看来,人们制作陶器的初衷是为了使容器能够"耐火"。其实,除了"耐火"的需要,可能还有着"防水"的目的。农业生产的发展和人类谋生方式的改变,给人们生活带来了新的问题:剩余谷物需要器皿贮存,取水、用水需要防渗漏容器,同时,谷物是颗粒状的淀粉物质,再用烧烤的办法加工食用已经不合适,需要制作适于蒸煮的器皿,等等。人们在长期用火的过程中看到,经过焙烧的黏土具有不渗水的特点,于是便仿照木竹容器的形状开始烧制陶器。当然,用"防水"的需要解释陶器的产生,与用"耐火"的需要解释陶器的出现一样,也是猜测。

在中国新石器时代的陶器中，最令人瞩目的是彩陶，其次是黑陶。

彩陶是指绘有彩色花纹图案的陶器。在距今大约8000—7000年的老官台文化中，出现过绘着简单纹样的彩陶，这是我国迄今发现的最早彩陶。到仰韶文化中，彩陶便大量出现，并异彩纷呈。

在半坡遗址中出土的彩陶上，我们可以看到奔驰的鹿、爬行的鼋(亦称蛙或龟)、伫立的鸟。特别是鱼类图案，更成为中原仰韶文化陶器中最有代表性的图案。一只只陶器上所绘的鱼纹图案，至今都还在展示它的魅力。

20世纪50年代，在陕西省西安市半坡村出土的人面鱼身纹陶盆，不仅为考古学家们所重视，也为艺术家们所欣赏。在它的内壁，用黑彩绘出了两组对称的人面鱼纹，其人面和鱼形都作了图案化的处理，使画面颇具有装饰性：人眼细而平直，鼻梁挺直，显得神态安详；靠近人嘴的两边有两个变形的鱼纹，鱼头恰与人嘴外廓重合，两耳旁边各有一条若即若离的小鱼，构成形象奇特的人与鱼的统一体；人的头顶上画有一个呈三角状的物体，让人想到这可能是经过夸张的发髻。这一切都显示了丰富的想象力和艺术表现力。通过这幅人面鱼纹图案，我们还可以看出人们当时是怎样把实物形象改造为抽象的几何纹饰的，从而成为反映先民抽象思维水平的实物之一。

在河南省临汝县阎村墓葬中出土的一件彩陶缸，也是人们十分关注的彩陶作品，特别是在这只硕大的陶缸的腹部上所绘的一幅高37厘米，宽44厘米的绘画，更成为人们关注的焦点。画面的主体部分，是一只高大雄健的鹳鸟叼着一条大鱼，在鹳鸟的前方立置一柄长斧，斧柄上绘有X状符号。这幅画被公认为是我国原始社会的一幅绘画杰作。它在绘画技法上很有特色：鹳鸟比例准确，神态生动；用黑线钩出轮廓的鹳眼、鱼和长斧，与用没骨法所画的鹳鸟相映，显得笔法多变；如果说鹳鸟叼鱼是写实手法，则长斧就有象征意味，这种写实和象征的结合，使画面既真切又虚幻，让人们感觉它似乎有着什么寓意，以至于直到今天人们还在追问：鹳鸟为什么要叼着一条大鱼而面对长斧？长斧究竟象征着什么？或许这些追问都是多余的：人们在绘制这幅图画时，就只是为了释放自己的审美冲动，并没有赋予什么寓意。这一切迄今尚不得而知。

中原地区彩陶衰落后，黄河上游又成为彩陶中心，出现了彩陶艺术新的高峰。这就是马家窑类型的彩陶。

马家窑类型彩陶虽然基本上是与中原地区仰韶类型彩陶一脉相承,但也有自己的特点。在橙黄色的底色上,用黑彩所绘的各种图案,线条流畅,产生出强烈的韵律感,而且可以看出在将实物图案化的过程中对事物特征的准确把握。即使是绘画性的图案,也显示出构图严谨、笔法娴熟的特点。

其代表性作品中,有一只青海省大通县上孙家寨出土的舞蹈纹彩陶盆。它的图案化的舞蹈纹饰,巧妙地表现了人们的舞乐活动:手拉手踏歌而舞,腰前飘带飞扬,脑后发辫摆动,展现了一幅生动的集体舞蹈图景。这是这个时期最富有魅力的彩陶作品之一,也是最早表现人物活动的绘画作品之一。

另一个代表性作品是马家窑类型晚期的一只人头形器口的彩陶壶。这是人们把雕塑与陶艺结合起来的一种尝试:在壶的口部,雕塑出隆起的鼻梁,在口沿上画出“八”字形的双眉,双眉下是中有横线的双眼,壶颈的两侧有扁片状双耳,而嘴巴则用指向器身的倒三角形图案表示,并与从颈部到腹部的旋纹连成一气,使彩陶的器形与人的形象浑然一体,表现出原始艺术的奇妙构思。

在马家窑类型的陶器中,体量较大的陶器也引起了人们注意。其中一只高 66 厘米,腹径 52 厘米大型彩陶壶,被人们称为“彩陶王”。陶器为什么越做越大?能够找到的理由就是由于农业的发展,需要更大的容器来贮藏粮食。这只陶器虽然体形较大,但加工细致的程度丝毫不减,它腹部盘旋流畅的大旋纹,给人一种涡流涌动的感觉,表现出图案的绘制者对流水、旋涡的熟悉和善于捕捉。花纹下部的花边图案,犹如一群姿态一致的飞鸟,更使画面在动态中显得齐整。

1928 年首次发现于山东章丘龙山镇城子崖的黑陶,代表着中国新石器时代继彩陶之后的又一个制陶高峰。

黑陶的特点不仅在于颜色的“黑”,还在于材质的“薄”,所以人们形容它:“黑如漆,亮如镜,薄如纸,声如磬。”它由于胎壁极薄而质地坚硬(其器壁最薄的仅 0.3 厘米,几乎呈半透明状),表层无釉而漆黑发亮,造型质朴而典雅,因此被视为我国原始文化的瑰宝之一,其中的“蛋壳陶”尤称绝品。

掠影(2):独特的玉器

在我国新石器时代的遗址中,玉器是普遍的出土物之一。从东北和内蒙古的兴隆洼文化遗址、查海文化遗址、新乐文化遗址和红山文化遗址到黄河流域的仰韶文化遗址、大汶口文化遗址、龙山文化遗址、马家窑文化遗址、齐家文化遗址;从长江流域的河姆渡文化遗址、马家浜文化遗址、北阴阳营文化遗址、薛家岗文化遗址、菘泽文化遗址、青莲岗文化遗址、凌家滩文化遗址、良渚文化遗址、大溪—屈家岭文化遗址、石家河文化遗址、三星堆文化遗址到岭南的石峡文化遗址和台湾的卑南文化遗址等,无不有玉器的发现。

迄今为止,考古工作者所发现的最早玉器,是距今大约 12000 年的辽宁小孤山旧石器时代末期遗址中出土的玉质砍凿器。它与石器没有什么实质性的区别。到距今 8000—7000 年,出土玉器的数量和品种便多了起来。以红山文化玉器、凌家滩文化玉器和良渚文化玉器为代表,形成了我国史前玉器使用的高峰。人们面对大量出土的精美玉器,在惊讶的同时也提出了疑问:中国是不是继石器时代之后还存在一个玉器时代?

如果说农业的产生和陶器的发明,是新石器时代各个文明的共有现象的话,那么,玉器的大量制作和广泛运用,则是中国新石器时代的独特现象。在欧洲、美洲、新西兰和亚洲其他地区的远古时期遗址中,也发现有玉器,但无论是在出现之早、数量之多方面,还是在质地之好、雕琢之精方面,都无法与中国新石器时代玉器相比。而且,其他地区的玉器制作很快便停顿失传,只有中国玉器几千年沿袭不衰,成为中国文化连续性的重要表现之一。

玉器可能是在人类选石制器的过程中产生的。人类最初也是“有眼不识金镶玉”的,他们把玉料当作石料处理,用于工具和兵器的制作。所以,不仅玉器的出现晚于石器,而且在出土时往往与石器共生,有玉器的出土,一般都伴有石器的出土。直到汉代,还有“轩辕、神农、赫胥之时,以石为兵……至黄帝之时,以玉为兵”[14]的说法,将玉与石并举。汉代著名的经学家、文字学家许慎在《说文解字》中则用“石之美”解释“玉”[15],即把玉看作石的一种,只是它比一般的石头美丽一点而已。

当然,“美石”与“石”还是不同的。人们对玉的态度逐渐地就从

"石"转向它的"美"。玉也正因为它的"美"而身价渐增,甚至被赋予灵性,成为神物。所以,距今8000—7000年出土的玉器,就不仅是加工走向精细,功能也发生变化,它的实用性功能完全让位于美体性、礼仪性、象征性和宗教性,即或作为美体的佩饰物,或作为宗教活动和祭祀活动所用的神器和礼器,或作为权力、财富的象征物,还可以"辟邪"。到良渚文化时期,玉器几乎成为神器,除了作为佩饰,主要就用于祭祀活动。

尽管我们已经发现了大量新石器时代的玉器,但迄今为止,对其了解还不是很多,有些玉器甚至还是谜。在距今大约5500年的安徽含山县凌家滩遗址中曾出土一块玉牌,玉牌上有一个由从圆心向圆周放射的多条线条组成的图案。这块玉牌在出土时,夹于玉制的龟背甲与腹甲之间,显然与占卜有关。但其图案究竟表达出什么信息,就不太清楚。有人认为它就是上古时代的河图、洛书,有人认为是文字产生前的八卦图像。这显然都是属于臆测。但不管具有什么含义,把它看作在当时人们心目中具有灵性的神物,可能是不会有什么大错的。

掠影(3):汉字的发明

自摩尔根之后,历史学家、考古学家、人类学家无论怎样理解文明,无论提出多少条衡量人类进入文明时代的标准,但都赞同文字的产生是最重要的标志。那么,作为中华文化重要载体的汉字,究竟是什么时候出现的呢?

中国古代对汉字的起源有种种传说,归纳起来,主要是三种,即起源于八卦说、起源于结绳记事说和仓颉造字说。前两种说法显然没有什么根据,第三种说法把汉字看作一个人的创造,也不可能是事实。一种文字的产生,决非一人之力一时之功。战国时代的荀子就已经提出过这个问题,他说:"作书者众矣,而仓颉独传者,壹也。"[16]仓颉或许在汉字的创造和整理上有过很大的贡献,但参与汉字创造的并非他一个人。从考古发现来看,汉字是在人们社会交往、交流中逐步形成和发展起来的。它的源头应该是图画,所以在早期的文字中,象形字占了很大的比重。

我们现在能看到的最早的汉字体系,是商代的甲骨文,距今大约3500—3100年。由于甲骨文已经是一种成熟的文字体系,而且历史悠久，历史学家、古文字学家们把便将它与古埃及的纸草文字、巴比伦的泥版文字和美洲印第安人的玛雅文字一起，称为世界四大古文字。但是，从文字产生和发展的一般规律来看，一种文字从出现到成熟，大约需要1500—2000年时间。于是一些学者便断言甲骨文字并不是最早的汉字，他们希望通过考古能够找出汉字的源头和演进的轨迹。1985年、1986年，在西安市郊长安县的一处龙山文化时期的村落遗址中，出土了十多块有刻符的兽骨，这些刻符已具有文字的特点，专家们已辨认出"人"、"羊"、"三"、"退"、"万"等单体文字；1997年，在山东省桓台县史家遗址又发现了也属于龙山文化时期的甲骨文片，这就把甲骨文出现的时间提前了一千多年。考古专家和古文字专家把这些甲骨文字称为"原始甲骨文"，以与殷墟甲骨文在时代上相区别。

2003年4月17日，英国广播公司(BBC)中文网站发表一则消息："在中国河南贾湖发现的乌龟壳上的符号，很可能是迄今为止人类所知最早的文字。"贾湖遗址是1979年秋在河南舞阳县舞阳镇贾湖村发现、1980年调查并确认的一处裴李岗类型的文化遗址。在贾湖遗址出土的14件龟甲、骨器、石器和陶器上，有16例刻符，其中有9例符号刻在龟甲上。从具有多笔组成的结构看，应是有意刻画的。在一片腹甲下右侧刻有一个符号，与甲骨文的"目"字极为相似，在另一片残腹甲上所刻的符号，则极像"曰"字。这些刻符号似乎与商代甲骨文有某种联系，或许正是汉字的滥觞。但考古学界对这些刻画究竟是不是文字尚无定论，我们也就没有把它作为最早的汉字加以介绍。

在河姆渡、仰韶、姜寨、大溪、马家窑等新石器时代遗址出土的陶器上，也发现不少刻画符号，其中，半坡遗址的陶器上发现的单体刻符有27种，姜寨遗址的陶器上发现的单体刻符有38种，在柳湾墓地出土的陶器上，单体刻符多达50余种。有人认为这些刻符就是最初的汉字。当然，学术界也有不同看法。

后来，在山东莒县陵阳河和大朱村、诸城的前寨等地出土的大汶口文化时期陶器上，考古工作者又发现有一些单体刻符。这些刻符虽然数量不多，但它们在陶器上反复出现，而且结构稳定，形义清楚，显然不是一般的刻符。像以日、云、山三个图形组成的刻符，犹如一团云气在山上烘托着初升太阳的图画，颇具会意字的特点，很多古文字学家认为它就是最早的“旦”字；也有人认为它是“炅”字，即日光，还有人解释为日、月、山三个字。不管释为什么字，都承认它是早期的汉字。这样，汉字的产生又从龙山时期向前推进了一千多年。经过两千多年的演进，便形成了像甲骨文字那样的文字体系。

汉字产生以后，就开始承担起汉语书写符号的职能。它除了在形体上有所变化外，其基本的结构方式一直没有改变过。也就是说，汉字作为承载、传播中华文化的载体，延续了数千年之久。它对中华文化发展的贡献也就于此可见。而且，汉字除了具有一般文字的记录语言、进行交际和传承文化的功能外，它还具有一项特殊的作用，即对中华民族共同体的形成和发展，建有不可磨灭的功勋。我国幅员广大、民族众多，各地方言、各个民族语言的差异极大。不同地区的人们能够进行交际，不同地区的文化能够交流，各个民族之间的关系能够维系，汉字起了不可替代的作用。最早指出汉字这一历史作用的是著名史学家、图书馆学家柳诒徵先生，他在 1923 年完成的《中国文化史》中说：“吾国幅员辽阔，种族复杂，而能抟结为一大国家者，即持文字为工具也。”[17]

掠影(4)：城市的构建

在新石器时代晚期，人类社会又发生了一次大的转变，这就是城市的出现。

就目前的考古资料来看，我国史前的城市或城堡，大约出现于 4000 多年前的龙山文化时期。处于黄河中下游的河南安阳后岗、淮阳平粮台、登封王城岗，山东寿光边线王村、章丘城子崖等地，都发现了城市或城堡的遗址，它们都属于龙山时代。此外，在内蒙古的凉城老虎山，包头附近的阿善以及赤峰附近，还发现有石砌围墙的城址。

城市的功能是防御。首先是防御凶猛野兽的侵袭。在仰韶时代，人们防御的措施之一是在聚落周围挖沟，就像我们在半坡遗址中所看到的那样。后来，人们将从沟里挖出的土石沿沟堆积起来，这便成为“城墙”，沟则成为“护城河”，“城”的雏形出现了。

人们挖沟筑城可能还有一个目的，即防御敌人的侵犯。随着生产的发展，产品有了剩余，出现了私有财产，同时也引起了一些人对财产的觊觎之心。于是，为掠夺牲畜、财产而引起的战争便在部落与部落之间不断发生。挖沟筑城对敌人突如其来的袭击，则不失为一种有效的防御手段。

城市出现以后,它的功能也逐渐地发生变化。人们生活聚落的范围不断扩大,不可避免地会产生出专门管理者和层级式的管理机构。而社会生产力的提高使手工业、商业与农业发生分离,手工业技术逐步为少数人所掌握而走向专门化,他们逐渐形成对交易场所的依附或对财富占有者及特权人物的依附。这两部分人——管理者和手工业者、商人,都不满足于居住在较为孤立分散的农村,而向人口较为集中且较为安全的城市集聚。这就使城市产生了政治功能和经济功能。

这时的城市还具有宗教的功能。它是祭神的重要场所,所以,在城市的遗址中往往发现有祭坛的遗迹。后来,又从这种宗教功能中衍生出礼仪功能,举行大型祭祀和庆典活动的建筑便成为城市不可或缺的一部分。

对人类历史来说,城市的出现虽然比不上农业产生的意义深远,但也不失为人类历史发展的一个标志,它的意义决不在 18 世纪的工业革命之下。虽然城市逐步成为整个社会的经济中心、政治中心、文化中心,城乡之间具有割不断的联系,但城乡的发展规律毕竟不同,这就使人类社会形成了城乡分离的二元结构。直到今天,这种二元结构对人们的社会生活仍具有深刻的影响。

由于城市的出现对人类历史具有巨大的影响,所以柴尔德把它看作人类历史上的第二次革命——“城市革命”。

掠影(5):金属冶炼技术

中国金属冶炼技术的出现,至迟可以追溯到仰韶文化时期。它是与当时的彩陶烧制技术大体上同时出现的,甚至就是彩陶烧制的产物。在距今大约 6500 年的陕西临潼姜寨遗址中,曾出土一块半圆形的铜片。这是到目前为止所发现的我们祖先最早进行金属冶炼的遗物。稍后的红山文化遗址还出土了铸造小件铜器的陶范(“范”即模子),它表明金属冶炼已经进入了自觉阶段。另外,在甘肃的一处马家窑文化遗址中,出土了与一些铜的碎片并存的一柄铜刀,它是迄今为止所发现的最早的成型铜器,距今大约 5000 年。到龙山时代,铜制品出土就多了起来,河南、山东、山西、内蒙古等地都有发现。这些铜制品有红铜(自然铜),也有黄铜、青铜(合金铜)。

虽然我国新石器时代的铜制品发现较少,它不像当时的陶器、玉器那样辉煌，也不像农业和城市出现那样对社会生活影响巨大，但毕竟表明我们的祖先已经掌握了金属冶炼技术，已经在为商周时代无与伦比的青铜器制作开始准备技术条件。

掠影(6)：惊现神龙

《史记》曾记述术士公孙卿转述的黄帝乘龙飞升的故事："黄帝采首山铜，铸鼎于荆山下。鼎既成，有龙垂胡髯下迎黄帝。黄帝上骑，群臣后宫从上者七十余人。龙乃上去。余小臣不得上，乃悉持龙髯，龙髯拔，堕，堕黄帝之弓。百姓仰望黄帝既上天，乃抱其弓与胡髯号，故后世因名其处曰鼎湖，其弓曰乌号。"[18]

许慎在《说文》也曾对龙作这样的描述："龙，鳞虫之长，能幽能明，能细能巨，能短能长。春分而登天，秋分而潜渊。"[19]

在中华文化中，龙，是神圣的崇拜对象，中华民族的最高象征，民族精神的集中体现。所以，中华文化被视为龙的文化，中国人被视为龙的传人。那翱翔天际、变化无方、神秘莫测的龙的形象，人们在很长时间内都以为只是出于后人的想象，不认为它能够出现在远古时代。

但是，在考古发掘中，龙却一次次的惊现于世：在红山文化的遗址中，多次出现过龙的形象，如内蒙古赤峰赵宝沟遗址发现过绘制在陶器上的猪首蛇身的图像；内蒙古翁牛特旗出土过一只高 26 厘米呈"C"形的玉龙，它不仅被人们视为玉器的精品，还曾被誉为"中华第一龙"；在山西襄汾陶寺的一处龙山文化遗址出土的一只陶盆内，也出现过红色颜料绘制的"蟠龙"。

人们面对这些龙的出现开始感到，在远古时代人们的心灵中，龙的存在是真实的。这些龙图和玉龙，就是他们心灵世界中的龙的具象。

最令人震惊的是 1987 年在河南濮阳城西北隅西水坡的仰韶文化遗址中所发现的龙。这里出现了四组用蚌壳摆塑的图案，每组图案中都有龙的形象。在其 45 号墓中，有一条长1.78米、高 0.67 米的龙的图案，它昂首、弓身、长尾，前爪趴、后爪蹬，似欲飞腾，形象极为生动。它与另一只长 1.39 米，高0.63米的虎的图案一起，雄踞于一个壮年男性的两侧。在距 45 号墓约 45 米处的第三组摆塑中，还出现了墓主乘龙飞升的情景，恰好与《史记》所载的黄帝飞升的传说相印证，而时间则更早。

这些贝壳摆塑的龙的形象，已经与后世绘制的龙的形象（有人称为“艺术龙”）完全一致。经中国社会科学院 C_{14} 测定，墓葬距今大约6500年。也就是说，早在6500年前，龙已经走进人们的生活，走进了人们的精神世界。

文字的发明，城市的建造，辉煌的陶器、玉器的制作以及金属冶炼技术的应用等，都在向人们昭示：文明的曙光已经在中华大地上升起。

【注释】

①这些说法，主要见于汉代出现的“纬书”，如汉灵帝熹平四年（175）蔡邕在议历法时说：“《元命苞》《乾凿度》皆以为开辟至获麟二百七十六万岁。”《后汉书·后汉书志》第二《律历志中》，中华书局，1965年，第11册，第3038页。蔡邕所说的《元命苞》、《乾凿度》，便是“纬书”。

②该书全名为《古代社会或人类从蒙昧时代经过野蛮时代到文明时代的发展过程的研究》（*Ancient Society or Researches in the Lines of Human Progress from Savagery, through Barbarism to Civilization*）。

③恩格斯：《致卡·考茨基》（1884年2月16日），《马克思恩格斯选集》第四卷，人民出版社，1995年中文版，第660页。

④［美］摩尔根：《古代社会》，商务印书馆，1977年中文版，第11、30页。

⑤原书名为“*Man makes himself*”（《人类创造了自己》），群联出版社1954年中文版将书名改译为《远古文化史》。

⑥［英］柴尔德：《远古文化史》，上海文艺出版社，1990年影印群联出版社中文版，第60页。

⑦马克思：《剩余价值学说史》第一卷，人民出版社，1975年中文版，第42页。

⑧恩格斯：《家庭、私有制和国家的起源》，《马克思恩格斯选集》第四卷，人民出版社，1995年中文版，第149、20页。

⑨《史记》卷一《五帝本纪》，中华书局，1959年版，第1册，第6页。

⑩《中国大百科全书·考古学卷》，中国大百科全书出版社，1986年版，第704页。

⑪［美］张光直：《古代中国考古学》，辽宁教育出版社，2002年，第57页。

⑫苏秉琦：《中国文明起源新探》，生活·读书·新知三联书店，1999年，第34—37页。

⑬如《墨子·非命上》说：“言而毋仪，譬犹运钧之上而立朝夕者也。”孙诒

让:《墨子间诂》卷九,中华书局,2001 年,第 265 页;《管子·七法》也说:"不明于则而欲出号令,犹立朝夕于运均(同'钧')之上,檐(擔)竿而欲定其末。"黎翔凤:《管子校注》卷二,中华书局,2004 年,第 106—107 页。

⑭袁康(?):《越绝书》卷一一《宝剑》,郑尧臣辑《龙溪精舍丛书》本。

⑮段玉裁:《说文解字注》第一篇上,上海古籍出版社,1981 年版,第 10 页。

⑯《荀子·解蔽》,王先谦:《荀子集解》卷一五,中华书局,1988 年版,第 401 页。

⑰柳诒徵:《中国文化史》(上),中国大百科全书出版社,1988 年,第 29 页。

⑱《史记》卷二八《封禅书》,中华书局,1959 年,第 4 册,第 1394 页。

⑲段玉裁:《说文解字注》第十一篇下,上海古籍出版社,1981 年,第 582 页。

走进文明(下)

探寻古代文明主要途径有三种，一是文献学的，二是考古学的，三是人类学的。在人类学传入我国和我国田野考古工作开展之前，人们对中国文明起源的看法，就主要依据文献的记载。但是在今天看来，那些文献记载大多属于神话和传说。很多传说看上去显得有些荒诞，但它们往往折射出史影。

传说中的盘古和"三皇"、"五帝"

世界上各个民族一般都曾流传过关于本民族起源和文明发生的神话和传说，我国也是这样。

不知从什么时候开始，在我国就流传着"自从盘古开天地，三皇五帝到如今"的"口述历史"，并把它写进史书。

现在可以看到的关于盘古的最早记载，是三国时代吴国人徐整，他在《五运历年记》中说，由元气生成天地，天地产生开始确立了乾坤，分出阴阳二气，由阴阳二气孕育了人。最早的人便是盘古。盘古死后，他呼出的气化为风云，发出的声音成为雷霆，左眼成为太阳，右眼成为月亮，四肢五体成为四极五岳，血液成为江河，筋脉成为大地的纹理，肌肉成为田土，头发胡须成为星辰，皮毛成为草木，牙齿骨骼成为金石，精气骨髓成为珠玉，汗水成为雨泽，身体上所生的小虫被风感化成为"黎甿"，也就是众人①。

盘古之后，不知道经过多少年，"中国历史"进入了"三皇"时代。但"三皇"究竟是指谁，历来说法不一，主要说法有：天皇、地皇、人皇②；燧人、伏羲、神农③；伏羲、女娲、神农④等。

"三皇"时代之后是"五帝"时代。对于"五帝"，历来也有不同说法。主要说法有以下几种：黄帝、颛顼、帝喾、唐尧、虞舜；少昊、颛顼、高辛、唐尧、虞舜⑤；太皞、炎帝、黄帝、少皞、颛顼⑥；伏羲、神农、黄帝、尧、舜⑦。

为什么对"三皇"、"五帝"会众说纷纭？其原因可能有两点。第一，不同的说法可能出于不同的来源。比如盘古，原来本是南方传说中的苗族始祖，不知什么时候传到中原地区，成为中原地区开天辟地神话的主角。第二，古人并非真正相信"三皇"、"五帝"就是历史，连以《五帝本纪》开篇写了《史记》的司马迁也说："学者多称五帝，尚矣。然《尚书》独载尧以来；而百家言黄帝，其文不雅驯，荐绅先生难言之。”[8]因此，司马迁也就没有精心打造精密的古史系统，仍然让它们保留了传说的形态。

但是，从盘古以及“三皇”、“五帝”的传说可以看出，在中国古人的心目中，天地万物的创造者是人（尽管带着超人的色彩），而不是神。先民们把人类从蒙昧、野蛮走向文明过程中的各种发明创造，看作一个个智慧超群的人的功业，而没有归结为造物主的赐予。如最早驯服野兽的是伏羲，也是八卦的发明者；发明种植农作物的是神农（据说与炎帝是同一个人，他还通过“尝百草”发现了各种中草药），他还发明了耒和耜；黄帝的发明就更多了，陶器、弓箭、车船、衣服等等，都是他的创造，他的妻子嫘祖还发明了养蚕、缫丝，他的臣子仓颉则发明了文字。这些发明和创造对中华文明的形成和发展的影响太大了，所以黄帝格外受到后人的尊崇，称他为中华民族的“人文初祖”。这些传说表明，中国文化在神话传说时代，就表现出明显的人文倾向，而与西方的上帝“创世”说不同。

华夏族群的形成

那些与中华文明起源有关的各种传说，在现代历史学家那里又作了新的诠释。他们认为，传说中的盘古、“三皇”、“五帝”以及有巢氏、烈山氏、祝融、共工、蚩尤等等，并不是某个个人或某个超人的名字，他们很可能只是上古时代某个氏族或某个部落的名称。他们还认为，在这些传说中很可能蕴涵着古史的信息，如有巢氏，可能表明上古时代存在过构木为巢的氏族；烈山氏可能反映了上古时代存在过以刀耕火种方式进行耕作的部落。于是，历史学家们对古史传说产生了浓厚的兴趣，希望透过这些传说能够发现真实的历史。

在对古代传说所作的梳理工作中，著名考古学家、古史专家徐旭生先生的《中国古史的传说时代》一书很值得一提。他通过对中国古籍的细致梳理，把远古时代中华大地上存在的众多氏族和部落划分成三个大的集团，即西北的华夏集团、东方的东夷集团和南方的苗蛮集团。东夷集团分布于山东、河南东部以及淮河流域，包括太皞、少皞、蚩尤等部落；苗蛮集团主要分布在湖南、湖北和江西一带，包括三苗、伏羲、女娲、驩兜等部落。

在华夏集团中，有两个大的亚族，即炎帝和黄帝。关于炎、黄部落的形成和发展，有不同的说法，说法之一是：炎帝部落生活在陕西西部偏南的陕甘接壤地区，因姜水而得姓姜；黄帝部落生活在陕西北部的黄土高原，因姬水而得姓姬。以后，炎帝部落有一部分沿着黄河南岸东下，进入今天的河南南部及河南、河北和山东三省的交界地区；黄帝部落也有一部分东下，渡过黄河，沿着黄河北岸进入山西、河北地区。到了距今大约五千年前，炎帝部落和黄帝部落东进，与东夷集团的九黎部落发生冲突，炎、黄部落便结成联盟，与九黎大战于涿鹿，打败了九黎，杀了其首领蚩尤。以后，黄帝和炎帝两个部落之间也发生了冲突，他们大战于阪泉，经过三次大战，黄帝又打败了炎帝，于是，黄帝成为黄河中下游地区部落联盟的首领，并为中原地区华夏族群的形成奠定了基础。

为什么中原地区的族群被称为“华夏”族？

先看“华夏”一词是什么意思。

上古汉字中没有“花”字，只有“华”字。也就是说，“华”是“花”的本字，它含有华美、灿烂、光辉的意思。

人们对“夏”字的本义早已不太清楚了。许慎在他所编纂的中国第一部字典《说文解字》中，就只说“夏，中国(即中原)之人也”，[9]为什么“夏”是“中国之人”，他没有说。但许慎对“夏”字的字形的分析，却给后人理解“夏”的本义留下了想象的空间。他说：“夏”字“从夊(zhǐ)、从页、从臼。臼，两手，夊，两足也。”[10]清代文字学家段玉裁在《说文解字注》中就是根据许慎的字形分析，认为“夏”字有“大”的意思[11]，因为它与“大”字的字形相似，都是像一个人张开两手两足的样子。以后的考古发现证实了段玉裁的解释：有人在安阳大司空村发现一块陶片，上面恰有“夏”这个象形字[12]，字形正作两手两足张开的人形，很像是“大”字的“繁体”。这就告诉我们，“夏”的本义是“大”，含有伟大的意思。“华”“夏”合称，也就是灿烂而伟大。

我们现今还可以想象出中原地区族群以“华夏”命名时的那种自信和自豪。

古人为什么用要“华夏”来称谓中原地区的族群？据说，华夏族的称谓来自陕西地区的“华族”和“夏族”。传说渭水流域的古华山脚下，是一个花团锦簇的地区(“华山”也就是“花山”)，这里曾生活着一支酷爱花的氏族，便称为“华族”。在这个地区发掘的新石器时期遗址中，有大量以花卉为主要装饰图案的彩陶出土，很可能与这个“华族”有关，或者说是这个氏族的作品，甚至就是他们的图腾。

离华族聚居地不远的汾水流域，是一个广阔而肥沃的地带。后来，有一支部族从西边迁徙到这里，面对这片丰饶的土地，不禁发出伟大而壮美的慨叹，于是便把这块土地称为“夏”，他们也就成为“夏族”。夏族与华族都属于炎、黄部落，由于他们地域相近、文化相似，便逐渐融合成“华夏”族[13]。

随着炎、黄部落的东进，华夏族也进入黄河中下游地区，与中原地区的族群一起创造了灿烂的中原文化。可能因为华夏族在炎、黄部落联盟当中属于文化比较发达的部族，在中原文化的创造中发挥了较大的作用，于是，“华夏”又成为文化比较发达的中原地区族群的共称，出现“华夏”与“蛮貊”对举的表述，如《尚书》说：“华夏蛮貊，罔不率俾。”[14]也就是说，到周代，便形成了处于中原地区的华夏族群与处于周边地区的夷（东方）、蛮（南方）、戎（西方）、狄（北方）相对峙的民族格局。华夏族群也就在与周边民族的互动中发展，逐步形成在中华民族的民族结构中处于主导地位的汉民族。

很多学者都指出，在商代的甲骨文中，没有出现“华夏”一词，直到周代，才在文献中屡见“区夏”、“诸夏”和“华夏”这些称呼。那么，“华”、“夏”族既然早已出现，而且在商代之前就已经有了“夏”朝，为什么甲骨文中没有“华夏”的称呼呢？我们推测，这可能与夏、周两代与商代的族群不同有关。在夏、商、周三代中，夏代与周代都发源于华夏族所在的渭水流域，所以夏与周都以华夏族自居；而商代则发源于黄河下游，其部族原为东夷族的一支，它在族群上与华夏族没有什么关系，故在甲骨文中也就没有看到“华”、“夏”等字。

尧、舜与“禅让”

我们的先人很早向往建立一个安定和谐的美好社会。这个社会是“天下为公”的社会，人们选择有德行有才干的人管理社会事务，人人讲究信用、和睦相处。在这种社会中，人们不仅奉养自己的父母和子女，还使所有的老年人能够终其天年，壮年人发挥他的作用，幼小的人得到健康成长，矜寡孤独和残疾的人得到供养。男人有其合适的地位（职业），女人有其归宿（婚嫁）。他们不愿把财物随处抛弃，但也不要求归自己所有；他们不愿自己没有出力气的机会，但不一定是为了自己的利益才出力气。因此,诈谋不会发生,盗贼不会出现,各家的门户也不必关闭。先人们把这个理想社会叫作“大同”社会,并认为这个“大同”社会在历史上曾经出现过,那就是“大道之行”的时代[15]。后世的儒家认为,尧、舜、禹的时代就是“大道之行”的时代。所以在儒家看来,尧、舜、禹都是后世君主应该效法的贤能君主。

在尧、舜时代,由于是以“选贤与(同‘举’)能”的原则选择君主,所以,权力交接便采取了“禅(shàn)让”的方式,而不是权位世袭或使用暴力夺取权力。所谓“禅让”,就是通过推荐、遴选、考察和任用等程序,实现权力的更替。

尧姓伊祁,名叫放勋,出自陶唐氏族,故后世称他为“唐尧”。尧后来被推举为华夏部落的首领。他虽然做了部落首领,却能够和大家一样住茅草屋,吃糙米饭,煮野菜做汤,夏天披着粗麻衣,冬天也只用鹿皮御寒,衣服、鞋子直到破烂不堪时才更换,日夜辛劳,不遑宁处,竭力为华夏部落联盟服务。当尧在位已经 70 年时,考虑到年事已高,便开始选择继承人,人们推荐了舜。尧令舜“摄行天子政”,并把女儿娥皇、女英嫁给舜。

舜姓姚,名叫重华,出自有虞氏族,故人们称他为“虞舜”。舜出身微贱,“摄政”之前,曾亲自耕田、捕鱼、烧陶、制造器物。他的父亲是盲人,并且愚顽,他的继母很暴虐,继母所生的弟弟象则傲慢无礼,都想杀害舜,但舜对他们都很好,不失孝悌之道。舜“摄政”后,让“八元”掌管土地,“八恺”掌管教化,契掌管民事,伯益掌管山林川泽,伯夷掌管祭祀,皋陶掌管刑律,在他们的辅助下,社会的管理得很好。据说,在尧去世后,舜居丧 3 年,又将部落联盟首领的位子让给尧的儿子丹朱。但诸侯都朝觐舜而不朝觐丹朱,诉讼者都找舜而不找丹朱,讴歌者都歌颂舜而不歌颂丹朱,舜这才正式出任部落联盟的首领。

舜到晚年,身体不好,但他还要到南方巡视,结果就病死在“苍梧之野(今湖南境内)”,娥皇、女英赶至洞庭湖,哀伤泣血而死,君山上的斑竹据说就是她们的血泪浸染而成的。娥皇、女英的真情感动了世世代代的人,为纪念她们,人们将洞庭山改名为君山。她们也成为诗人们讴歌的对象,屈原《九歌》中的《湘君》、《湘夫人》,写的就是她们。

舜去世前,人们已采取尧的办法,通过部落联盟会议推举了禹做继承人。舜去世后，禹便成为部落的首领。

这个尧、舜、禹的“禅让”故事，曾被视为我国远古的一种制度文明而长期为人们所津津乐道。历代学者特别是儒家学者之所以乐于称道这个传说，可能是因为它寄寓了人们希望推举贤德的人来治理国家的愿望和理想。但是，这个带有理想色彩的“禅让”传说，后来却由于一次盗墓行为而被打上了问号。

西晋太康二年（281，一作晋咸宁五年，即279年），一个叫不准的盗墓者在汲郡（今河南卫辉西南，原名汲县，1988年改为县级的卫辉市）盗掘了战国时代魏安釐王墓（一说是魏襄王墓），在墓葬中发现了一批竹简。这批竹简经当时的著名学者荀勖、和峤、束皙、卫恒等的整理，发现它原来是一批包含17种75篇已经失传了的古籍。人们把这批古籍称之为“汲冢书”或“汲冢竹书”。这次竹书的发现，与后来的孔壁藏书、甲骨文和敦煌藏经洞的发现一起，被看作中国文化史上关于古代文献的四大发现。在汲冢竹书中，有一部12篇的编年体史书，它记述了上古和春秋时期晋国、战国时期魏国的史事，人们把这部史书定名为《竹书纪年》。在《竹书纪年》中，关于尧、舜权力交接的记载，便与传说很不一样，它说：“昔尧德衰，为舜所囚也。”又说：“舜囚尧，复偃塞（禁闭）丹朱，使不与父相见也。”[16]按照《竹书纪年》的记述，舜的部落联盟首领位子分明是从尧的手中夺取过来的，在夺权当中，还牵连到尧的儿子丹朱，哪里有“禅让”的影子？

事实真相究竟如何，只有让考古学家、历史学家们去回答了。

夏王朝：从“大同”到“小康”

按照儒家所建构的社会发展史，继“大同”社会之后是“小康”社会。

到了“小康”时代，“天下为公”为“天下为家”所代替，人们有了家庭观念和私有观念，国家开始出现，“礼”“义”等各种强制性的和非强制性的规范成为维系社会关系和政治关系的主要手段，同时也产生了诈谋和暴力[17]。

这个在儒家心目中具有历史倒退色彩的“小康”时代，现代学者按照现代人类学者的看法，却认为是由“野蛮时代”跃进到“文明时代”的表现[18]。这个时代，就是青铜时代，它相当于中国古代所说的

“三代”时期,即中国最早的三个王朝——夏、商、周。

提到夏王朝,人们很自然地会想到大禹治水的故事。

西方也有关于洪水的传说。《圣经》的《创世记》说:上帝看到人类的种种罪恶,十分气愤,决定用洪水毁灭人类,但上帝发现有个叫诺亚的人是好人,便指点他准备一只大船。诺亚用 120 年的时间制成了方舟,当洪水到来时,他带着有限的生灵进入方舟,躲过这一劫难。以后,由诺亚繁衍了人类和各种生物,他也就成为人类的再造祖先。

中国古代也有关于洪水的传说,但不是上帝用这场洪水毁灭了人类,而是人类靠自己艰苦卓绝的努力制服了洪水。大禹便是率领人们战胜这场洪水的英雄。他用了 13 年的时间奋力治水,曾经三过家门而不入,终于制服了洪水。于是,大禹也就成为人们心目中的英雄和勤政爱民的榜样。

大禹到了晚年,本想按照“禅让”的惯例把部落首领的位子传给皋陶,但皋陶死得太早,他又想传给皋陶的儿子伯益,但人们却拥戴大禹的儿子启(《竹书纪年》的记载却是“益干启位,启杀之”,其中也充满着血腥)。启继位后建立了夏朝,他也因此而成为中国历史上的第一个国君。

启废除了“禅让”制度,把王位传给儿子,开启了国家权力交替上的世袭制度。在中国历史上,这成为“天下为公”结束和“家天下”开始的标志,也成为国家正式出现和奴隶制社会产生的标志。

夏王朝需要考古证明?

在司马迁的《史记》中,对夏王朝是有记载的,而且司马迁还像记载商王朝的历史一样,列出了夏王朝各代国君的世系,人们也一直没有怀疑夏王朝的存在。

但到 20 世纪二、三十年代,史学界的“疑古”派却对夏王朝的存在提出了怀疑。他们怀疑的主要理由是夏王朝的存在没有得到考古上的证明。

就在疑古派怀疑夏王朝存在的时候,殷墟考古取得了重大的进展。人们发现,殷墟出土的甲骨卜辞上所记载的殷王名字,居然与司马迁《史记》的记载高度吻合。这一研究成果使一些学者受到鼓舞:

既然司马迁对商王朝帝王世系的记载是那么精确，那么，他所记载的夏王朝自然也就不会是空穴来风。于是，他们希望通过考古发掘，能够继“殷墟”之后再发现“夏墟”，以证实夏王朝存在。

学者们为此孜孜追求了近半个世纪。直到1959年夏，徐旭生先生对传说为夏人活动中心地区的豫西进行了考古调查，才使以发现夏王朝为目的的考古工作有所进展。学者们在对河南偃师二里头遗址的持续发掘中，发现了大型宫殿基址和青铜冶铸作坊以及制陶、制骨的遗址等，还出土了成组的青铜器和玉器。于是不少学者们认为二里头遗址就是夏王朝中晚期的都城，并认为夏王朝确实已经进入了青铜时代。

虽然也有学者对二里头遗址是夏王朝都城的观点提出怀疑，但多数学者还是认为考古发现是可以证明夏王朝的存在的。

青铜文化的高峰：商王朝

因为有了“殷墟”的发现，商王朝存在的真实性就没有再发生争议。但根据史书的记载，商王朝曾频繁迁都，先后有十几个都城，这些都城到底在哪里，又成为考古学者所面临的课题。经过多年的考古探查，现在至少已经找到了两个商王朝的都城（还发现有其他属于商代的城市，但是否为都城，尚难确定），一是商前期的亳，一是商后期的殷。位于郑州市二里岗一带的商都亳，曾经是一座宏大的城市，《诗经》形容说：“商邑翼翼，四方之极。”[19]意思是：商的都邑是多么昌盛宏伟啊，它简直就是天下城邑的极致。按照专家推算，在当时的条件下，要建亳这样的城市，每天用10000个劳力，也需要8年时间。商王朝国力的强盛，于此可以想见。

商王朝留给我们的印象最深的，还不是它那恢弘的都城，而是甲骨文和青铜器。

甲骨文的发现

甲骨文是写或刻在龟甲和牛的肩胛骨上的文字。它首先发现于河南安阳小屯村。由于甲骨文字是占卜情况和结果的记载，所以一般叫作“甲骨卜辞”。

甲骨文的发现，有一系列的偶然事件：

河南安阳小屯村有一个叫李成的理发匠，生了疥疮没钱医治，由于奇痒难耐，就把人们随手扔掉的一些白色片状的东西捏碎撒在疮面上，想以此止痒，没想到疥疮居然就好了。于是，他就把那些白片片收集起来卖给中药店，并告诉中药店掌柜，这是能治疥疮和外伤的药材。药店掌柜开始不相信，后来他对照药书发现，这就是所谓的"龙骨"。

此后，人们便开始收集"龙骨"。一次，一个人还想把"龙骨"卖给到安阳收购古董的范维卿。范维卿看他破篮子里的骨头片子，本不想收购。但当听说那是"龙骨"，他心想这些东西应该是有些年头了吧，便问要多少钱，那人回答说：随便给几文钱就行！于是他就买了下来。范维卿上车时，差一点想把那些骨头片子扔掉。但一转念：沾上点"龙"气，也算图个吉利吧，又把"龙骨"装进褡裢。

范维卿有位同乡叫王懿荣(1845—1900)，曾任国子监祭酒，是有名的金石学家。范维卿回到京城，将三件青铜小鼎给王懿荣看后，又说："王老爷，我还带了点东西，不知有用没有？"恰好这年(1899年)秋天，王懿荣曾得了疟疾，在一位老中医所开的药方中就有一味药叫"龙骨"，王懿荣还在"龙骨"上面看到一些刻痕，他想看个究竟，又翻看了药渣，但这些"龙骨"已经捣碎，无法观察，于是他又从药店里买回没有捣碎的"龙骨"。但经反复观察，并没有什么发现，不过他由此对"龙骨"产生了印象。当看到范维卿带来的"龙骨"时，他又作了反复的研究，王懿荣终于发现"龙骨"上面的刻画其实是一种失传已久的古文字。

一种消失了很久的古老文字，就这样偶然地再现于世。此后，经过多次考古发掘和收集，人们在龟甲和兽骨上发现了更多的文字。据统计，现在已发现刻或写有文字的甲骨达15万片之多，单字4500个左右，可以辨识的单字有2000个左右，那些记载地名、人名、族名的文字和族徽符号，人们是无法辨认的。

甲骨文字出现，表明汉字已经走向成熟。因为它已经具备了汉字的构造原则，即包括象形、指事、会意、形声、转注、假借等构造原则在内的"六书"[20]。

商代青铜器

在出土的商代青铜器中，有很多大型器，器形厚重，纹饰繁缛，铸造精细，再加上以饕餮纹为主的纹饰，显得威严、雄健而强悍，其制作的精美，在世界史上是罕见的。那种厚重、繁缛的形制，与商代那“如火烈烈，则莫我敢曷”[21]的不可一世的气势正相适应。

商代青铜器出土最多的是殷墟遗址。提到殷墟青铜器，人们很容易就会想到著名的司母戊方鼎。据说，这是商王武丁的儿子文丁为祭祀他的母亲“戊”而铸造的。由于在它腹部的内壁有铭文“司母戊”三字，所以称为司母戊鼎（“司”即“祀”，1939 年 3 月出土于殷墟的武官村）。器身高 133 厘米，口长 110 厘米，宽 78 厘米，壁厚 6 厘米，重达 875 公斤，形体之大，造型之精，都堪称世界之最。它不仅是我国的国宝，也是世界范围内绝无仅有的瑰宝。

殷墟妇好墓出土的青铜器，同样令人惊叹。在妇好墓出土的 1928 件随葬品中，青铜器就占了 468 件，显示了商代青铜器铸造的高度繁荣。而且这些青铜器大多体形庞大、造型新颖，像三联甗（yǎn）、偶方彝，都是首次问世。三联甗为组合炊具，底座是一个长方形的鬲（lì），上面放置三个甗（蒸器），可以同时蒸煮。这种组合炊具，在青铜器中仅发现这一例。在妇好墓中还出土了一只气锅。这只气锅与我们今天所使用的气锅在形制上太接近了，看到它，人们一定会感受到我国烹饪方式传承的久远。

妇好墓中为什么会随葬数量如此之多、制作如此精美的青铜器？这不仅因为妇好是商代著名君主武丁的配偶，更因为她还是一位叱咤风云的军事家和杰出的政治活动家。在甲骨文中，关于她主持祭祀、占卜和征战的记载，就出现过多次。能够主持祭祀，说明她的身份非同寻常。据说她曾率领过 13000 人的队伍讨伐羌方，俘获大批羌人，成为武丁时期一次征战中率兵最多的将领，她还参加并指挥对土方、巴方、夷方等几次重大作战，并且战功显赫。这就不难理解为什么妇好去世之后，会像商王一样有着单独的墓穴，武丁在祭祀中还呼吁妇好的保佑了；也不难理解为什么她墓中的随葬品数量会那么多、青铜器的制作会那么精美。

湖南宁乡黄村 1959 年出土的人面鼎，也是一件稀世罕见的珍宝。它高 38.5 厘米，口长 29.8 厘米，宽 23.7 厘米，体量虽不如司母戊方鼎大，但器形颇有特色：方鼎四面各有一个人面浮雕，双耳肥大，颧骨凸起，双唇紧闭，显得严肃而怪异。人们根据铜器内壁的铭文“禾大”二字猜测，此鼎可能是为祈求丰年或庆祝丰年而铸造的礼器。

这只人面鼎的出土表明,在殷商时代,南北文化虽然有不少共性,但也有很多差异。与中原地区文化相比,南方文化则显得更为神秘。

"郁郁乎文哉":西周王朝

孔子是一个具有深刻历史感的思想家。他虽然把理想的"大同"社会追溯到尧舜时代,他本人虽然是商的后裔,但是,经过对夏、商、周(西周)文化特别是制度文化的比较,他认为周礼借鉴了夏、商两代的礼制,因而更加文采昌盛,所以他赞成遵循周礼[22]。

从孔子对夏、商和西周文化的比较中我们知道,中国文化到西周时期,又有新的发展。

周文王:"演《周易》"

提到西周文化,自然会想到《周易》。《周易》是对中华文化影响十分深刻的古籍,它提出的阴阳构成宇宙万物的思想,并以此阐释事物的变化。中国古代的天文、历法、医学、音乐、建筑等等,无不与它有密切的联系。

《周易》简称《易》,包括"经"和"传"两部分。"经"指六十四个卦的符号(卦象)和对这些符号的说明(卦名、卦辞、爻[yáo]辞),我们所讲的"易经",指的就是这部分;"传"含有注释、注疏的意思,主要是对"经"的卦辞、爻辞的解释和阐发,它包括彖、象、系辞、文言、说卦、序卦、杂卦等十篇(彖、象、系辞分上下),习惯称之为"易传",由于它是阐发"易经"的,对"经"起到羽翼的作用,故又称之为"十翼"。

据说,"卦"是伏羲发明的。他以阳爻(—)和阴爻(— —)为基础,三个爻为一组,组成了八个符号,即"八卦",它们的名称为:乾、坤、震、巽、坎、离、艮、兑,分别象征着天、地、雷、风、水、火、山、泽。但是,我们现在看到《周易》上的"卦",却是由"八卦"两两组合而成的六十四卦,每卦有六爻。将八卦加以组合成为六十四卦的人,就是周文王。

周民族是一个农业民族。他们的始祖后稷(又名弃),在尧舜时代担任农官,曾经教民耕种。到周文王姬昌的时代,周的农业生产得到进一步发展,初步形成以农立国的传统,国力日渐强盛,其势力已经延伸到长江的汝水、汉水流域。周国强大起来,对商王朝构成威胁，商纣王便把周文王囚禁在羑里（今河南汤阴县北）。周文王在这所中国古代最早的监狱里被囚禁达 7 年之久，在此期间，他潜心研究八卦，并将八卦推演为六十四卦，成为流传后世的“易经”。这就是司马迁所说的“昔西伯拘羑里，演《周易》”㉓、“伏羲作八卦，周文王演三百十四爻而治天下”㉔、“其囚羑里，盖益《易》之八卦为六十四卦”㉕。

《周易》虽然也是卜筮书，但它的出发点与甲骨卜辞有所不同。在甲骨卜辞中，我们看到的是商人强烈的对神或天帝的信仰，他们凡事都要看看天帝的意志。所以，甲骨卜辞可以说是“神启录”，是神对人事的预言。这是商代浓郁的“神文化”的明显表现。而《周易》则是用“阴阳”和“象”、“数”等来推断人事的吉凶，它虽然也具有神秘的宿命论色彩，但不是征询神的意见，而是对“命”的推演。也就是说，在甲骨卜辞与《周易》之间，我们可以看出“神”对“人”的统治逐渐削弱。这意味着“神文化”正在逐渐地让位于“人文化”。

周公“制礼作乐”

人们往往只把周王朝与商王朝看作前后相继的两个朝代，把周王朝取代商王朝看作一般的改朝换代，而没有注意商、周王朝更迭对中国历史发展所带来的巨大影响。近代学者王国维则指出，在周、商交替的同时，中国历史上发生了一次巨大的变革，他说：“中国政治与文化之变革，莫剧于殷周之际。”㉖

这次变革的重要设计者与领导者，就是周公。周公姓姬名旦，是文王第四子、武王之弟，因其采邑在周（今陕西岐山东北），故称周公。武王在灭商之后才 6 年就去世了，这时，武王的儿子成王年龄还小，便由周公摄政。周公摄政期间，多次进行了东征，征服了 50 多个原来为商王朝的属国，拓展了周王朝的版图，为了加强对刚被征服的东方领土的控制，他营建了洛邑作为东都，并把商的贵族迁居到这里。成王长大之后，周公便还政于成王。

周公的历史功绩不止于开拓了周王朝的版图，巩固了一个新王朝的统治，他的历史作用还表现在确立了新的政治思想，明确了周天子与诸侯之间的君臣关系，同时，还以“礼乐”制度对各种政治关系、社会关系作了规范，即所谓的“制礼作乐”。周公的这些举措，在西周的文献（如《尚书》中的《周书》和周代青铜器的铭文）中都有记载。

周公在治国理念上，特别强调“敬德保民”。这是对商王朝所迷信的“君权神授”观念所作的修正。商王朝是一个神权意识非常浓厚的王朝。与强烈的神权意识相一致的,就是“君权神授”观念成为占统治地位的政治思想。商朝末年,诸侯纷纷叛离,文王所领导的周国已经对商王朝构成威胁,但纣王依然坚信“君权神授”。这时,商朝的贤臣祖伊曾向纣王进谏,劝告他不要继续淫虐过度,自绝于上天和百姓,纣王却说:我出生不就禀赋着天命吗?[27]他的意思是:上天既然授命给我做天子,那就不管我怎么做,上天都会保佑我。但是,事实却是上天并没有让商纣王为所欲为,最后还是抛弃了他,并且同时也抛弃了商王朝。

西周时期,统治者也想用“君权神授”说来证明自己获得权力的合法性。清代道光年间曾出土一件西周著名青铜器“毛公鼎”,鼎上铸有长达497个字的铭文,这是青铜器铭文中最长的一篇,它的文体与《尚书》的文体很相似。其铭文中有这样一段:“丕显(大显、英明)文武,皇天引厌(满足)厥德,配我有周,膺(yīng,承当,担当)受天命。”这段文字是对西周初年文王、武王兴周灭商功业的追述和赞颂,铭文认为,正是由于皇天的眷顾,文王、武王才担负起皇天所赋予的大命。这就实际上包含了“君权神授”的思想。

但是,周初的统治者心里很明白,王朝的命运并不真的是掌握在皇天上帝手里。以周公为代表的政治家、思想家们从商朝的覆灭中看到了人民的力量,认识到人心向背对巩固政权的意义,于是提出了“皇天无亲,唯德是辅;民心无常,唯惠之怀”[28]的重德观念。他们还认为,上天了解国君是否有德的途径,是人民的反映:“天视自我民视,天听自我民听。”[29]因此,只有“敬德保民”,才能获得上天的眷顾。后来儒家提出“德治”主张,源头就在这里。

周公在中国历史上影响最大的事,可能要数“制礼作乐”。他根据周王朝统治的需要,经过对商王朝典章制度的增删、修改和补充,形成了一系列的礼乐制度。据说,儒家“三礼”之一的《周官》(即《周礼》)就保存了周公制定的设官分职等制度。周公制定的“礼乐”制度包括广泛的内容,其突出方面则是将宗法关系制度化,而宗法制度的核心内容,是区分嫡子、庶子的名分和确定嫡长子继承原则。从此以后,宗法制度就成为国家权力交接、家族财产继承的依据和基础。宗法关系是中国社会的基础,离开宗法关系,想理解中国历史、中国文化是很困难的。甚至直到今天,我们还可以看到宗法关系的影响。

宗法关系是以氏族血缘关系为基础形成的，商代末年可能已经出现，因为根据《吕氏春秋·当务》篇的记载，商代末年的王位已经不是“兄终弟及”（即兄长去世，王位由弟弟继承），而是以“嫡子”作为继承人。所以，微子启虽然是辛（即纣王）的兄长，而且比辛贤能，他们的母亲本想立微子为太子，但却遭到太史们的反对，他们反对的理由就是“有妻之子，而不可置妾之子”[30]。也就是说，尽管微子与辛是同母所生，但他们的母亲在生微子的时候还是妾，微子也就是“庶子”，而在生辛的时候已经正位为后，辛也就成为“嫡子”。王国维认为这个记载可能是后人按照周代的制度设想的，未必可靠。不管《吕氏春秋》的记载是否可靠，将宗法关系制度化，肯定是周初的事。

周王朝原来不过是一个“小邦周”，它忽然之间取代了“大邑商”，如何治理比“小邦周”广袤得多的广大区域，是周王朝建立之后所面临的重要问题之一。周朝初年，接受了商纣王在兵临城下之际却没有援兵的教训，决定采取分封的办法，企图依靠分封的诸侯来藩卫王室，这就是“封邦建国”。“封建”一词在中国古代文献中的含义就是这样。但是，当时东方尚未完全平定，虽然分封了很多诸侯，却不能赴国，于是，周公继续东征。东征胜利之后，他继续推行分封制。实行分封制，同时也就确立了周王室与诸侯之间的君臣关系。作为君臣关系的表现便是：诸侯接受周天子分封和监督[31]，诸侯国的重要官吏由周天子任命[32]，各个诸侯需要定期朝觐周天子，并向周王室进贡和提供兵役，周天子对那些“大不敬”的诸侯还可以夺地以至于处死，等等。君臣关系的确立，使周王朝结束了商代那种小邦林立的局面，形成了“溥天之下，莫非王土；率土之滨，莫非王臣”[33]的局面，也为中国以后“大一统”思想的形成奠定了基础。

“同姓不婚”也是周初明确下来的制度[34]，这个制度，有优生方面的考虑[35]，它相对于氏族族内婚姻来说，是婚姻制度上的一大进步。但在实行“同姓不婚”时，也把婚姻与政治联系起来，形成政治联姻。由于“同姓不婚”，周王室就只有与异姓的诸侯国结成婚姻关系。这就在周王室与异姓诸侯国之间增加了一条婚姻的纽带。

在金文上发现的“中国”

周朝初年，开始用一个新的概念来指称中原地区，那就是“中国”。

在古代文献中,最早用“中国”指称中原地区的是《尚书·梓材》。它说:“皇天既付中国民,越厥疆土于先王。”[36]意思是:上天已经把人民与疆土托付给先王。这里的“先王”也是指武王。学者历来都认为《梓材》篇是周成王时代的作品,其实,《梓材》究竟是不是周成王时代的作品,还缺乏可靠的证据。

1963年,在陕西宝鸡县贾村出土一只何尊。此尊上有122个字的铭文,记载了周成王继承武王的遗训,营建“成周”(洛邑)这一重要史实,“中国”一词也赫然出现于其中:“唯武王既克大邑商,则廷告于天,曰:余其宅兹中或(‘或’是‘国’字的初文),自之乂民。”意思是:武王灭商以后,昭告于天,说:我将在“中国”建一新邑,以此来治理(新征服地区)的人民。或许因为何尊是“中国”一词最早出现的实物证据,所以弥足珍贵,国家文物局因此将它列入64件永久不准出国展出的国宝级文物目录之中。

在古代文献中,“中国”一词的含义颇多。它或指都邑之中,如《春秋穀梁传》昭公三十年:“中国不存公”,晋范宁《注》:“中国犹国中也”;或指京师,如《诗·大雅·民劳》:“惠此中国,以绥四方……惠此京师,以绥四国。”西汉时的《诗经》专家毛苌的解释就是:“中国,京师也。四方,诸夏也”;或指王畿、天子直接统治的地区,如《左传》昭公九年:“戎有中国,谁之咎也?”《诗·大雅·桑柔》:“哀恫中国,具赘卒荒。”都是指王畿或为周天子直接统治的区域。但何尊中的“中国”,则与以上含义不同,它是指周王朝的统治所能达到的中原地区。

有了何尊,我们便可以肯定地说,在周朝初年,已经用“中国”指称中原地区了。

何尊上的“中国”一词,虽然与“华夏”所指的范围没有什么差别,但不用族群而用地域来指称中原地区的国家,则意义又有所不同。它表明,中原地区作为中国文化核心区域的地位已经奠定。一个国家只有进入这个区域(即参与中原地区的国家联盟或重大活动),才能证明是它是文明的国家,也是重要的、伟大的国家,否则,只能算是夷狄。直到唐代,韩愈还在这个意义上使用“中国”一词,他说:“孔子之作春秋也,诸侯用夷礼则夷之;进于中国,则中国之。”[37]

总之,称中原地区为“华夏”也好,叫“中国”也好,都意味着一个重视文明教化的“文化中国”的基础开始奠定。

【注释】

①原文为:“元气蒙鸿,萌芽兹始,遂分天地,肇立乾坤,启阴感阳,分布元气,乃孕中和,是为人也。首生盘古,垂死化身,气成风云,声为雷霆,左眼为日,右眼为月,四肢五体为四极五岳,血液为江河,筋脉为地里,肌肉为田土,发髭为星辰,皮毛为草木,齿骨为金石,精髓为珠玉,汗流为雨泽,身之诸虫因风所感,化为黎甿。”马骕:《绎史》卷一《开辟原始》,文渊阁《四库全书》本。按:《五运历年记》亦作《三五历记》。

②《太平御览》载:“《春秋纬》曰:天皇、地皇、人皇,兄弟九人,长天下也。”李昉等编纂:《太平御览》卷七八《皇王部三》,河北教育出版社,1994 年版,第 1 册,第 668 页。

③《太平御览》载:“《大传》(指《尚书大传》)说燧人为燧皇,伏戏(即伏羲)为戏皇,神农为农皇。”李昉等编纂:《太平御览》卷七六《皇王部二》,河北教育出版社,1994 年版,第 1 册,第 664 页。

④《春秋运斗枢》说:“伏羲、女娲、神农,是谓三皇也。”孙瑴辑:《古微书》卷九,商务印书馆,1959 年补印《丛书集成初编》影印墨海金壶本,第 2 册,第 173 页。

⑤张守节《史记正义》说:“按:太史公依《世本》、《大戴礼》,以黄帝、颛顼、帝喾、唐尧、虞舜为五帝……而孔安国《尚书序》,皇甫谧《帝王世纪》,孙氏注《世本》,并以……少昊、颛顼、高辛、唐、虞为五帝。”见《史记》卷一《五帝本纪》,中华书局,1959 年版,第 1 册,第 1 页。

⑥《礼记 · 月令》:“孟春之月,……其帝大(同‘太’)皞……孟夏之月,……其帝炎帝……中央土,……其帝黄帝……孟秋之月,……其帝少皞……孟冬之月,……其帝颛顼。”阮元校刻《十三经注疏 · 礼记正义》卷一四至一七,中华书局,1980 年影印本,第 1352—1353、1364、1371—1372、1372、1380 页。按:《淮南子 · 天文训》中也有类似《月令》的说法。又,孙希旦注《月令》曰:“愚谓天以四时五行化生万物,其气之所主谓之帝,《易》所谓〉‘帝出乎《震》也’。春之帝曰大皞,夏曰炎帝,秋曰少皞,冬曰颛顼,中央曰黄帝,《周礼》所谓‘五帝’也。”孙希旦:《礼记集解》卷一五,中华书局,1989 年版,第 404 页。

⑦胡宏在《皇王大纪论 · 皇帝王霸》中说:“包羲、神农、黄帝、尧、舜,是五君者,有先天地开辟之仁,后天地制作之义,人至今受其赐。故孔子曰:‘包羲氏没,神农氏作;神农氏没,黄帝、尧、舜氏作。’按,黄帝之后,少昊、颛顼、高辛皆尝帝天下矣。孔子所以越而遗之,必称尧、舜者,以三君居位,仅可持其世而已,未尝有制作遗万世故也。”胡宏:《胡宏集》,中华书局,1987 年版,第 221 页。

⑧《史记》卷一《五帝本纪》,中华书局,1959 年版,第 1 册,第 46 页。

⑨、⑩段玉裁:《说文解字注》第五篇下,上海古籍出版社,1981 年版,第 233 页。

⑪段玉裁说:“夏,引申之义为大也。”同上。

⑫收入李济《殷墟器物》甲编《陶器》上辑,参见《中国文化新论·永恒的巨流》,生活·读书·新知三联书店,1991年版,第138页。

⑬参见李学勤主编《中国古代文明的起源》,上海科学技术文献出版社,2007年版,第72页。

⑭《尚书·周书·武成》中的“罔不率俾”,意为无不顺从(武王)。阮元校刻《十三经注疏·尚书正义》卷一一,中华书局,1980年影印本,第185页。

⑮《礼记·礼运》:“大道之行也,与三代之英,丘未之逮也,而有志焉。大道之行也,天下为公。选贤与能,讲信修睦,故人不独亲其亲,不独子其子,使老有所终,壮有所用,幼有所长,矜(同‘鳏’)寡孤独废疾者,皆有所养。男有分,女有归。货恶其弃于地也,不必藏于己;力恶其不出于身也,不必为己。是故谋闭而不兴,盗窃乱贼而不作,故外户而不闭,是谓大同。”阮元校刻《十三经注疏·礼记正义》卷二一,中华书局,1980年影印本,第1414页。

⑯张守节《〈史记〉正义》引自《括地志》,见《史记》卷一《五帝本纪》,中华书局,1959年版,第1册,第31页。按:《竹书纪年》后又散佚,宋代曾出现一种《竹书纪年》,但学者大多认为是伪书,朱右曾、王国维等又从古籍中辑出《竹书纪年》,称为“古本”,而将宋本称为“今本”。

⑰《礼记·礼运》:“今大道既隐,天下为家,各亲其亲,各子其子,货力为己。大人世及以为礼,城郭沟池以为固,礼义以为纪,以正君臣,以笃父子,以睦兄弟,以和夫妇,以设制度,以立田里,以贤智勇,以功为己。故谋用是作,而兵由此起。禹、汤、文、武、成王、周公,由此其选也。此六君子者,未有不谨于礼者也。以著其义,以考其信,著有过,刑仁讲让,示民有常。如有不由此者,在势者去,众以为殃。是谓小康。”阮元校刻《十三经注疏·礼记正义》卷二一,中华书局,1980年影印本,第1414页。

⑱按照《礼记·礼运》对“小康”的描述,则此时阶级和国家开始出现,所以学者们认为“小康”是进入“文明时代”之始。本书则以农业社会的出现作为人类进入文明时代的标志,没有采用阶级和国家的出现是人类进入文明时代标志的看法。

⑲《诗经·商颂·殷武》,阮元校刻《十三经注疏·毛诗正义》卷二〇之四,中华书局,1980年影印本,第628页。

⑳“六书”是汉代学者对汉字构造方法的归纳,它包括象形、指事、会意、形声、转注、假借等六种类型。其实,真正创制新字的方法,只有象形、指事、会意、形声四种,转注、假借两种只是扩大已有汉字的使用范围,所以人们又把象形、指事、会意、形声四种称为“造字法”,把转注、假借两种称为“用字法”。

㉑《诗经·商颂·长发》原文为:“武王(指商汤)载旆,有虔秉钺。如火烈烈,则莫我敢曷。”意思是:商汤在讨伐夏桀时,亲自执着大旗,大臣有虔执着大

钺，队伍像烈火一样威猛，没有人能够阻挡。阮元校刻《十三经注疏·毛诗正义》卷二〇之四，中华书局，1980年影印本，第627页。

㉒《论语·八佾》："周监（jiàn，同'鉴'，借鉴；参考）于二代，郁郁乎文哉！吾从周。"阮元校刻《十三经注疏·论语注疏》卷三，中华书局，1980年影印本，第2467页。

㉓《史记》卷一三〇《太史公自序》，中华书局，1959年版，第10册，第3300页。

㉔《史记》卷一二七《日者列传》，中华书局，1959年版，第10册，第3218页。

㉕《史记》卷四《周本纪》，中华书局，1959年版，第1册，第119页。

㉖王国维：《殷周制度论》，《观堂集林》卷一〇，中华书局，1959年版，第2册，第451页。

㉗原文为："我生不有命在天乎！"《史记》卷三《殷本纪》，中华书局，1959年版，第1册，第107页。

㉘《尚书·周书·蔡仲之命》，阮元校刻《十三经注疏·尚书正义》卷一七，中华书局，1980年影印本，第227页。

㉙《尚书·周书·泰誓中》，阮元校刻《十三经注疏·尚书正义》卷一一，中华书局，1980年影印本，第181页。

㉚《吕氏春秋·仲冬纪·当务》，陈奇猷：《吕氏春秋新校释》卷一一，上海古籍出版社，2002年版，第603页。

㉛如在《仲几父簋》的铭文就提到"诸监"。

㉜如《礼记·王制》说的"大国三卿，皆命于天子"、"次国三卿，二卿命于天子"。

㉝《诗经·小雅·北山》，阮元校刻《十三经注疏·毛诗正义》卷一三之一，中华书局，1980年影印本，第463页。

㉞北魏孝文帝拓跋宏在诏书中说："夏殷不嫌一姓之婚，周制始绝同姓之娶。"《魏书》卷七上《高祖纪上》，中华书局，1974年版，第1册，第153页。

㉟如《国语·晋语》说："同姓不婚，恶不殖也。"《左传·僖公二十三年》也说："男女同姓，其生不蕃"。

㊱《尚书·周书·梓材》，阮元校刻《十三经注疏·尚书正义》卷一四，中华书局，1980年影印本，第208页。

㊲韩愈：《原道》，马其昶：《韩昌黎文集校注》卷一，上海古籍出版社，1986年版，第17页。

东周：中国的“轴心时代”

“轴心时代”

大约在公元前600—200年之间，对各种文明此后发展具有深刻影响的大思想家、哲学家、宗教家纷纷涌现了出来。比如在古希腊，出现了赫拉克利特、巴门尼德、苏格拉底、柏拉图、亚里士多德等哲人；在巴勒斯坦，出现了以利亚、以赛亚、杰里迈亚等先知，后来又出现了耶稣；在伊朗，出现了祆教的开创者琐罗亚斯德；在印度，产生了《奥义书》，诞生了释迦牟尼；在中国，则出现了老子、孔子、墨子、孙子、孟子、庄子、荀子、韩非子等等。

这些影响深远的大思想家、哲学家、宗教家的涌现，使人们感到人类的历史似乎就是围绕着这个时代在运转，于是，德国哲学家卡尔·雅斯贝尔斯(Karl Jaspers)把这个时代称为“轴心时代”。他说：“人类一直靠轴心时期所产生的思考和创造的一切而生存，每一次新的飞跃都回顾这一时期，并被它重燃火焰……轴心期潜力的苏醒和对轴心期潜力的回归，或者说复兴，总是提供了精神的动力。”①

老子、孔子、墨子等诸子百家的出现在中国历史上的东周时期，即春秋战国时期，所以人们也就把这个时期称之为中国的“轴心时代”。这个时代，在中国历史上是继彩陶文化、青铜器文化等器物文化和西周制度文化之后出现了思想文化高峰的时代，是后世人们怀念并渴望再现的文化黄金时代。此后，中国古代思想文化的发展，就无法摆脱这个时代的影响。因此，人们在讨论中华文明发展的时候，就像在空间上不能不想到中原地区一样，在时间上则不能不想到春秋战国时期。

那么，东周时期为什么会成为中国的“轴心时代”呢？

西周的覆亡和东周的建立

中国在东周时期进入“轴心时代”，是社会巨大变迁的结果。从西周到东周，虽然不是改朝换代，但却是一次巨大的历史变迁。

按照传说，西周覆亡是由于一场游戏：周幽王“烽火戏诸侯”的游戏。

公元前6世纪，古希腊寓言家伊索写了一则《说谎的放羊娃》(即

“狼来了”)的寓言,告诫人们不要用谎言欺骗别人,否则,当狼真的来了的时候,就会失去别人的援救。而在伊索之前的公元前8世纪(前770)的中国,则上演了一场真实的“狼来了”的活剧。不过结果却不是以一群羊被狼吃了为代价,而是以国家的覆灭为代价。这个故事的主角便是周幽王。

烽火台是古代用以传递军事警报的设施。它通过燃烟和点火传递警报,白天燃烟,叫作“燧”,夜间则点火,叫作“烽”,但在没有敌人入侵的时候,不能使用。前面说过,周代所封的诸侯国在周王室遇到敌人侵袭时,有出兵救援的义务,燃起烽燧是周王室向诸侯国报警的主要方式。公元前781年周宣王去世后,他的儿子姬宫涅(shēng)继位,是为周幽王。这位周幽王像夏王桀、商王纣一样,也是一个“不爱江山爱美人”的国君,他特别宠爱褒国送给他的美女姒,但褒姒却不苟言笑。周幽王为博取褒姒一笑,费尽了心机,甚至不惜在没有敌情的时候燃起烽燧,让褒姒观看诸侯国军队突然看到报警而紧急赴援的那种慌乱景象。公元前771年,申侯联合绘国和犬戎讨伐周幽王,当兵临城下的时候,幽王燃起烽火求援。多次受到戏弄的诸侯们以为幽王又在戏弄他们,便不再派兵救援。结果,镐京被犬戎攻破,周幽王也在出逃途中被杀死在骊山,西周宣告灭亡。

其实,“烽火戏诸侯”的故事只是西周王朝覆亡过程中的一支插曲。西周王朝覆亡的根本原因是它的国力衰微和内外矛盾的激化。在中国历史上常常可以看到这样的现象:一个王朝建立以后,没有经过几代人,就忘记了建国的艰难,很少再有励精图治的国君。西周也是这样。在周成王、周康王时期出现了“成康之治”之后没有几年,西周王朝就开始走下坡路。公元前849年,周昭王率军征伐南方蛮族,在3年的战争中,遇到了蛮族的强烈抵抗,昭王的军队几乎全军覆没,他本人也淹死在汉水中。从此,西周王朝便失去了对南方各国的控制。

到周厉王时,更是常常受到东方的夷族和西方的戎族的侵扰,不断发生战事。噩侯(或说即鄂侯)驭方曾“率南淮夷、东夷,广伐南国东国”,危及周的南境与东境的诸侯,也威胁周的洛邑。周王室调动“西六师、殷八师”未能抵御住,后来,靠武公的属下邢叔向父禹率军才平定下去②。连年征战已经给人民带来深重苦难,厉王还要任用荣夷公为卿士来聚敛财富,更引起“国人”的极其不满。厉王为了“弥谤”,即阻止人们对国事的批评,又命卫巫加强监视,用杀戮的办法对付有不满言论的人。终于在前 841 年酿成了“国人”暴动。这是一次自由民的暴动。暴动迫使厉王出奔到彘(今山西霍县),朝政便由大臣召公(召穆公虎)、周公(周定公)共同执掌[③],这就是历史上所说的“共和行政”。中国历史有准确的纪年,也是从这一年开始的。

经过 14 年的“共和行政”,周宣王即位。在周宣王的前期,虽然曾经出现过短暂的“中兴”气象,但周宣王三十六年到三十八年(前 792—前 790),征伐条戎、奔戎、北戎,连续失败,特别是宣王三十九年(前 789)与姜戎的“千亩(今山西介休南)之战”,更是遭到惨败,“中兴”的气象也就随之消失。到周幽王时,又发生宫廷内部的权力之争,幽王废除了申后,连她儿子宜臼的太子之位也废除了。申后是申侯的女儿,申后和太子被废,自然激起了申侯的不满,他于是联合早已对周王朝虎视眈眈的犬戎,用武力恢复宜臼的继承权。权力之争的结果,是西周的灭亡。

幽王死后,申侯、鲁侯、许文公等便在公元前 770 年共立被幽王废了的太子宜臼在申即位,这就是周平王。

这时,周的都城镐京被入城的犬戎军队抢掠一空,已经残破不堪,不再适宜做都城。幸好当年周公营建了洛邑作为陪都,于是,周平王便在秦襄公、郑武公、晋文侯、卫武公等一干诸侯的护卫下,从镐京赶往洛邑(洛阳)。平王东迁以后,中国历史就进入了东周时期。

东周时期留给人们印象最深的是大国争霸,战争频仍。这个时期按习惯分为两个阶段,从平王东迁到公元前 476 年,是第一阶段,即春秋时期[④]。这是一些势力较强的诸侯国争当霸主的年代。“霸”(也作“伯”)是诸侯之长的意思。谁在战争中获胜,谁就能主持召开诸侯会议(“会盟”),并迫使各诸侯国承认其霸主地位。春秋时期先后出现了五个霸主,史称为“春秋五霸”。“五霸”指齐桓公、宋襄公、晋文公、秦穆公和楚庄王[⑤]。失败的诸侯,或被杀,或逃亡,或归附,很多小国就在一次次的征伐中被兼并了。按照司马迁的说法,在春秋时期,被杀的君主有 36 人,被灭亡的国家有 52 个,逃亡在外而不能保有权力的君主,就不计其数了[⑥]。

第二个阶段从公元前 475 年开始,到秦国统一各国建立秦王朝结束。这是战国阶段。顾名思义,战国时代就是战争不断的时代。在长期的战争中,很多小国继续被吞并,形成了齐、楚、燕、韩、赵、魏、秦七个强国("七雄")并立的局面。春秋时期,诸侯国相互争霸还打着"尊王攘夷"的旗号,拿周天子做个幌子,到战国时期,诸侯国连周天子的旗号都丢到了一边,周天子根本无法主宰形势,到周赧王五十九年(前256),秦国干脆把周天子废黜,东周的政权虽然还保存着,但不再称王。

这两个阶段合起来,就是"春秋战国"时代。

王权的衰落

东周与西周最明显的不同,就是周天子地位的衰微。平王东迁以后,周天子成了名义上的"共主",其实际地位,渐渐与一个诸侯国差不多,甚至只相当于一个中等诸侯国。

周天子权力丧失的公开标志,是"周、郑交恶"。

郑国曾派兵护卫平王东迁,郑武公、郑庄公也因为护卫有功,便相继为周平王的卿士。后来,周平王想分权给虢公,引起了郑庄公的怨恨。周平王辩解说:"没有这样的事。"为了相互取信,周王便与郑国交换人质:让周平王的儿子王子狐在郑国做人质,郑庄公的儿子公子忽在周王室做人质。这是诸侯国与周王室平起平坐的开始。

周平王死后,周桓王继位,准备夺回郑庄公的权力交给虢公执掌,庄公不仅不买账,还让他的属下祭足率军队收割了周王室在温邑土地上的麦子,秋季又收割了周王室的稻子。这是对周王室的公然藐视,周王室与郑国的关系进一步紧张起来。公元前707年,周桓王率陈、蔡、虢、卫等诸侯国的联军讨伐郑国。结果,诸侯联军被郑国打败,郑国大将祝聃还一箭射中桓王的肩膀。这一箭,是历史性的一箭。它标志着周天子的权威从此扫地。"礼乐征伐自天子出"[⑦]的局面一去不复返了。在这样的情势下,再发生楚庄王"问鼎"之类的诸侯觊觎王权的事,当然也就不会令人感到奇怪了。

楚庄王(?—前591)就是那个以"三年不蜚(飞),蜚将冲天;三年不鸣,鸣将惊人"[⑧]而著名的国君,也是以"问鼎"而著名的国君。他讨伐陆浑之戎获胜后,陈兵洛阳郊外,检阅军队。周定王派大夫王孙满劳军,楚庄王借机向王孙满询问周鼎的轻重大小。王孙满说:一个国家关键在于国君是否有德行,而不在于鼎的轻重大小。王孙满的回答可以说是理直而气不壮。因为楚国自称蛮夷,向来就对周王室不买账,早在春秋初年,楚国国君熊通就不顾“王”是周天子的专利,自称武王,与周天子平起平坐,周王室却拿他没有办法,现在,楚国已经比当年更加强大,周王室又能对楚庄王的无礼和野心有什么办法呢?

周王室权力的失落,真正深究起来,根子可以追溯到西周。西周初年实行分封制,虽然解决了商代大小邦国林立的问题,但分封制本身也存在着“制度缺陷”。如果周王室力量削弱了,或者诸侯国的势力强大了,诸侯们就会不再听命于周天子。这个时候,诸侯国不仅不是周王室的屏卫,反而对周王室构成威胁。《左传》用“尾大不掉”来形容这种局面[9],即尾巴太大了,就摆动不了。

东周王朝何止是摆动不了“尾巴”,它已经沦为一个被“尾巴”所控制的王朝。

等级制度的打破

周天子权力的失落,立即产生了多米诺效应。不仅出现了诸侯国称王称霸和诸侯国与诸侯国之间战争不断的局面,也使社会关系发生变化。

西周王朝在实行宗法制和分封制的同时,还建立起金字塔式的社会等级关系。这个关系的顶点是周天子,底层是庶民和奴隶,中间是卿和诸侯、大夫、士。

西周的统治者以为,外靠诸侯国的屏卫,内靠不可逾越的社会等级制度,就可以使周王朝的统治固若金汤。但是,一旦周王室衰微,就失去控制诸侯国的前提和手段,也使等级关系松弛。东周时期,终于出现“礼乐征伐自诸侯出”,甚至“自大夫出”,以至“陪臣执国命”的局面[10]。

周天子失去对诸侯国的控制,使诸侯国实际上成为各自独立的国家。各个诸侯国为了维护政权、扩张领土、争夺霸权,迫切需要任用有才干而又愿意为自己效命的人才,而不只是把官职和权力交给那些世袭的贵族。这使原来处于等级金字塔下层的人有了一条垂直流动的通道,有可能借此成为执掌国家重要权力的上层官员。

由于在用人上突破了等级制度的限制,统治者在用人观念上也发生了变化。人们认为,即使原来是敌人,只要有才干并愿意为自己效命,也可以不计前嫌。齐桓公所任用的管仲,就是他原来的政敌,而且还差一点置他于死地。晋国大夫祁奚(字黄羊)在推荐人才上更表现出“外举不避仇,内举不避亲”[11]的原则。这都表明,“尚贤”之风已经开始兴起。战国时期的秦国实行以爵赏功,更是从制度的层面突破了以世袭贵族为核心的等级制度。所以在春秋战国时代,由匹夫而至将相者是不乏其例的。

“初税亩”

在由孔子所删定的《春秋》上,于鲁宣公十五年(前594)这一年记载有“初税亩”三个字。就这三个字,却引起了当代史学家的浓厚兴趣,因为他们发现,寥寥的“初税亩”三个字记载的却是中国历史上发生的生产关系的一次巨大变革:以土地私有制取代土地公有制(国有制)。

据说,西周时期曾经实行过“井田制”[12]。关于“井田制”究竟是什么样子,早就众说纷纭,很难搞清楚。如果按照孟子的说法,“井田制”实际上是劳役地租的一种形式。他说,1平方里是一个单位——“井”,每井有900亩,中间的100亩是“公田”,周围的800亩由8家分别耕种,8家需要等到将“公田”上的农事做完了,才能从事“私田”的耕作[13]。当然,这里所说的“私田”,只是指使用权,而不涉及所有权,土地的所有权还是国有的。8家共同耕种的那100亩土地的收益归国家所有,实际上就是8家上缴的地租。

但从西周中期起,就有些贵族用榨取奴隶剩余劳动的办法偷开了一些荒地。到了东周时代,铁器和牛耕开始使用,生产力有了发展,开荒的现象可能更普遍了。这些“黑地”本来是不缴赋税的。但各诸侯国在政治权力加强的同时,由于大兴土木、不断战争、大量封赏和贵族的生活奢侈,财政开支也迅速膨胀。在财政出现困难的情况下,为了增加财政收入的来源,原来不征收赋税的“黑地”现在也与国有土地一样按亩征收赋税。这种国家按土地多少向土地所有者征收农业税的赋税制度,就叫“税亩”。

最初实行“税亩”的是鲁国,此后,各国纷纷效法。如公元前548年,楚令尹子木就在楚国整顿田制,根据土地的肥瘠,“量入修赋”。

“税亩”承认了“黑地”的合法性,同时也就承认了土地私人所有制的合法性,这就为地主所有制的诞生创造了条件。

学术下移

周王朝权力衰落所引发的多米诺效应,也扩展到学术文化领域,导致了“学术下移”。

商和西周时代,学术掌握在直接为王室服务的卜、史手中。商代遇事就要占卜,占卜是与上帝交流的很神圣的事,需要由能够与神交流的专职人员来进行,这些人便是巫、觋。他们经过专门的训练,不仅掌握了占卜的礼仪、占卜文字的书写和刻契技术,同时还掌握了占卜结果的解释方法。

商代可能已经出现史官,周公就说过:“惟殷先人,有册有典”[14]。到西周时期,随着对礼乐制度的重视,“史官”的地位逐渐突出出来。不仅周王室设置史官,在周王朝所分封的一些诸侯大国也设置史官,如鲁国就设置了“祝、宗、卜、史”,以“备物典策,官司彝器”[15]。当时的史官,名目很多,职责也不同,如“大(太)史掌国之六典,小史掌邦国之志,内史掌书王命,外史掌书使乎四方,左史记言,右史记事”[16]等等。后来,史官的职责才集中于“记言”和“记事”。“六典”、“邦国之志”、“王命”、“使乎四方”等等,都涉及典章制度和历史知识。当然,对典章制度的解释权也在他们手里。

“巫觋”对占卜结果的解释和“史官”对典章制度的解释,属于当时的意识形态,直接服务于当时的政治。所以“巫觋”文化与“史官”文化都是政治文化。对“巫觋”与“史官”的培养自然也就属于“官学”。

西周时期的“官学”还包括官办学校。由于文献的缺乏,我们对西周学校情况知道得很少。现在谈西周学校制度,根据的基本上是战国时期的文献,所以人们往往怀疑其依据的可靠性。大体来说,西周学校分为“小学”和“大学”两类。“小学”课程主要包括“礼乐”(以礼仪为主要内容)、“书”(以文字和书写为主要内容)、“算”(计数)等方面,属于基础教育。“大学”属于高等教育,主要课程是诗、书、礼、乐,涉及文学、历史文献、礼乐制度等方面的知识和理论,据说还有“射”(射箭)、“御”(驾车)等体育和准军事教育。各门课程都没有固定的教材,主要靠师氏、保氏的口授和诠释。但是,无论“小学”还是“大学”,入学对象的限制都很严格,它的主要对象是:“王大(太)子、王子、群后(即诸侯国国君)之大(太)子、卿大夫元士之嫡子、国之俊选”[17]。这些记载,很难保证细节上的真实,但有一点应该是没有问题的,即:当时的学校是贵族学校,主要培养上层贵族子弟,平民甚至下层贵族的子弟,都没有入学资格。

上层统治者对意识形态的控制和对教育的垄断,就是所谓的“学在官府”。

到东周时代,情况则发生变化。随着周王室对诸侯国控制的进一步削弱,它也逐渐失去了对学术控制的能力,出现了“天子失官,学在四夷(裔)”[18]的局面。周王室的乐师们纷纷流向各诸侯国[19]。连在周王室担任史官的老子也离开了周王室,西出函谷关。

司马迁所谈的司马氏家族的历史,也从一个侧面反映了“天子失官”的情况。他说,司马氏原是“世典周史”的,即世代担任掌管周代典籍的史官。到春秋时代的周惠王、周襄王时,周王朝已经衰微,司马氏便离开周王室到了晋国,以后又从晋国分散到魏国、赵国和秦国[20]。

一方面是周王朝学术衰落,另一方面,一些诸侯国保存的周礼比周王室还要好。公元前540年,晋国大夫韩宣子访问鲁国,观看了鲁国的典籍后,不禁赞叹道:“周礼尽在鲁矣!”[21]这说明,周王室已经失去了文化中心的地位。

周王朝文化衰落不仅使学术文化的中心转移到一些诸侯国,而且使中原文化扩散到中原文化圈之外。公元前544年,吴国公子季札游历中原,来到鲁国,请求观赏周乐。当时,诗歌、音乐是一体的。鲁国乐工为他演奏了后来保存在《诗经》“国风”、“小雅”、“大雅”、“和颂”中的许多篇章,表演了《象箾(shuò)》、《南籥(yuè)》、《大武》、《韶濩(hù)》、《大夏》、《韶箾(此处音 xiāo)》等舞蹈。当他观看到传说为虞舜时代的乐舞《韶箾》时,不禁赞叹道:“德行的最高境界啊!多完美啊!就像天无所不覆盖,地无所不承载一样啊!就是再有盛德,也不能比这更高了。看到这里,我就够满足了。即使还有其他的音乐,也不敢请求再观赏了!”[22]“叹为观止”这个成语就来自这里。鲁国乐工能够演奏美妙的周乐,并不奇怪,令人惊诧的是季札对音乐、舞蹈的评论。吴国直到战国时期还属于孟子所说的“南蛮鴂(jué)舌之人”的文明滞后地区[23],但季札对每一首乐曲、每一个舞蹈的评论,却都很有见地,也很符合中原地区的美学观。这表明他已经很熟悉中原文化,也表明中原文化已经扩散到中原之外的地区。

“士”阶层的出现

“学术下移”,使原来只有贵族才能接触的典籍、学习的文化知识扩散到民间,这就为一个新的阶层——“士”的产生提供了条件。在西周所形成的社会等级关系的金字塔中,也有“士”阶层,但那个“士”可能主要是武士,而不是东周时代的文士。

东周时代的“士”具有以下的特征:

首先,他们好学敏求,因此熟悉古代典籍,学术文化素养较高。据说,墨子出外游历、游说,车子里总要装上很多书,有人问他:先生您不是对学生说过,只要能根据情况判明是非就行了吗,那您带这许多书干什么?墨子说,当年周公旦辅助天子,那么忙,每天早晨还要读书百篇。我现在既不要承担君上交办的事,也没有农民从事耕作的忙碌,怎么能荒废读书呢?[24]墨子这番话的言外之意就是,读书对于“士”来说,就像料理政务对于官员、从事耕作对于农民一样,是他们的本分工作。当然,“士”以读书为务,前提是需要有书可读。“学术下移”使很多典籍流落民间,恰好创造了这个条件。据说,孔子出于研究历史的需要,让他的学生们帮他搜集周朝的史书,学生们一下子就找来了一百二十部各国的史籍[25]。这个传说或许有夸张成分,但当时书籍散落在民间甚多,应是事实。

由于“士”以读书为务,学问自然也就逐渐积累起来,甚至出现像战国中期的惠施那样“其书五车”[26]的人,即所著的书可以装满五辆车[27]。虽然当时的书是书写在简帛上,一车书并不像现在那么多,但惠施能著书“五车”(或读书、藏书“五车”),也不算少了,所以后人用“学富五车”来形容有学问、有知识的人。其他的“士”能否都像惠施那样,做到“其书五车”,我们不知道,但作为“士”,一定要具有相当的知识,这是没有问题的。

其次,具有独立的人格意识。孔子所说的“三军可夺帅,匹夫不可夺志也”[28],孟子所说的“富贵不能淫,贫贱不能移,威武不能屈”[29],实际上都提出了“士”的品质要求。作为一个“士”,要坚持自己的志向、维护自己的尊严,而不能屈从于诱惑、屈服于压力。

“士”的人格意识,来源于“士”对自身价值的认识。《战国策》中有一则“齐宣王接见颜斶(chù)”的故事,表现的就是“士”对自身价值的确认。故事说的是颜斶去见齐宣王，齐宣王接见了他。齐宣王见颜斶坐得太远了，便说："颜斶，您往前坐一点！"这时，颜斶也说："大王，您往前来一点！"齐宣王很不高兴，他左右人就说："大王是人君；颜斶你是人臣；大王说'斶前'，你也说'王前'，可以吗？"颜斶回答道："夫斶前为慕势，王前为趋士。与使斶为(趋)[慕]势，不如使王为趋士。"宣王听了很气愤，满脸不高兴地说："是王者尊贵呢，还是士尊贵呢？"颜斶回答："士尊贵，王者不尊贵。"[30]"士"贵于"王"的价值认定，是人格意识的基础，也是以后一些"士"能够傲视王侯的思想基础。

再次，"士为知己者死"的选择性归属。东周时代的"士"，不是一个独立的阶级。他们或为奴隶主阶级的代言人，或为封建主阶级的代言人，或为农民和手工业者的代言人，出身和思想各异，但普遍具有一个特点：谁赏识他的思想，谁可以为他实现抱负提供条件，他就竭尽全力为谁服务。在诸侯国并立的政治多元化的历史条件下，为了寻求"知己"者，他们到处游说诸侯，很像是为出卖自己的聪明才智四处寻求市场。一旦通过选择，找到"知己"，找到自己的归宿，他们中的一些人就不惜付出生命的代价去实现自己理想，像荆轲那样临危受命、义无反顾。

"士"阶层的出现，意味着一个专业性的从事学术文化活动的主体的出现。

学术的多元化

"学术下移"的另一个后果，是使东周时期的学术多元发展。

学术活动是创造性的精神劳动。但在"学在官府"的条件下，学校仅仅培养从政人才，这时的学术，是官、师合一的学术，上层贵族不仅垄断了文化典籍，也同时垄断了文化典籍的解释权，他们不太需要什么学术创造。

"学术下移"使典籍和文化知识扩散到民间，一些接触到历史典籍、掌握了文化知识的"士"就不一定会按照官方的口径去理解典籍、传播文化。对典籍的不同诠释，对事物的不同认识，使学术再不是官方的"一言堂"，而呈现出多元发展的态势。多元发展的具体表现，就是"百家之学"的出现。

最早指出由于周王朝的衰落而导致学术多元发展的，是《庄子·

天下》篇的作者。《天下》篇是《庄子》这本书中很特殊的一篇。《庄子》书中所收其他文章,读起来都使人感觉到语言诙谐、想象奇特、妙趣横生,唯有《天下》篇是一篇严肃地谈论学术的文章。在这篇文章中,作者评论了先秦时代的儒家、道家、墨家、名家等很多学派(这些学派的名称没有在文章中出现,这里只是说《天下》篇所评论的学术人物按照习惯的观点属于这些学派),所以人们把它看作一篇关于学术史的论文。

《天下》篇的作者是谁,已经无法知道了,但它提出的问题很有意思。

文章一开头就说,现在天下治方术(即学术)的人很多,都认为自己的学术已经揭示了真理,完美到无以复加的程度。但是,古人所说的“道术”究竟在哪里呢?[31]文章认为,在这个“天下大乱、贤圣不明、道德不一”的时代,表现为“百家之学”的学者们,其实大都是只获得了“道术”的一个方面、一个侧面就津津乐道、自我欣赏的人,用《天下》篇的话来说,就是“多得一察焉以自好”。这种情况,如果打个比方的话,就像人的耳朵、眼睛、鼻子、嘴巴一样,它们虽然都有感知事物的功能,但在互不相通、互不联系的情况下,各自所获得的对事物的感觉总是局部的、片面的。所谓“百家众技”就是这样,他们“皆有所长,时有所用”,但是,他们“不该不遍”,即不能完整地、全面地考察对象、认识世界,只能叫作“一曲之士”,即仅是一个只懂得个别方面知识、掌握片面知识的人。但是,现在所谓的“百家”,却“往而不反”,他们不愿回头,不愿反思,其结果只能是“道术将为天下裂”。[32]

《天下》篇的作者在谈到“道术将为天下裂”的时候,似乎略带着忧伤的情调。其实,当时的学术分裂,对学术的发展来说,未必不是好事。学术分裂的结果,使原来官师合一的学术演变成非官方“私家之学”。“士”成为独立从事学术活动的主体,他们纷纷构建了自己的思想体系,形成了自己的政治主张,并向统治者提出治国、治军、外交等方面的建议。他们中的一些人虽然在诸侯国的国君或大夫身边充当师傅、幕僚甚或门客,但大多是以自己的学识、知识或某种才干为自己争取一席之地。在持有不同思想、理论和主张的“士”之间,还经常相互论难,展开辩论。为了争取在辩论中取胜,有人还专门研究辩论术。这样,不仅推动了古典文献的研究,也推动了政治、经济、军事、农学等方面的应用研究,语言学和逻辑学的研究也发展起来。他们还授徒讲学，著书立说，使自己的思想流传开来，这就出现了《天下》篇所说的“百家之学”，逐步形成各种思想流派。

学术文化的多元发展，促进了各有特色的地域文化的形成。“齐鲁文化”、“三晋文化”、“荆楚文化”、“吴越文化”、“燕赵文化”等等地域文化，大都形成于这个时期。丰富的地域文化，增加了中华文化的多样性。

“百家争鸣”

东周时期，与学术多元化发展直接联系的，便是形成了直到今天还令人神往的“百家争鸣”局面。在长达200多年的时间里，诸子蜂起，学派林立，著书立说，游说论辩，思想界显得空前的活跃。

“百家”是指众多的思想家。在《庄子·天下》篇中就有“百家之学”的提法，到东汉时代，班固曾对《汉书·艺文志》中所著录的属于“诸子”的作品作了统计，他说：“凡诸子百八十九家”。这些大概就是“百家”的由来。用“百家”概括从春秋末年到战国时期出现的略有名气的学者、思想家，大概不算夸张。但是，作为学派的，则只有十家，那就是道家、儒家、墨家、法家、兵家、名家、农家、纵横家、阴阳家、小说家。严格地说，小说家算不上是学派，真正可以称为学派的只有九家，习惯叫作“九流”。所以班固又说：“诸子十家，其可观者九家而已。”[33]

班固还对“百家争鸣”产生的政治环境作了分析。他说，这九家“皆起于王道既微，诸侯力政，时君世主，好恶殊方，是以九家之术蜂出并作，各引一端，崇其所善，以此驰说，取合诸侯”。并认为“其言虽殊，辟犹水火”，实际上是“相反而皆相成”的[34]。

200多年的“百家争鸣”，大体上可以分为三个阶段：开始于春秋战国之际，大盛于战国中期，战国后期进入尾声，到秦始皇统一中国，正式降下帷幕。争论的问题也非常广泛，涉及礼法制度、道德伦理、天道观、认识论、历史观、逻辑学等各个学术领域。

在参加争鸣的各个学派中，虽然以道家、儒家、法家对后世的影响为大，但“百家争鸣”的帷幕却是由墨家的创始者墨子拉开的。他举起“非儒”的旗帜，对儒家思想展开批判，从而宣告延续200余年的“百家争鸣”正式开始。

【注释】

①[德]雅斯贝尔斯:《历史的起源和目标》,华夏出版社,1989年中文版,第14页。

②此段史事见于《禹鼎》的铭文。参见杨亚长《金文所见之益公、穆公与武公考》,《考古与文物》2004年第6期。

③按:一说是共伯和摄政。

④“春秋时期”是因鲁国记载这一段历史的典籍叫《春秋》而得名。

⑤按:一说指齐桓公、晋文公、楚庄王、吴王阖闾和越王勾践。

⑥司马迁说:“《春秋》之中,弑君三十六,亡国五十二,诸侯奔走不得保其社稷者不可胜数。”《史记》卷一三〇《太史公自序》,中华书局,1959年版,第10册,第3297页。

⑦《论语·季氏》:“天下有道,则礼乐征伐自天子出。”阮元校刻《十三经注疏·论语注疏》卷一六,中华书局,1980年影印本,第2521页。

⑧《史记》卷四〇《楚世家》,中华书局,1959年版,第5册,第1700页。

⑨《左传·昭公十一年》,阮元校刻《十三经注疏·春秋左传正义》卷四五,中华书局,1980年影印本,第2061页。

⑩《论语·季氏》,阮元校刻《十三经注疏·论语注疏》卷一六,中华书局,1980年影印本,第2521页。

⑪《史记》载,晋悼公三年(前569),“晋会诸侯。悼公问群臣可用者,祁傒举解狐。解狐,傒之仇。复问,举其子祁午。君子曰:‘祁傒可谓不党矣!外举不隐仇,内举不隐子。’”《史记·晋世家》,中华书局,1959年版,第5册,第1682页。

⑫按:也有学者认为夏、商时代就实行了井田制。

⑬《孟子·滕文公上》:“方里而井,井九百亩。其中为公田,八家皆私百亩,同养公田。公事毕,然后敢治私事。”阮元校刻《十三经注疏·孟子注疏》卷五上,中华书局,1980年影印本,第2703页。

⑭《尚书·周书·多士》,阮元校刻《十三经注疏·尚书正义》卷一六,中华书局,1980年影印本,第220页。

⑮《左传·定公四年》,阮元校刻《十三经注疏·春秋左传正义》卷五四,中华书局,1980年影印本,第2134页。

⑯刘知几:《史通·外篇·史官建置》,张振佩:《史通笺注》卷一一,贵州人民出版社,1985年版,第393页。

⑰《礼记·王制》,阮元校刻《十三经注疏·礼记正义》卷一三,中华书局,1980年影印本,第1342页。

⑱《左传·昭公十七年》:“仲尼闻之,见于郯子而学之。既而告人曰:‘吾闻之,天子失官,学在四夷。犹信。’”阮元校刻《十三经注疏·春秋左传正义》卷四

八，中华书局，1980 年影印本，第 2084 页。

⑲《论语·微子》："大师挚适齐，亚饭干适楚，三饭缭适蔡，四饭缺适秦，鼓方叔入于河，播鼗(táo)武入于汉，少师阳、击磬襄入于海。"阮元校刻《十三经注疏·论语注疏》卷一八，中华书局，1980 年影印本，第 2530 页。

⑳《史记》卷一三〇《太史公自序》，中华书局，1959 年版，第 10 册，第 3286 页。

㉑《左传·昭公二年》，阮元校刻《十三经注疏·春秋左传正义》卷四二，中华书局，1980 年影印本，第 2029 页。

㉒《左传·襄公二十九年》，阮元校刻《十三经注疏·春秋左传正义》卷三九，中华书局，1980 年影印本，第 2008 页。

㉓《孟子·滕文公上》："今也南蛮鴃舌之人，非先王之道。"阮元校刻《十三经注疏·孟子注疏》卷五下，中华书局，1980 年影印本，第 2706 页。

㉔《墨子·贵义》："子墨子南游使卫，关中载书甚多。弦唐子见而怪之，曰：'吾夫子教公尚过曰：揣曲直而已。今夫子载书甚多，何有也？'子墨子曰：'昔者周公旦朝读书百篇，夕见七十士，故周公佐相天子，其修至于今。翟上无君上之事，下无耕农之难，吾安敢废此？"见孙诒让：《墨子间诂》卷一二，中华书局，2001 年版，第 445 页。

㉕何休曰："闵因叙云：昔孔子受端门之命，制春秋之义，使子夏等十四人求周史记，得百二十国宝书。"阮元校刻《十三经注疏·春秋公羊传注疏》卷一，中华书局，1980 年影印本，第 2195 页。

㉖《庄子·天下》，郭庆藩《庄子集释》卷一〇下，中华书局，1961 年版，第 1102 页。

㉗按：也有人解释为惠施读的书需要五辆车来拉，或惠施藏有装满五辆车的书。

㉘《论语·子罕》，阮元校刻《十三经注疏·论语注疏》卷九，中华书局，1980 年影印本，第 2491 页。

㉙《孟子·滕文公下》，阮元校刻《十三经注疏·孟子注疏》卷六上，中华书局，1980 年影印本，第 2710 页。

㉚《战国策》卷一一《齐策四》，何建章：《战国策注释》，中华书局，1990 年版，第 395—396 页。

㉛《庄子·天下》，郭庆藩：《庄子集释》卷一〇下，中华书局，1961 年版，第 1065 页

㉜《庄子·天下》，郭庆藩：《庄子集释》卷一〇下，中华书局，1961 年版，第 1069 页。

㉝《汉书》卷三〇《艺文志》，中华书局，1964 年版，第 6 册，第 1746 页。

㉞《汉书》卷三〇《艺文志》，中华书局，1964 年版，第 6 册，第 1746 页。

老子与先秦道家

在中国古代哲人心目中,最重要的东西可能要数“道”。

早在2500多年前,老子就在苦苦思索“道”的含义,《老子》(即《道德经》)中关于“道”的论述,就是他思考的结晶。

几乎与老子同时的孔子,也在孜孜追求“道”。他认为,“道”是人们一刻也不能离开的东西[①],如果早晨明白了道,晚上去死都可以[②],他还决心用生命来捍卫它[③]。所以,略后于孔子的墨子说:“儒者以为道教。”[④]即儒家是以“道”进行教化的。

但是,从以后的介绍中我们将会看出,孔子所说的“道”,与老子所说的“道”并不是一回事。正因为当时很多学者虽然都讲“道”,但各人对“道”的理解和诠释却不一样,孔子才会强调:“道不同,不相与谋。”[⑤]

对概念有不同理解,这并不奇怪。这种情况今天也会碰到。比如,当代中国人特别看重“道理”,遇到别人有冒犯自己或表现出不规范的言论和行为时,第一反应往往就是质问:“你讲不讲道理!”似乎在人们中间存在着一个公认的思想原则、行为规范和必须遵循的游戏规则。但是,如果要求人们把他所说的“道理”的内容具体地讲一讲,可能就会言人人殊。我们这才发现,虽然人们都认为应该讲“道理”,但各人心目中的“道理”却并不完全一样。

因此,我们在接触古代学术文化方面的原著时,要注意领会著者对每个概念、范畴所作的具体规定和阐述,不能只看到他们使用的词语相同,就以为他们的理论观点也是一样的。也就是说,要注意各个学派、各个学者是如何界定概念和范畴的,究竟赋予它们什么具体含义。

老子与《老子》

在先秦时代产生的各个学派中,对后世影响最大的虽然是儒家,但如果从先秦各个学派产生的时序来看,最先出现的则是道家。

道家产生于春秋末年,只是当时没有人用“道家”来称呼这个学派,直到几百年后的汉代初年,著名史学家司马迁的父亲司马谈(?—前110)在论“六家要旨”时,才用“道家”给这个学派命名。

道家的创始人是老子(前571?—前471?)。据司马迁说,老子姓李,名耳,字伯阳,谥曰聃(dān),楚国苦县(今河南鹿邑)人[⑥](一说老子是安徽涡阳人)。先秦时代,“子”是对男子的尊称,就同现在称呼“先生”差不多,它一般用于姓氏的后面[7]。问题是:老子既然姓李,为什么不称他为“李子”而叫“老子”? 于是有的学者便认为,老子或许就姓“老”;也有人认为,他或许就是老莱子。

老子曾为周王室“守藏室之史”(一说“为周柱下史”,“守藏室史”与“柱下史”或为一官而异名),负责管理国家图书档案工作,这使他有机会接触到周王室所收藏的丰富典籍,所以老子知识很渊博。据说,孔子35岁那年,曾经专程到洛阳向老子问礼。孔子离开老子后,对他的学生说:“鸟,吾知其能飞;鱼,吾知其能游;兽,吾知其能走。走者可以为网,游者可以为纶(lún,钓丝),飞者可以为矰(zēng,系有丝绳以射飞鸟的箭)。至于龙,吾不能知,其乘风云而上天。吾今日见老子,其犹龙邪!”[8]在孔子看来,老子的思想是那样莫测高深、难以捉摸,就像天上的龙一样,见首不见尾。以后,人们便常常用“犹龙”来比喻或称呼老子。

后来,老子目睹周王朝日渐衰落,便离开了周王室,打算隐居。他经过函谷关时,关令尹喜一定要他著书,他就写下五千多字的《老子》。由于这五千多字中,讲“道”和“德”的地方很多(全书有74处讲到“道”,有44处讲到“德”),而且现在流传的《老子》,上篇第一章讲的就是“道”,下篇第一章讲的就是“德”[9],所以《老子》又叫《道德经》。老子出关以后,就消失在西方的流沙中,再也没有人知道他的下落。

据汉代刘向的《列仙传》说,关令尹喜是因为看到有一片云气从东方飘来,知道有“真人”将要到来,果然等来了老子[10]。这个故事就是后人用以表示祥瑞的“紫气东来”一语的来源。

《老子》一共有81章。司马迁所看到的《老子》,大概就已经是“道经”在前,“德经”在后,与历来流行的本子一样。但20世纪70年代在长沙马王堆三号墓中出土的帛书《老子》,却是“德经”在前,“道经”在后。这就给学者们提出了一个新问题:《老子》的原始面貌究竟是什么样子?

《老子》的“道”

由于老子非常重视“道”,所以后来人们就把他所创立的学派叫作“道家”。

可是,让我们感到奇怪的是,特别重视“道”的老子,却说“道”是说不清道不明的东西，甚至连“道”的名称也无法讲清楚，只是因为讨论的需要，才不得已而勉强给它起一个“字”(即号)，叫作“大道”[11]。

老子为什么要强调“道”是讲不清楚的东西？他在《老子》的一开头就回答了这个问题：“道可道，非常道；名可名，非常名。”[12]“常”是永恒的意思。老子认为“道”是很深邃的东西(“玄”)，它具有无限性、永恒性。而凡是无限的、永恒的东西，都是不可以用语言表达的。因为一个事物一旦用语言来表达，就表明它已经被赋予了能够与其他事物相区别的特征，用哲学语言来说，就有了“规定性”。特征也是一种“边界”，是对某个事物是这样而不是那样的一种限定。一个可以对它作“是这样”而“不是那样”限定的事物，当然也就不会具有永恒性和无限性。所以老子说“道”是不可以用语言来表述的。这与佛教所讲的佛是“不可思议”的差不多。

但“道”毕竟是道家回避不了的概念。所以，在《老子》书中，还是对“道”作了许多论述。

在老子看来，“道”是在天地万物产生之前就早已存在，只是那时候的“道”是一种混沌状态的东西；但正是这混沌状态的“道”却化生了天地万物，包括人在内的宇宙间的一切，都是它的产物。处于混沌状态的“道”是无形无质的，所以老子又把“道”称之为“无”，提出“无中生有”的这个命题，来表述万物(“有”)都是从“道”(“无”)中产生的。从这个意义上看，老子所说的“道”，是指生成世界万物的本根，即世界万物赖以产生的母体。

“道”在生成天地万物之后，自己并没有消失，它仍然存在于天地万物之中。在这个意义上，“道”又成为天地万物的本质、本体，天地万物只是“道”的现象、表象或暂时存在的形式。黑格尔就是在这个意义上理解“无”或“道”的。他说，老子所说的“无”并不是通常所说的无或无物，而是相当于西方哲学中所说的“本质”[13]。

《老子》书中还有“天之道”、“人之道”的说法，比如：“天之道，其犹张弓与(欤)。高者抑之，下者举之；有余者损之，不足者补之。天之道，损有余而补不足。人之道则不然，损不足以奉有余”[14]。这里的“道”，则有原则、规律的意思。

《老子》书中对“道”还有其他的论述。从纷纭的论述中我们感到，“道”是老子其人或《老子》其书留给后世思想家、哲学家的悬念。对于这个“玄之又玄”的“道”，我们只能在具体的语境中“随文”去领悟它，而无法用现代下定义的办法赋予“道”一个到处适用的解释。

“无为”

在《老子》书中，“无为”是与“道”差不多重要的概念。

司马谈在评论道家时说：“道家无为，又曰无不为。其实易行，其辞难知。其术以虚无为本，以因循为用。无成势，无常形，故能究万物之情。不为物先，不为物后，故能为万物主。有法无法，因时为业，有度无度，因物与合。”[15]他的意思是：道家特别注重清静无为，正因为只有“清静无为”，才能化生出天地万物，所以又说“无不为”。它实行起来并不难，但道理却幽深微妙。作为实践的原则，它的基础和出发点是“虚无”，它的方法是对一切事物采取“因顺”的态度。由于它不预先规定不变的形势，也不预先设定不变方式，所以能探究万物的真实本性；由于它不争着处于万物之前，也不刻意处在万物之后，所以能够成为万物的主宰。不论它有规则还是无规则，都是把顺应时势作为原则；不论它可以度量还是不可以度量，都是把合乎物情作为标准。

司马谈是崇奉道家学说的学者。他对道家有深入的认识，所以能够用《老子》书中的“无为而无不为”[16]这句话准确地表达了道家学说的基本精神，又用“其术以虚无为本，以因循为用”对“无为无不为”作了很有见地的解读。

那么，什么是“无为”？《老子》所讲的“无为”并不是不作为，而是指不要有意识地破坏事物的自然状态，不要人为地干预事物自身的发展变化。你看大自然，它化生万物，养育人类，何尝有什么意识、带着什么目的呢？但大自然无意识、无目的的活动，却能够把宇宙万物自然而然地安排得很好。这就体现出“无为而无不为”的特点。道的法则也就是让事物自然而然地产生发展，即“道法自然”[17]，司马谈讲的“虚无为本”、“因循为用”也是就是这个意思。所以我们说，老子的“无为”，不是对“为”的否定，而是对不按对象特点而乱作为的否定。不然，它为什么还要说“无不为”呢？

古人，特别是先秦时代的学者，是很少有做书斋学问的。他们写文章、著书，提出各种思想理论，一般都不是为学术而学术，而是为了实践，为了应用。《老子》也是这样。它的“无为”思想，用在政治实践中，就是“无为而治”。所以汉代的班固把《老子》书中所阐述的思想看作“君人南面之术”[18]，即讲治国方略或政治艺术的书。

“无为而治”这句话倒不见于《老子》，而是出自《论语》，是孔子对舜的评论：“无为而治者，其舜也与？夫何为哉！恭己正南面而已矣。”[19]孔子说的“无为而治”究竟是他从道家思想中吸取来的，还是另有来源，已经不得而知了，但“无为而治”更符合道家思想，这是肯定的。所以一提到“无为而治”，人们立即便会想到道家。

怎样才能“无为而治”？《老子》认为，首先是“圣人”要能“处无为之事，行不言之教”[20]。顺便说一下，古代人所说的“圣人”含有两个意思：一是指具有超乎常人的道德、学识和智慧的人；一是指君主、帝王。在《老子》中，这两个意思都有。怎样才叫“处无为之事”？《老子》提出了一个重要原则，即“圣人无常心，以百姓之心为心”[21]。意思是：圣人没有自己的愿望和要求，而是把百姓的愿望和要求当作自己的愿望和要求。同时，要充分做到“善”和“信”，不论是善良的人，还是不善良的人，都一视同仁地善待他；不论是可以信任的人，还是不可以信任的，都不加区别地相信他，从而显示出对“善”和“信”的提倡和充分体现。圣人治理天下，就是兢兢业业地使人心归于浑厚，对待百姓，就像对待婴孩一样。用《老子》中的原话来说，就是“善者吾善之，不善者吾亦善之，德善；信者吾信之，不信者吾亦信之，德信。圣人在天下，歙歙为天下浑其心，圣人皆孩之”[22]。总之，实行“无为而治”就是要求统治者要顺应百姓，不要只按照自己的欲望行事，更不要为了实现自己的欲望而强行干预人们的生活和生产。

“无为而治”还包含有执政者要“少私寡欲”的要求，即统治者要自觉地克制自己的私念和欲望。因为执政者的行为对人们具有示范和引导作用。如果执政者贪婪、奢侈，就会使人们竞相模仿，使社会风气败坏，“故圣人云：‘我无为而民自化；我好静而民自正；我无事而民自富；我无欲而民自朴’”[23]。

“无为而治”也包含着对治理国家细致谨慎的要求。《老子》说：“治大国若烹小鲜。”[24]“小鲜”就是小鱼。一个大国，人多事繁，治理时就要像煎煮小鱼那样，小心谨慎，不乱来，不瞎折腾。这也是“无为而治”的原则。美国前总统里根似乎也领会了《老子》“治大国若烹小鲜”这句话的深意。他在1988年元月所作的国情咨文中就引用了这句话：“正像中国古代有位叫老子的哲学家所说的，‘治大国若烹小鲜。’”[25]

《老子》还把“无为而治”的治国原则概括为“三宝”，这“三宝”就是：“慈、俭、不敢为天下先”[26]。所谓“慈”是要爱人、爱民，所谓“俭”是崇俭惜物，所谓“不敢为天下先”，包含着“圣人欲上民，必以言下之；欲先民，必以身后之”[27]的意思，即：要想成为人们的领导者，就必须言辞恭谦；要想成为人们的引导者，就必须把自身（利益）放在群众的后面，而不要总是盛气凌人、指手画脚，不要总是凌驾于别人之上。

“上善若水”

如果说“无为而治”是老子提出的最高治国境界的话，那么，“上善若水”则是老子提出的最高人生境界。他在《老子》中说：“上善若水。水善利万物而不争，处众人之所恶，故几于道。”[28]老子为什么说人生最高的至上的境界就像水一样，甚至把水的特性推崇到“几于道”的程度呢？这要从老子的人生哲学讲起。

老子的人生哲学，如果简单地加以概括，那就是贵柔、谦下。《吕氏春秋·不二》篇就是用“老聃贵柔”来概括老子的思想特征。汉代刘向则用一则故事来表现道家的“贵柔”思想。故事说的是，老子的老师常摐（chuāng）生病了，老子去看望他，在看望时，他们进行了一次关于“道”的问答：“（常摐）张其口而示老子曰：‘吾舌存乎？’老子曰：‘然。’‘吾齿存乎？’老子曰：‘亡（wú）。’常摐曰：‘子知之乎？’老子曰：‘夫舌之存也，岂非以其柔邪；齿之亡也，岂非以其刚邪？’常摐曰：‘嘻，是已。天下事已尽矣，无以复语子哉。’”[29]鲁迅后来把这则故事写进了小说《出关》，只是故事主角换成老子与其弟子庚桑楚。不论主角是谁，这个故事确实很形象地表现了老子“柔弱胜刚强”的“贵柔”人生哲学。

在《老子》中，我们可以看到有不少关于“贵柔”的论述。把这些论述归纳起来，主要是这几个方面：

“柔”是生命的最初形态，是有生命力的表现。它认为：包括人在内的一切生物，处于柔弱状态时，正是生机勃勃的时候；当它显得坚强、坚硬时，则就已经衰落，临近死亡。你看，刚出生的婴儿是多么柔弱，但他最有生命力；刚发芽的树木枝条，是多么柔弱，但它充满生机；而无论是人或树木，当生命结束时，就呈现出僵直状态[30]。

要强大，就要永远保持“柔”的状态。它以树木作比喻：树根和树干是坚硬的，但它们永远处于树的下部；树叶和枝条是柔弱的，但它们却在树的上面[31]。两者相比，哪个更优越呢？所以《老子》说：能够坚守柔弱，就是坚强[32]。《老子》还拿水作比喻：看起来，天下没有比水更柔弱的了，但是，有什么东西能够战胜水呢？之所以没有任何坚强的东西能够战胜水，是因为没有什么东西可以取代它[33]。

《老子》的结论是：柔弱胜刚强。水虽然看起来很柔弱，但是，它却可以攻克一切坚硬的东西，可以以“天下之至柔，驰骋天下之至坚”[34]。

柔弱胜刚强的道理是中国人很熟悉的道理，在人们经常说的“水滴石穿”这个成语中就包含了这个道理，所以《老子》感到这个道理并不难懂，只是很难实行。比如圣人一再强调的“只有能够承受一国屈辱（的人），才能成为这个国家的君主；只有能够承受一国灾难（的人），才能成为天下的君王”的这个道理，本来是很正确的道理，然而人们听到之后却不能做，认为这是说反话[35]。

如果将“贵柔”精神用到待人接物之中，那就是要谦下，就是要像水那样“处众人之所恶”。什么叫“处众人之所恶”？孔子的学生子贡说过：“纣之不善，不如是之甚也。是以君子恶居下游，天下之恶皆归。”[36]意思是：商纣王虽然不好，但也没有不好到人们所说的那种程度，只是因为他失败了，处在不利的和低下的地位，于是，“墙倒众人推”，人们就把一切不好的德行都加在他的身上。所以，君子最怕处于这种低下的不利的位置。处于不利的低下的位置，就叫“处众人之所恶”。但是水却不一样，它的本性就是“趋下”，就是往低处流。《老子》要求人们要像水那样，不仅不怕处于“下游”，还要自觉地处于低下位置。体现这种“趋下”的本性，就是谦下。因此，《老子》反复强调要不争、不衿、不居。认为只有“不争，天下才没有人能与之争”[37]。又说：做了但不张扬，创造了但不占有，出力了但不作为资本，成功了但不居功自傲[38]。《老子》为了说明谦下的意义，它还用了一个有名的比喻：“江海所以能为百谷王者，以其善下之，故能为百谷王。”[39]江海正因为处在最低下的位置，山谷溪流的水才会都汇合到它那儿，使它波澜壮阔，超过一切溪谷。

如果说儒家是从社会要求的角度提出做人的谦逊准则，那么，道家则是从人的本性角度指出人们应该谦逊。

“自胜者强”

老子曾经说过：“知人者智，自知者明。胜人者有力，自胜者强。知足者富，强行者有志。不失其所者久，死而不亡者寿。”[40]意思是：了解别人只能叫机敏，认识自己才是真正的聪明；战胜别人只是有力气的表现，战胜自己才是真正的强者；知道满足就是富有，坚持不懈就是有志气；把自己放在恰如其分的位置就能经久不衰，生命虽然结束但精神能够长存，才是真正的长寿。

在这段话中，有一系列耐人寻味的格言。我们最熟悉的大概是“自知者明”。人们往往因为各种“心障”，很难客观地认识自己、评价自己。这些“心障”，既可能是由于在人生观、价值观上有问题，也可能是出于社会心理的障碍（“面子”问题就是一种社会心理现象）。于是，评论别人可能很确切，看自己则不清楚。我们过去把这种情况叫作“属手电筒”的，只能照见别人，不能照见自己，似乎只看作一种学风问题、作风问题。而《老子》则从人的本性上来看这个问题，这就使“自知”显得很难得，也很可贵。

“自知”之所以很难得、很可贵，还在于能否“自知”也是对人们意志的一种考验或检验。人非圣贤，难免会有弱点、缺点以至错误。能不能认识自己的弱点、缺点以至错误，是认识能力、认识水平问题；而敢不敢认识，敢不敢自我解剖，则有意志问题、勇气问题。所以我们常讲的一个人最难战胜的就是他自己，就包含了这两个方面。《老子》的作者早在两千多年前就认识到这一点，所以他在指出“自知者明”之后，接着又强调“自胜者强”。所谓“自胜”，就是能够廓清自己思想上、心理上的障碍，就是能够超越自我，不仅能够勇于放弃认识上的偏见和错误，而且能够勇于克服心理上的怯懦与傲慢。

“反者道之动”

在《老子》中，我们可以看到很多具有辩证法色彩的言论。比如《老子》指出，事物都有它的对立面，“有”与“无”、“难”与“易”、“长”与“短”等等，都是以对立方面的存在作为自己存在的前提[41]。老子还把这种对立面互相依存加以抽象，概括为“万物负阴而抱阳”[42]这一命题。他又说：“祸兮福之所倚，福兮祸之所伏，孰知其极？其无正，正复为奇，善复为妖。”[43]这是告诉我们，事物发展到一定的程度，也会向对立面转化，即“物极必反”。其中“祸福相倚”更是人们非常熟悉的思想，它使很多人在处于困境时得到慰藉，保持心理上的平衡。

《老子》在论述事物运动的时候，有一个基本观点，即“反者道之动”[44]。这也是《老子》的重要思想。这里的“反”字，与“物极必反”的“反”一样，是返回的意思。因此，不少人认为《老子》在运动观上是循环论。从字面上看似乎是这样。但《老子》不是泛泛谈“反”，它说的“反”有着特定的内涵。儒家也讲“反”，如孔子所说的“克己复礼”的“复”，就与“反”的意思差不多，只是他所要“返”的是“礼”；到宋代，程朱理学也讲“复其性”或“复其初”[45]，但程朱要“返”的则是人的本性。《老子》书与儒家的主张不同，它要“返”的则是自然，它把回归自然叫作“归根”、“复命”，认为这才是事物发展的常规，认识到这个常规，才叫聪明。如果违背常规，而胡乱作为，就不会有好的结局。[46]《老子》认识到，万物都是从哪里来又回到那里去；自然是万物产生的起点，也是万物的最后归宿。它对万物的回归运动很重视，在万物产生后就注意观察它们的回归运动：“万物并作，吾以观其复。”[47]

《老子》所说的“反者道之动”，在《吕氏春秋》中则称为“圜(圆)道”，认为日月、寒暑的往还运动，则是“圆道”的表现[48]。这种把事物的运动看作不停地往还的“循环”思想，虽然与《老子》有出入，但把“返”看作自然界的现象，还是与《老子》的“反者道之动”有联系的。

道家学者还用回归自然的思想来解释生死问题。他们说，古时候人们把死人叫作“归人”(即回到家里的人)。既然把死人叫作“归人”，那么，活着的人就应该是“行人”了。如果只是“行”而不知道“回家”，那就一定是失去“家”的人[49]。所谓“归人”，就是回归到自然的人，自然是人们原初的“家”；而人们来到世间，则像游子离家远行一样，终究还是要“回家”，即返回自然的。他们还干脆用回归自然的观点来定义“生”与“死”：“生”是寄居；“死”是回家。[50]所以道家学者在生死问题上往往表现出旷达的态度。庄子“鼓盆而歌”的故事，就是为了表现道家学者以旷达的态度对待死亡。据说：庄子妻子病死，好友惠施前来吊唁，庄子正盘腿鼓盆而歌。惠子责问他：“人家与你夫妻一场，为你生子、养老、持家。如今去世了，你不哭也就够了，现在还鼓盆而歌，岂不太过份了吗?”庄子说：“她刚死时，我怎能没有感慨呢？但我察其生命之始，而本无生；不仅无生也，而本无形；不仅无形也，而本无气。阴阳交杂在冥茫之间，变而有气，气又变而有形，形又变而有生，今又变而为死。故人之生死变化，犹如春夏秋冬四时交替也。现在,人家安然睡在天地巨室之中,而我竟然还嗷嗷地悲哀痛哭,这岂不是对命太不通达了吗? 所以止哀而歌。”[51]

总之,把自然既看作万物的起点,又视为万物的归宿,是道家思想的特点。它表明,人类这个时候,对自然仍具有一种依恋的情感。这种对自然的依恋以及老子留恋“小国寡民”社会、反对“尚贤”等等,或许是在道家思想中所保存的对人类远古历史的记忆。

杨朱:“重生”的道家思想家

孟子曾经这样评论春秋末年到战国初年的思想界:“杨子取为我,拔一毛而利天下,不为也。墨子兼爱,摩顶放踵利天下,为之。子莫执中。执中为近之。执中无权,犹执一也。所恶执一者,为其贼道也,举一而废百也。”[52]意思是:杨子的思想核心是“为我”,让他拔一根汗毛而能够使天下人受益,他都不愿;墨子的思想核心是“兼爱”,为了他人,他可以成年奔波,只要有利于天下,从头顶到脚跟遍体鳞伤也不顾。子莫则取两者之中。执中接近于道,但是没有权变,则也是偏执,也会损害道,因为它偏执于一端而失去了对其他多种可能的考虑和选择。

孟子所批评的杨子,叫杨朱。关于他的生平和思想,我们知道得极少,只是根据先秦两汉著作中的一些零星记述推测,杨朱大概是生活在墨子之后、孟子之前,是继老子之后的道家代表人物,在战国初年影响很大,所以孟子说“杨朱、墨翟(dí)之言盈天下。天下之言不归杨,则归墨”[53]。杨朱的学术主张,最突出的是“贵己”“重生”,《吕氏春秋》说:“阳生贵己”[54],“阳生”就是杨朱;《韩非子》说:“今有人于此,义不入危城,不处军旅,不以天下大利易其胫一毛……轻物重生之士也”[55],讲的也是杨朱。所以《淮南子》这样概括杨朱的思想:“全性保真,不以物累形,杨子之所立也。”[56]

杨朱“拔一毛而利天下不为也”的思想,在《列子》中记载得详细一些。《杨朱》篇说:“禽子问杨朱曰:‘去子体之一毛,以济一世,汝为之乎?’杨子曰:‘世固非一毛之所济。’禽子曰:‘假济,为之乎?’杨子弗应。”[57]后面还有孟孙阳对杨朱思想的分析,我们就略去。这段记述与孟子对杨朱的评论正好一致,说明它的确是杨朱或杨朱学派的思想。

杨朱“拔一毛而利天下，不为也”，常常被看作“利己”主义的典型代表。其实，这样理解杨朱的思想未必很准确。我们认为，《淮南子》所说的“轻物重生”较能表达杨朱的思想。所谓“轻物重生”，是指把人的生命看得比世界上一切东西都重要。春秋战国时代，儒家提出“仁者爱人”思想，墨家提出“兼爱”思想，等等。这表明“人”在这个时候开始受到重视。但是，儒家、墨家都是从人的社会作用、社会意义出发关注人及人的价值，杨朱与他们不同，他是从重视人的个体生命的角度关注人，这就带有从人的自然属性方面讨论人的价值的意味。

由于杨朱是从人的自然属性出发重视人的生命，所以他的“重生”是不分等级、不分贵贱的。在讲究等级名分的封建社会里，杨朱的思想自然就会被看作异端，所以孟子批评杨朱是“无君”[58]，杨朱思想也因此而不得流传。但是，“重生”就必然注意“养生”，所以，杨朱的“重生”思想在推动中国传统“养生学”的形成和发展中，起了重要作用。

在《列子》中还载有这样一段议论：“古之人损一毫利天下，不与也；悉天下奉一身，不取也。人人不损一毫，人人不利天下，天下治矣。”[59]这段话也是把杨朱的思想与政治观联系起来，认为如果人人都不牺牲个人利益，也不关心天下的利益，社会就可以治理。这是一种“各人自扫门前雪”式的以个人为本位的政治观，它与以社会为“本位”的中国主流文化显然是格格不入的。由此也可以说明，为什么杨朱的思想在中国传统文化中没有什么地位和影响，甚至被视为异端。

庄子与《庄子》

庄子是继老子之后先秦道家的又一个著名代表人物。魏晋以后，庄子与老子并称老庄，“老庄”也就成了道家的代名词。[60]

庄子（前369？—前286？）名周，战国时蒙（今安徽蒙城，也有人说在今河南商丘的东北）人，做过一段时间管理漆园的小官，以后就过着隐居生活。据说他曾经靠编草鞋为生，生活很清贫，有时甚至要借米下锅。但是他的著作和思想却影响很大，魏惠王曾请他到大梁，楚威王更是派使者带着“厚币”请他，并许他为相。庄周笑对使者说：“千金，重利；卿相，尊位也。子独不见郊祭之牺牛乎？养食之数岁，衣以文绣，以入大（即太）庙。当是之时，虽欲为孤豚（tún，小猪）岂可得乎？子亟去，无污我。我宁游戏污渎（指沟渠）之中自快（纵情、畅快的意思），无为有国者所羁（羁绊、约束的意思）。终身不仕，以快吾志焉。”[61]

庄子写了不少富有浪漫主义色彩的文章，保存在《庄子》一书中。该书又称《南华经》，共收有 33 篇文章，其中内篇 7 篇，外篇 15 篇，杂篇 11 篇。这 33 篇文章，可以肯定有一些不是庄子本人所作，不过，究竟哪些篇是出自庄子之手，已经搞不清楚。同时，在现存的 33 篇文章之外，还可能有庄子的著作。因为根据魏晋之前的古籍记载，《庄子》原有 52 篇，直到晋代郭象给《庄子》作注之后，才成为今天这个样子。

正因为我们无法确定《庄子》书中哪些文章确实是庄子写的，哪些思想确实是庄子提出来的，所以我们仅把《庄子》书中的思想作为《庄子》这本书（也就是人们说的庄子学派）的思想。当然，如果要把《庄子》书中论述的思想看作庄子的思想，那也不是不可以，因为《庄子》全书的思想是基本一致的，即使是“庄子后学”所阐述的思想，也与庄子思想并不相悖。

《庄子》论“道”

《庄子》作为道家著作，很重视“道”，这是自然的。它继承了《老子》关于道的论述，认为：“道”是真实的存在，但其本质是虚无；人们可以领悟道、获得道，却不能像物件一样拿起它、看到它；“道”自己就是自己的产生者，在天地还没有出现的时候，它已经存在；鬼神和上帝靠它才有了神明，天地靠它才得以产生；并且它还在空间上无边无际，在时间上无始无终，是超越时空的存在[62]。

《庄子》也主张“无为”，它用寓言的形式表达了“无为”就是不破坏事物自然状态的思想：南海的帝王叫儵（shū，同倏），北海的帝王叫忽，中央的帝王叫浑沌。儵与忽经常相聚在浑沌那里，浑沌对他们很好。儵与忽便商量如何答谢浑沌。两人认为：人都有七窍，用来视听、进食和呼吸，惟独浑沌没有，我们试着也给他凿出七窍。于是，便一天给浑沌凿出一窍，七天下来，浑沌的七窍是凿出来了，但浑沌也死了[63]。儵与忽要为浑沌凿出“七窍”，就是要改变浑沌的自然状态。寓言告诉人们：不管出于什么动机，只要破坏事物的原生状态，就会将事物导向死亡。

《庄子》还对自然状态和人为干预作了辨析。它说：牛、马都长四条腿，这就是自然状态；而给马加上络头，给牛鼻子穿上绳子，这就是人为干预[64]。

这都表明，顺应自然、无为而治也是《庄子》的核心思想之一。

处世之道

如果说《老子》讨论比较多的是怎样把“道”用于国家治理的话，那么，《庄子》在论“道”时，关注更多的则是人生问题。

《庄子》对人生有特殊的理解。它曾经以寓言的形式讲了孔子与颜回讨论鲁国孟孙才居丧的事，它借助这个寓言提出，人们应该忘掉什么是生，忘掉什么是死，而且不要去管是生在先，还是死在后。这就像化而为物一样，只是顺应那无从知道的自然变化。如果能够听任自然的安排，顺应自然发生的变化，就可以进入辽阔遥远的纯一境界，也就是道的境界[65]。《庄子》在这段借孔子之口所作的议论中，表达了消除人与外物界限的思想。如果人与物的界限消除了，人的生死只不过是物与物之间的相互变化，那么，生又何欢，死又何惧呢？它还用美丽的“庄周梦蝶”故事来表现这种“物化”思想：

过去，庄周曾经在梦中变成了蝴蝶，俨然就是一只翩翩飞舞的蝴蝶，而不知自己是庄周。一会儿醒了，又分明是直挺挺躺着的庄周。这时，他糊涂了，不知道究竟是庄周做梦变成蝴蝶呢，还是蝴蝶做梦变成庄周呢？庄周与蝴蝶必然是有分别的，现在出现两者混淆不清的情况，这就叫作物化[66]。

但是，能够泯灭生死界限的人，毕竟不多。如果人们还未能勘破生死，又如何处世呢？《庄子》说，那就依自然而行。它讲的那个“庖丁解牛”的故事，告诉人们的就是这种处世之道。故事说：

一位厨师“丁”（“庖丁”，这个“丁”，大概是代号，即甲乙丙丁的“丁”）为梁惠王宰牛。他手所碰之处，肩膀所靠之处，脚所踏之处，膝盖所抵之处，都发出噼啪的响声，刀在切割时也是这样，没有不合音律的，既合《桑林》乐章的节拍，又合《经首》乐章的节奏。梁惠王说：“好啊！但你的技术怎么高超到如此程度呢？”

厨师丁放下刀回答道：“我所爱好的是道，已经超越了技艺。我开始宰牛的时候，眼里看到的就是一条完整的牛；三年以后，就未曾见到整头牛了。现在，我更是凭借精神去接触牛，而不用眼睛去看牛。停止了感官活动只用心神，依照牛的自然纹理，切入筋骨的缝隙，顺着它骨节间的空处，这样按照牛的本来情况去分解牛，连筋骨盘结的地方都不会碰到，何况那大骨呢！技术好的厨师每年换一把刀，那是用刀去割；一般厨师每月换一把刀，那是用刀去砍。现在，我的刀已经用了十九年，宰的牛已经有几千头，但刀刃还锋利得像刚磨出来的一样。这是因为牛的骨节总有间隙，而我的刀刃则没有厚度；用没有厚度的刀刃插入有空隙的骨节，自然运转自如而绰绰有余！因此，用了十九年，刀刃还像刚磨的一样。即使如此，我每当碰到筋骨盘结的时候，看到很难下刀的地方，仍然小心翼翼，十分警惕，注意力集中，动作很慢很轻。直到豁啦一声，牛的骨肉一下子解体，像一堆泥土那样摊在地上，我才提刀站立，举目四望，心满志得，把刀擦干净收藏起来。”

听了厨师丁这番话，梁惠王深有感悟。他悟到的是养生的道理，其实，故事的意义超出了养生，它也是在讲处世的道理。如果能够“因其固然”、“以无厚入有间”，在人世间就可以“恢恢乎其于游刃必有余地”了[67]。

精神自由

由上可见，《庄子》论“道”，主要不是为了探讨宇宙的奥秘，而是探究人怎样才能按照“道”的原则生活，从而使人超越人世间的一切制约而达到自由和无限的境界。

《庄子》认为，人的生存要想获得自由，就要摆脱对现实条件的依赖，即从“有待”进入“无待”的境地。在《庄子》看来，无论是大到“不知其几千里”的鲲和“翼若垂天之云”“抟（tuán，盘旋）扶摇而上”的鹏，还是小到“腾跃而上，不过数仞”的斥鴳、“決起而飞，抢（qiāng，触、撞）榆枋时则不至”的蜩与学鸠；无论是短命到“不知晦朔”的朝菌，还是“以八千岁为春，八千岁为秋”的大椿，甚至像可以“御风而行，”“旬有五日而后反”的列子，都没有获得真正的自由，因为它们是“有待”的，即受到条件制约的。只有到了“无待”的地步，才能实现真正的自由。

《庄子》所说的自由境界，就像藐姑射山上的神人那样：在藐姑射山上住着一个神人，他的肌肤洁白得像冰雪一样，容貌美丽得像处女一样。不吃五谷，靠着吸清风饮露水而生存，他常常乘着云气，驾着飞龙，遨游于四海之外[68]。这个宛若生活在仙境之中的神人，完全不受人世间的环境所拘束，不为人的必要生存条件所困扰，不被现实的世界所限制，而可以随心所欲地在天地之外遨游。这是"天地与我并生，而万物与我为一"[69]的境界，是"独与天地精神往来"[70]的境界，是人与"道"合一的境界。这种境界，当然只会存在于人的精神世界里。

怎样才能达到这种境界？《庄子》认为，需要做到"无名"、"无功"、"无己"。即能够不念念不忘虚名、不念念不忘功业、不念念不忘自己。能够这样，就是"圣人"、"神人"、"至人"[71]，能够这样，就可以顺应天地万物的规律，把握六气的变化，而遨游在无边无际的境界中的"无待"者[72]。

可能是因为将"神人"描绘得太美了，担心人们产生误解，把精神自由的境界看作外在的高不可攀的东西，于是《庄子》在《德充符》篇中便讲了好几个外形有缺陷的人也能"得道"的故事。其中讲到一个卫国人，名叫哀骀（tái）它（tuó，同"驼"）。"哀骀"是丑陋的意思，"它"是驼背。一看到这个名字，就知道其貌一定不扬。《庄子》就借这个虚构的人物虚构了鲁哀公与孔子的一场对话。鲁哀公对孔子说：哀骀它这人虽然长得很丑，但有一种神奇的力量，男人如果跟他待上一段时间，就会留恋这个人而不想离开；女人一旦跟他见过面，就会回家跟父母说："与其为人妻，宁可为夫子妾"。他既没有权位，也没有钱财，还这么丑，居然有这么大的魅力，我想他一定有和常人不同的地方，就把他请来。他果然丑陋得让人惊骇，但和他相处不到一个月，我就对他很感兴趣，不到一年，我就特别信任他。孔子说：这个哀骀它一定是"才能完备而德性不外露"的人。《庄子》想通过这些人的故事说明一个道理：真正的"德有所长"，就会"形有所忘"[73]。并告诉人们，能否进入自由的精神境界，依靠的是内在的精神升华，而不取决于外在条件。

《庄子》所追求的那种"无待"（即不受对象和条件制约）的精神自由，在现实世界自然是不会实现的。但它却给后世士大夫建构了一个虽然是虚幻的但却颇为诱人、颇令人向往的精神家园。一些在现实世界中没有找到安身立命之地的士大夫，往往就进入《庄子》所描绘的这个精神自由的世界。

“得意忘言”

《庄子》讲过“绝圣弃智”之类的话，它还说过：“吾生也有涯，而知也无涯。以有涯随无涯，殆已”[74]。人们根据这些，往往认为《庄子》是反知识的。

其实，《庄子》讲“绝圣弃智”，并不是讨论知识问题，而是针对社会现象而发。庄子说：“绝圣弃智，大盗乃止；擿（zhì，同掷）玉毁珠，小盗不起。焚符破玺，而民朴鄙；掊斗折衡，而民不争。”[75]什么是“大盗”？什么是“小盗”？《庄子》认为，盗窃一些“带钩”一类小物件的窃贼，只是“小盗”，而“大盗”则是那些“窃国”者。然而，偷盗“带钩”之类小物件的处极刑，而那些窃国大盗却成为诸侯。不仅如此，那些窃国大盗成了诸侯之后，还要用“仁义”来装点粉饰，似乎他们倒成为“仁义”的化身。这些窃国的诸侯岂不正是窃取“仁义”“圣智”吗？[76]所以它愤愤地要求“绝圣弃智”。《庄子》讲“以有涯随无涯，殆已”，更不是反知识，只是提醒人们，用有限的生命去追逐无限的知识，是不可能的。

那么，在《庄子》中，对待知识的真实态度究竟如何呢？我们知道，《庄了》多次区分了“小知”和“大知”，并且表明它鄙夷“小知”，赞扬“大知”。如：“小知不及大知，小年不及大年”[77]，“大知闲闲，小知间间”[78]。它所鄙夷的“小知”，是指那种所获取的知识受到主观和客观局限的人，而它所赞扬的“大知”，则是能够把握了体现“道”的真正知识的人。《秋水》篇中的“埳井之蛙”这则寓言，表达的也是同样的意思，即对那些见识受到局限的人给予讽喻。

与区分“大知”与“小知”相一致的，是《庄子》提出的人们认识事物存在着精粗程度不同的看法。庄子认为，作为认识对象的事物，有表象、现象方面（“物之粗”），有内涵、精髓方面（“物之精”）。语言只能表述前者，心意才能感知后者。有的问题，语言和心意都无法表述和感知，那就无所谓表象和精髓了[79]。这个“不期精粗”的领域可能就是“道”的本体，因为《庄子》说过“道不可言，言而非也”[80]。

《庄子》在上述看法的基础上，提出了一个著名的命题：“得意忘言”。它认为，认识的目的是把握事物内在的蕴涵，即所谓的“意”，而语言只是捕捉“意”的工具。在感知和认识事物的过程中，需要以语言作工具。但如果已经掌握了事物内在的蕴涵，即“得意”，语言就用不上了。因为语言只能表述“物之粗”，在认识“物之精”时，它就没有用了。这就像用筌、蹄（捕捉兔子的挂网）捕捉鱼和兔子一样，捉到鱼和兔子，就可以把筌、蹄抛到一边[81]。《庄子》在谈论“得意忘言”时，似乎感觉到了感性认识和理性认识的区别。但它没有注意两者的联系，而是把感性认识和理性认识割裂开了。

“得意忘言”似乎又回到前面所说的“道可道，非常道；名可名，非常名”这个问题。但是，这句本是指终极的存在、终极的道理是不可用语言来表达的命题，却使我们在治学上得到一个启迪：需要用心灵，才能认识、发现事物的真谛。——这也就是我们经常所讲的要“用心”。

【注释】

①《中庸》：“道也者，不可须臾离也。可离，非道也”。阮元校刻《十三经注疏·礼记正义》卷五二，中华书局，1980年影印本，第1625页。

②《论语·里仁》：“朝闻道，夕死可矣！”阮元校刻《十三经注疏·论语注疏》卷四，中华书局，1980年影印本，第2471页。

③《论语·泰伯》：“笃信好学，守死善道。”阮元校刻《十三经注疏·论语注疏》卷八，中华书局，1980年影印本，第2487页。

④《墨子·非儒下》，见孙诒让：《墨子间诂》卷九，中华书局，2001年版，第291页。

⑤《论语·卫灵公》，阮元校刻《十三经注疏·论语注疏》卷一五，中华书局，1980年影印本，第2518页。

⑥《史记》卷六三《老子韩非列传》，中华书局，1959年版，第7册，第2139页。

⑦按：也有用在姓氏前面的，如《墨子》中就有“子墨子”这样的称谓，但这种情况比较少。

⑧《史记》卷六三《老子韩非列传》，中华书局，1959年版，第7册，第2140页。

⑨按：现存《老子》各种本子的分章不一样。这里所说上、下篇及分章，是根据魏晋时期学者王弼所作的划分的，以下皆同，不再说明。

⑩刘向《列仙传·关尹子》：“关令尹喜者，周大夫也，善内学，常服精华，隐德修行，时人莫知。老子西游，喜先见其炁（‘气’在道经中往往写作‘炁’），知有真人当过，物色而遮之，果得老子。”《道藏》第5册，文物出版社、上海书店、天津古籍出版社，1988年版，第65页。

⑪《老子》二十五章:“吾不知其名,字之曰道,强为之名曰大。”王弼:《老子道德经》,上海书店,1988 年影印世界书局《诸子集成》本,第 3 册,第 14 页。

⑫《老子》一章,王弼:《老子道德经》,上海书店,1988 年影印世界书局《诸子集成》本,第 3 册,第 1 页。

⑬[德]黑格尔:《哲学史讲演录》第一卷,商务印书馆,1983 年中文版,第 131 页。

⑭《老子》七十七章,王弼:《老子道德经》,上海书店,1988 年影印世界书局《诸子集成》本,第 3 册,第 45 页。

⑮司马谈:《论六家要旨》,《史记》卷一三〇《太史公自序》,中华书局,1959 年版,第 10 册,第 3292 页。

⑯《老子》三十七章,王弼:《老子道德经》,上海书店,1988 年影印世界书局《诸子集成》本,第 3 册,第 21 页。

⑰《老子》二十五章,王弼:《老子道德经》,上海书店,1988 年影印世界书局《诸子集成》本,第 3 册,第 14 页。

⑱《汉书》卷三〇《艺文志》,中华书局,1964 年版,第 6 册,第 1732 页。

⑲《论语·卫灵公》,阮元校刻《十三经注疏·论语注疏》卷一五,中华书局,1980 年影印本,第 2517 页。

⑳《老子》二章,王弼:《老子道德经》,上海书店,1988 年影印世界书局《诸子集成》本,第 3 册,第 2 页。

㉑《老子》四十九章,王弼:《老子道德经》,上海书店,1988 年影印世界书局《诸子集成》本,第 3 册,第 30 页。

㉒《老子》四十九章,王弼:《老子道德经》,上海书店,1988 年影印世界书局《诸子集成》本,第 3 册,第 30 页。

㉓《老子》五十七章,王弼:《老子道德经》,上海书店,1988 年影印世界书局《诸子集成》本,第 3 册,第 35 页。

㉔《老子》六十章,王弼:《老子道德经》,上海书店,1988 年影印世界书局《诸子集成》本,第 3 册,第 36 页。

㉕原文为:as an ancient Chinese philosopher, Lao — tzu, said, “Govern a great nation as you would cook a small fish.”

㉖《老子》六十七章:“吾有三宝,持而保之。一曰慈,二曰俭,三曰不敢为天下先。”王弼:《老子道德经》,上海书店,1988 年影印世界书局《诸子集成》本,第 3 册,第 41 页。

㉗《老子》六十六章,王弼:《老子道德经》,上海书店,1988 年影印世界书局《诸子集成》本,第 3 册,第 40 页。

㉘《老子》八章,王弼:《老子道德经》,上海书店,1988 年影印世界书局《诸子集成》本,第 3 册,第 4 页。

㉙刘向:《说苑·敬慎》,向宗鲁:《说苑校证》,中华书局,1987 年版,第 243—244 页。

㉚《老子》七十六章:“人之生也柔弱,其死也坚强。草木之生也柔脆,其死也枯槁。故坚强者死之徒,柔弱者生之徒。”王弼:《老子道德经》,上海书店,1988 年影印世界书局《诸子集成》本,第 3 册,第 45 页。

㉛《老子》七十六章:“强大处下,柔弱处上。”王弼:《老子道德经》,上海书店,1988 年影印世界书局《诸子集成》本,第 3 册,第 45 页。

㉜《老子》五十二章:“守柔曰强。”王弼:《老子道德经》,上海书店,1988 年影印世界书局《诸子集成》本,第 3 册,第 32 页。

㉝《老子》七十八章:“天下莫柔弱于水,而攻坚强者莫之能胜,以其无以易之。”王弼:《老子道德经》,上海书店,1988 年影印世界书局《诸子集成》本,第 3 册,第 46 页。

㉞《老子》四十三章,王弼:《老子道德经》,上海书店,1988 年影印世界书局《诸子集成》本,第 3 册,第 27 页。

㉟《老子》七十八章:“弱之胜强,柔之胜刚,天下莫不知,莫能行。是以圣人云:‘受国之垢,是谓社稷主;受国不祥,是为天下王。’正言若反。”王弼:《老子道德经》,上海书店,1988 年影印世界书局《诸子集成》本,第 3 册,第 46 页。

㊱《论语·子张》,阮元校刻《十三经注疏·论语注疏》卷一九,中华书局,1980 年影印本,第 2532 页。

㊲《老子》二十二章:“夫唯不争,故天下莫能与之争。”王弼:《老子道德经》,上海书店,1988 年影印世界书局《诸子集成》本,第 3 册,第 12 页。

㊳《老子》二章:“万物作而不辞,生而不有,为而不恃,功成而不居。”王弼:《老子道德经》,上海书店,1988 年影印世界书局《诸子集成》本,第 3 册,第 2 页。

㊴《老子》六十六章,王弼:《老子道德经》,上海书店,1988 年影印世界书局《诸子集成》本,第 3 册,第 40 页。

㊵《老子》三十三章,王弼:《老子道德经》,上海书店,1988 年影印世界书局《诸子集成》本,第 3 册,第 19 页。

㊶《老子》二章:“有无相生,难易相成,长短相形,高下相倾,音声相和,前后相随。”王弼:《老子道德经》,上海书店,1988 年影印世界书局《诸子集成》本,第 3 册,第 1—2 页。

㊷《老子》四十二章,王弼:《老子道德经》,上海书店,1988 年影印世界书局《诸子集成》本,第 3 册,第 26 页。

㊸《老子》五十八章,王弼:《老子道德经》,上海书店,1988 年影印世界书局《诸子集成》本,第 3 册,第 35 页。

㊹《老子》四十章,王弼:《老子道德经》,上海书店,1988 年影印世界书局《诸子集成》本,第 3 册,第 25 页。

㊺“复其初”是从《庄子·缮性》中借用来的：“缮性于俗，俗学以求复其初；滑欲于俗，思以求致其明，谓之蔽蒙之民。”“缮性”即治生，“滑欲”即乱欲。这段话的意思是：想从陋习中去恢复人的自然本性，想在追求欲望中获得清明的思想，正可叫作蔽塞蒙暗之人。郭庆藩：《庄子集释》卷六上，中华书局，1961 年版，第 547 页。

㊻《老子》十六章：“夫物芸芸，各归其根。归根曰静，静曰复命。复命曰常，知常曰明。不知常，妄作凶。”王弼：《老子道德经》，上海书店，1988 年影印世界书局《诸子集成》本，第 3 册，第 9 页。

㊼《老子》十六章，王弼：《老子道德经》，上海书店，1988 年影印世界书局《诸子集成》本，第 3 册，第 9 页。

㊽《吕氏春秋·季春纪·圆道》，陈奇猷：《吕氏春秋新校释》卷三，上海古籍出版社，2002 年版，第 174 页。

㊾《列子·天瑞》：“古者谓死人为归人。夫言死人为归人，则生人为行人矣。行而不知归，失家者也。”杨伯峻：《列子集释》卷一，中华书局，1979 年版，第 27 页。

㊿《淮南子·精神训》：“生，寄也；死，归也。”刘文典：《淮南鸿烈集解》卷七，中华书局，1989 年版，第 233 页。

51《庄子·至乐》，郭庆藩：《庄子集释》卷六下，中华书局，1961 年版，第 614—615 页。

52《孟子·尽心上》，阮元校刻《十三经注疏·孟子注疏》卷一三下，中华书局，1980 年影印本，第 2768 页。

53《孟子·滕文公下》，阮元校刻《十三经注疏·孟子注疏》卷六下，中华书局，1980 年影印本，第 2714 页。

54《吕氏春秋·审分览·不二》，陈奇猷：《吕氏春秋新校释》卷一七，上海古籍出版社，2002 年版，第 1134 页。

55《韩非子·显学》，陈奇猷：《韩非子新校注》卷一九，上海古籍出版社，2000 年版，第 1134 页。

56《淮南子·氾论训》，刘文典：《淮南鸿烈集解》卷一三，中华书局，1989 年版，第 436 页。

57《列子·杨朱》，杨伯峻：《列子集释》卷七，中华书局，1979 年版，第 230 页。

58《孟子·滕文公下》：“杨氏为我，是无君也；墨氏兼爱，是无父也。无君无父，是禽兽也。”阮元校刻《十三经注疏·孟子注疏》卷六下，中华书局，1980 年影印本，第 2714 页。

59《列子·杨朱》，杨伯峻：《列子集释》卷七，中华书局，1979 年版，第 230 页。

⑥⓪按：老、庄并称最早见于《淮南子·要略》的"考验乎老庄之术"句，只是到魏晋时，老、庄并称才广为流行。

⑥①《史记》卷六三《老子韩非列传》，中华书局，1959 年版，第 7 册，第 2145 页。

⑥②《庄子·大宗师》："夫道，有情有信，无为无形，可传而不可受，可得而不可见；自本自根，未有天地，自古以固存；神鬼神帝，生天生地；在太极之先而不为高，在六极之下而不为深，先天地生而不为久，长于上古而不为老。"郭庆藩：《庄子集释》卷三上，中华书局，1961 年版，第 246—247 页。

⑥③《庄子·应帝王》："南海之帝为儵，北海之帝为忽，中央之帝为浑沌。儵与忽时相与遇于浑沌之地，浑沌待之甚善。儵与忽谋报浑沌之德，曰：'人皆有七窍以视听食息，此独无有，尝试凿之。'日凿一窍，七日而浑沌死。"郭庆藩：《庄子集释》卷三下，中华书局，1961 年版，第 309 页。

⑥④《庄子·秋水》："牛马四足，是谓天。落马首，穿牛鼻，是谓人。""天"就是自然状态；"人"是指人为的结果。郭庆藩：《庄子集释》卷六下，中华书局，1961 年版，第 590 页。

⑥⑤《庄子·大宗师》："颜回问仲尼曰：'孟孙才，其母死，哭泣无涕，中心不戚，居丧不哀。无是三者，以善处丧盖鲁国，固有无其实而得其名者乎？回壹怪之。'仲尼曰：'夫孟孙氏尽之矣，进于知矣，唯简之而不得，夫已有所简矣。孟孙氏不知所以生，不知所以死。不知孰先，不知孰后。若化为物，以待其所不知之化已乎？且方将化，恶知不化哉？方将不化，恶知已化哉？吾特与汝，其梦未始觉者邪！且彼有骇形而无损心，有旦宅而无耗精。孟孙氏特觉，人哭亦哭，是自其所以乃。且也相与吾之耳矣，庸讵知吾所谓吾之乎？且汝梦为鸟而厉乎天，梦为鱼而没于渊。不识今之言者，其觉者乎？其梦者乎？造适不及笑，献笑不及排，安排而去化，乃入于寥天一。'"郭庆藩：《庄子集释》卷三上，中华书局，1961 年版，第 274—275 页。

⑥⑥《庄子·齐物论》："昔者庄周梦为胡蝶，栩栩然胡蝶也，……不知周也。俄然觉，则蘧蘧(jùjù)然周也。不知周之梦为胡蝶与？胡蝶之梦周与？周与胡蝶，则必有分也。此之为物化。"郭庆藩：《庄子集释》卷一下，中华书局，1961 年版，第 112 页。

⑥⑦《庄子·养生主》，郭庆藩：《庄子集释》卷二上，中华书局，1961 年版，第 117—119 页。

⑥⑧《庄子·逍遥游》："藐姑射之山，有神人居焉，肌肤若冰雪，(绰)[淖]约若处子。不食五谷，吸风饮露，乘云气，御飞龙，而游乎四海之外。"郭庆藩：《庄子集释》卷一上，中华书局，1961 年版，第 28 页。

⑥⑨《庄子·齐物论》，郭庆藩：《庄子集释》卷一下，中华书局，1961 年版，第 79 页。

⑳《庄子·天下》:“独与天地精神往来,而不敖倪于万物。”郭庆藩:《庄子集释》卷一〇下,中华书局,1961 年版,第 1098 页。

㉑《庄子·逍遥游》:“至人无己,神人无功,圣人无名。”郭庆藩:《庄子集释》卷一上,中华书局,1961 年版,第 17 页。

㉒《庄子·逍遥游》:“乘天地之正,而御六气之辩,以游无穷。”郭庆藩:《庄子集释》卷一上,中华书局,1961 年版,第 17 页。

㉓《庄子·德充符》,郭庆藩:《庄子集释》卷一下,中华书局,1961 年版,第 206—210、216 页。

㉔《庄子·养生主》,郭庆藩:《庄子集释》卷二上,中华书局,1961 年版,第 115 页。

㉕《庄子·胠(qū)箧》,郭庆藩:《庄子集释》卷四中,中华书局,1961 年版,第 353 页。

㉖《庄子·胠箧》:“彼窃钩者诛,窃国者为诸侯。诸侯之门而仁义存焉。则是非窃仁义圣知邪?”郭庆藩:《庄子集释》卷四中,中华书局,1961 年版,第 350 页。

㉗《庄子·逍遥游》,郭庆藩:《庄子集释》卷一上,中华书局,1961 年版,第 11 页。

㉘《庄子·齐物论》,郭庆藩:《庄子集释》卷一下,中华书局,1961 年版,第 51 页。

㉙《庄子·秋水》:“可以言论者,物之粗也;可以意致者,物之精也;言之所不能论,意之所不能察致者,不期精粗焉。”郭庆藩:《庄子集释》卷六下,中华书局,1961 年版,第 572 页。

㉚《庄子·知北游》,郭庆藩:《庄子集释》卷七下,中华书局,1961 年版,第 757 页。

㉛《庄子·外物》:“筌者所以在鱼,得鱼而忘筌;蹄者所以在兔,得兔而忘蹄;言者所以在意,得意而忘言。”郭庆藩:《庄子集释》卷九上,中华书局,1961 年版,第 944 页。

孔子与先秦儒家

中國文化漫談—孔子對中國文化的
貢獻
繪於癸巳年新春

在中国学术文化史上，真正无可比拟的文化巨人，恐怕只有孔子与老子。因此，要想了解中国学术文化，孔子和老子的思想是非了解不可的。他们的思想已经成为打开中国学术文化宝库大门的必备钥匙。

孔子和老子的思想有明显的不同，但又相辅相成，所以学术界有"儒道互补"的说法。美国物理学家F·卡普拉(Fritjof Capra)则把以孔子为代表的儒家和以老子为代表的道家相互区别又相辅相成的情况比作"阴"和"阳"的对立，他在《物理学之道》中说："阴和阳的对比，不仅是在整个中国文化中起着决定作用的基本原则，而且还反映着中国思想的两种主要倾向，儒家是理性、男性、积极和占支配地位的，而道家则强调所有直觉，女性、神秘和柔顺的方面。"[①]

中国古代思想文化"阴阳对立"的"阴"的方面，即道家，前面已经作了简略介绍，下面将讨论它的对立面——"阳"的方面，即儒家。

孔子

儒家的创始者是孔子。

孔子(前551—前479)名丘，字仲尼。孔子的祖先是宋国贵族，他的七世祖孔父嘉为宋国大司马，在宋国内乱中被杀，其子木金父避难逃到鲁国，以后定居在鲁国陬(zōu)邑(今山东曲阜东南)。孔子父亲叔梁纥(hé，纥为名，叔梁为字)是鲁国武士，因战功为陬邑大夫。他先娶施氏，生了九个女儿，以后娶妾，生了第一个儿子孟皮(字伯尼)。但孟皮腿有残疾，又娶颜征在，这就是孔子的母亲。叔梁纥娶颜征在时已经60多岁，而颜征在还不到20岁。

孔子3岁时父亲去世，就在这年，他随母亲移居阙里，幼年的家庭教育也就只能来自母亲。据说，他从小就对"礼"发生了兴趣，把模拟祭祀礼仪作为游戏[②]。15岁时，立志求学。以后，做过管理仓库的"委吏"和管理牛羊的"乘田"等低级官吏。孔子很好学，相传他曾学乐于苌弘，学琴于师襄，问礼于老聃。30岁时，已博学多才，成为当地较有名气的一位学者，并在阙里收徒讲学。

孔子35岁时，鲁国发生内乱。这次内乱是因为大夫季平子(即季孙意如)与郈昭伯斗鸡引起的。他们斗鸡时先后在鸡上作弊，后来，季平子的鸡大败，他甚为恼火，便侵入郈昭伯的封地，郈昭伯与臧昭伯一起到鲁昭公处告季氏，鲁昭公便出师讨伐季平子，围住季平子住处，孟孙氏、叔孙氏闻讯赶来救援，结果，昭公被打败，流亡到齐国，齐国将鲁昭公安置在乾(gān)溪(在今安徽亳州，春秋时属楚国)，昭公以后就死在那里。孔子也到了齐国，做了齐国贵族高昭子的家臣。次年，齐景公想起用孔子，由于齐相晏婴从中阻挠才作罢。不久，他回到鲁国，继续钻研学问，教育学生。

孔子51岁时，在鲁国担任了中都(今汶上西)宰。由于治理中都很有成效③，52岁时，他由中都宰提升为鲁国司空，不久又任大司寇。54岁时，受季桓子委托，摄行相事。他为了提高国君的权威，提出"堕(huī)三都"、抑"三桓"④的主张，结果遭到孟孙氏、叔孙氏、季孙氏的反对，未能成功。

齐国一直担心鲁国在孔子协助治理下会很快强盛起来，便在孔子55岁那年，送一批文马和美女给鲁国，想使鲁国国君终日迷恋声色，从而疏远孔子。孔子果然很失望，就弃官离鲁，带领弟子们周游列国。他凄凄惶惶到处奔走，先后"干七十余君"，但都碰壁。在郑国时，师生一度失散，子贡到处寻找他，一位郑国人告诉子贡：东门那里有个人，"累累若丧家之狗"，不知道是不是你们老师。子贡将这话转告了孔子，孔子听后自嘲地说："谓似丧家之狗，然哉！然哉！"⑤

鲁哀公十一年(前484)，孔子弟子冉有率兵抗击了齐国的入侵，便乘机劝说季康子把孔子从卫国接回来。孔子回到鲁国，虽有大夫的身份，但并不被信用，他也不求仕进，继续从事教育及文献整理工作。

孔子69岁以后，打击接踵而来：这年，他的独生子孔鲤去世；71岁时，他的高足颜回去世，使他悲痛至极，哀叹道："天丧予！天丧予！"⑥也在这一年，有人在鲁国西部捉到一只"麟"(据说就是四不像)，但不久却死了。他认为这是不祥之兆，便终止了《春秋》的编撰；鲁哀公十五年(前480)，子路死于卫国内乱，孔子得知这个消息虽然已经事过一段时间了，他还是哀痛不已，以至病倒了。病中，子贡来看孔子，孔子哭且歌道："太山坏乎！梁柱摧乎！哲人萎乎！"⑦病了7天就去世，时为鲁哀公十六年(前479)夏历二月，孔子73岁。

孔子一生的主要言行，经其弟子和再传弟子的整理，编成《论语》一书。这部语录体的作品，被后世儒家尊崇为经典，也是我们研究孔子思想的主要资料。

孔子一生对中国文化的贡献，归纳起来，主要有三点：创办"私学”，推动了中国古代教育的发展和平民化；整理古代文献典籍，在中国文化的保存、传播和传承方面发挥了巨大作用；提出“仁”的学说，建立了儒家学派，为中国古代学术文化提供了重要的思想理论基础。

孔子对中国文化的贡献(1)：创办私学

前面说过，东周王朝时期的“学术下移”，为下层社会成员掌握文化典籍提供了机会，推动了“士”阶层的形成，使他们从对卿大夫的依附中逐渐独立出来，形成具有自我意识和独立人格的社会阶层。他们还利用自己所掌握的学术文化创办私人学校，授徒讲学，这就是“私学”。“私学”的出现，进一步打破了“学在官府”的局面，加速了文化的传播和教育、学术的发展。

据文献记载，孔子是“私学”的首创者。他在办学中，明确提出“有教无类”的方针，只要献十条干肉（“束脩”）为贽（见面礼），不分贵贱，都可以入学，这就使教育面向了所有愿意求学的人。所以，在他的学生中，有出身贵族的（如孟懿子、南宫适[kuò]），也有出身贫贱的（如冉雍[yōng]），有出身商人的（如子贡），甚至还有曾做过梁父大盗的（如颜涿[zhuó]聚）。

孔子在办学中，以“六经”[8]作为教材，以“六艺”[9]作为教学科目，以“文、行、忠、信”（即知识、行为和道德品质）作为培养目标，对学生进行包括文化知识、行为规范、道德品质和体育在内的全面教育。这表明，孔子从办学开始，就注意到教育的系统设计。孔子还在教学过程中总结出“举一反三”、“因材施教”等教学方法和“温故知新”、“学思并重”等学习原则。

尤其值得一提的是，孔子把他与学生之间的关系建立在平等的基础上。他曾教导学生要“当仁不让于师”[10]；他在与学生讨论问题时，曾鼓励学生发表意见不要拘谨，不要因为他年长，是老师，就不敢说话[11]。一次，他询问子路、颜渊的志向，子路、颜渊谈了自己的志向后，子路也问起他的志向，孔子立即回答“老者安之，朋友信之，少者怀之”[12]，完全是平等的交流。还有一次，子夏请教他：“‘巧笑倩兮，美目盼兮，素以为绚兮。’何谓也？”孔子回答道：“绘事后素。”子夏立即加以引申，说：“礼后乎？”孔子很欣赏，并说：“起予者商也，始可与言《诗》已矣。”[13]毫不遮掩地承认从学生那里受到启发，以他的言行对“教学相长”作了诠释和示范。在《论语》中，还记有孔子在卫灵公夫人南子约见他之后与子路的一段对话:“子见南子,子路不悦。夫子矢(发誓)之曰:‘予我所否者,天厌之!天厌之!’”[14]“子见南子”究竟是怎么一回事,这里不去讨论,我们看到的是:学生可以对老师的行动直接表示不满,老师对学生的不满不仅没有发火,反而以发誓的方式向学生作了表白。孔子就是这样与学生平等相处。

孔子由于长期从事教育活动,因此他的学生也就很多。据说他有三千多弟子,其中“身通六艺(即《诗》、《书》、《礼》、《乐》、《易》、《春秋》)者七十有二”[15]。在当代考古发掘中,曾出土一批儒家著作,其中不少就是“七十子”所著的已散佚的作品,表明孔子这些弟子确很优秀。

孔子对中国文化的贡献(2):整理古代文化典籍

孔子周游列国后回到鲁国,没有继续从政,却做了一件不朽的工作:整理古代典籍。据说,流传到今天的《诗》、《书》、《礼》、《易》、《春秋》,都是经过孔子整理的。现在,这些典籍已经不仅是中国文化的瑰宝,也成为世界文化的瑰宝。

经过孔子整理的典籍,我们今天能够看到的只有上面所举的五种,称之为“五经”。但据说孔子所整理的典籍,除了上述五种外,还有一种《乐》,所以又有“六经”的说法。最早提到“六经”的是《庄子·天运》篇。在这篇文章中,记有孔子与老子的一段对话,孔子说:“丘治《诗》、《书》、《礼》、《乐》、《易》、《春秋》六经,自以为久矣,孰知其故矣。”[16]此后,《礼记·经解》篇中也有“六经”的记载。后来,经过秦始皇焚书,《乐经》散失,仅存《乐记》一篇,并入到《礼记》中[17]。汉朝在太学中设立“五经”博士,于是“五经”之名就传了下来。“五经”的流传,使我们今天研究先秦时代的文学、哲学、历史(包括典章制度)等有了比较可靠的文献依据。

为什么说整理古籍是孔子的伟大贡献呢?中国古代典籍如果不经过孔子的整理,就有可能会散失,以至于完全失传。

中国古代典籍出现很早。西周初年周公就说过:“唯殷先人,有册有典。”但很多典籍都散失了。如在《墨子》中经常提到《夏书》曰、《商书》曰、《周书》曰,其很多内容都不在现存的《尚书》中,这表明墨子当年所看到的一些没有收在《尚书》中的文献已经失传了。墨子还说他曾见过各国的史书,他将这些史书称为“百国春秋”[18]。《孟子》也说过:“晋之《乘》、楚之《祷杌》、鲁之《春秋》,一也。”[19]这都表明春秋时期各国皆有史书,但我们现在能够看到就只有鲁国的《春秋》。据司马迁说,春秋时代以前,流行的古诗有三千余篇,但现在能够看到的,除了孔子编选在《诗经》中的三百另五篇,其他大部分都散失了,留下的所谓“逸诗”只有寥寥几篇。

从古代文献的流传情况可以看到,文献整理对保存典籍有极其重要的作用。特别是经过孔子整理之后,这些文献就成为儒家的经典,这就更有利于它们的保存和传播。

孔子对中国文化的贡献(3):创立儒学和儒家学派

儒学即儒家学说,是以“礼”和“仁”的思想为基础形成的政治伦理学说体系。孔子用他所创立的儒家学说教育学生,逐步形成一个信奉他的思想的学术团体。这个学术团体就是儒家学派。

孔子创立的学派为什么叫“儒家”?许慎《说文解字》对“儒”的解释是:“儒,柔也,术士之称。从人,需声。”[20]许慎认为,从词义说,“儒”是软弱的意思;从社会角色说,“儒”是术士。这大概是汉代人们对“儒”的普遍看法。司马迁在《史记·儒林列传》中则说:“秦之季世坑术士。”孔子也告诫过弟子:要做“君子儒”,不要做“小人儒”[21]。这都说明,“儒”开始并不是专指儒家,它可能是对“术士”的一种泛称。

那么,“儒”作为“术士”,具体是干什么的呢?胡适说:“儒是殷民族的礼教的教士,他们在很困难的政治状态之下,继续保存着殷人的宗教典礼,继续穿戴着殷人的衣冠。他们是殷人的教士,在六七百年中渐渐变成了绝大多数人民的教师。他们的职业还是治丧,相礼,教学……”[22]按照胡适的说法,作为术士的“儒”,主要工作就是治丧、相礼,因为他们掌握了一定的礼、乐知识,所以也从事教学活动。据说孔子年轻时就做过相礼这种属于“儒”的工作,所以就用“儒学”、“儒家”来称孔子创立的学说和学派。不过也有人说,“儒”被称为“术士”,是因为他们以“六艺”(礼、乐、射、御、书、算)为内容进行教学,“艺”也是“术”。

但不论“儒”的称谓是怎样来的,孔子所创立的儒家已经不同于原来意义上的“儒”,而是指崇奉孔子学说的学术派别。学术界一般将这个学派的发展分为三个阶段:第一阶段是以孔子、孟子、荀子等为代表的原始儒学;第二阶段是由汉代形成一直延续到唐代的经学;

第三阶段是宋元明清的性理之学，为了表明宋明性理之学与原始儒学和经学的差别，又将它称为“新儒学”。其实，唐代的儒学与汉代经学并不完全相同，它受到南北朝时南朝的“义疏”之学的影响，

孔子思想(1)：对“礼”的继承

孔子虽然说自己“述而不作”[23]，即只继承而不创新，实际上并不是这样。他是既有“述”的一面，也有“作”的一面，一方面广泛地学习和继承了商、周时代的学术文化，一方面又加以改造和发展，形成了自己的学说体系。

孔子的学说主要表现在三个方面，即“礼”、“仁”和“中庸”。

孔子治学可能是从“礼”开始的。他儿时做游戏就模仿礼的仪式：“常陈俎豆，设礼容”，30 多岁时，还专程到洛阳向老子问礼，所以对“礼”十分熟悉。他说过：“夏代的礼我是知道的，但杞国不足以证明；商代的礼我也知道，但宋国不足以证明。这是因为他们的文献不充分的缘故，如果文献充分，我就可以证明了。”[24]按照古代典籍的说法，春秋时期的杞国是夏代后裔的封地，宋国是商朝灭亡后周王朝给微子启的封地。孔子认为杞国现在的礼制不足以证明夏礼，宋国现行的礼制也不足以证明商礼，表明他曾经深入研究过古代的“礼”。他又说：“殷商继承了夏代的礼，废除什么、增加什么是可以知道的；周代继承了殷商的礼，废除什么、增加什么，也是可以知道的。”[25]这也同样说明，他曾经深入研究过“礼”的沿革。正因为孔子对历代礼制十分熟悉，所以他曾很有把握地说：“如有用我者，吾其为东周(指在东方恢复周礼)乎！”[26]

孔子认为，“礼”不仅仅是各种典礼的仪式，也包括各种典章制度、社会规范，是从政的必要知识。由于孔子没有机会在治国中实行“礼治”，于是便希望在人们的日常行为中体现“礼”的要求，至少是他周围的人应该体现“礼”的要求。所以他教训他的儿子孔鲤说：“不学礼，无以立。”[27]他要求他的学生要“非礼勿视，非礼勿听，非礼勿言，非礼勿动”[28]。

孔子所说的“礼”，现代文化学一般看作制度文化。它与其他类型的文化一样，也是内容与形式的统一。所以，孔子不是把礼、乐看作徒具形式的东西，而是特别重视礼、乐的内涵，并且很敏感地从它的形式变化发现内涵的改变。有一次，子贡想省去朔祭用的羊，孔子

则对他说："赐（子贡的字）也，尔爱其羊，我爱其礼！"[29]孔子还说过："礼云礼云，玉帛云乎哉！乐云乐云，钟鼓云乎哉！"[30]这都表明，孔子特别看重在礼乐形式背后的内容。

在春秋时代，西周代的礼乐制度被破坏了，"礼"的形式和内容都改变了。孔子受不了这种改变，当他看到饮酒器"觚（gū）"的形制变了样时，不禁感叹道："觚不觚！觚哉，觚哉！"[31]"觚"只是饮酒时使用的礼器，它的形制的改变还没有表现出政治关系的根本改变，所以孔子仅仅发出几声感叹。而一旦庙堂的礼制也被破坏，那就涉及一个国家的政治秩序，孔子当然就不能忍受了，他甚至会愤怒起来。比如鲁国季孙氏（即季平子）"八佾（yì）舞于庭"，就是严重的"僭越"行为，孔子听说后，不禁愤怒地指责："这种事他都忍心做得出来，还有什么事他会不忍心去做呢？"[32]"佾"是舞蹈队列，一"佾"八人，"八佾"就是六十四人。按照周礼的规定，只有天子才可以在宫廷中使用"八佾"舞蹈队列，诸侯只能用"六佾"，大夫只能用"四佾"，士只能用"二佾"。季孙氏只是大夫，居然用了"八佾"规格的舞蹈队列，这是对周礼的公然违背，也是对政治秩序的严重挑战。

孔子看重"礼"的内涵，与他重视"礼"的目的是有联系的。他无论是想将"礼"用于治国，还是想用于个人的行为，其目的都是为了重新建立有序、稳定、和谐的社会秩序。但是，历史并没有按照孔子的设想发展，周礼还是被打破了，政治秩序、社会秩序都发生了无法挽回的变化，孔子也只能兴"礼崩乐坏"之叹。

重视社会秩序的恢复，使孔子在"礼"的问题上显得比较保守，但不能由此说他主张"复古"。他曾说过："周监于二代，郁郁乎文哉，吾从周。"在他看来，西周不仅继承了夏、殷二代的礼乐制度，还有所发展，从而使周礼显得更加美盛，所以他主张遵从西周的礼乐制度。由此可见，他追求的是他心目中的"完美"而不是"古老"。如果孔子是个复古主义者，那么，作为商朝人后裔的他，即使不想恢复夏礼，起码也要恢复"商礼"。

孔子思想（2）："仁学"

如果说孔子在"礼"的方面侧重于继承的话，那么，他在"仁"的方面就更多地显示出理论上的创新。由于孔子的理论贡献突出表现在对"仁"的阐发上，所以人们往往把他的学说概括为"仁学"。

孔子的“仁学”是关于“人”的学说。对“人”的关心，是“仁学”的出发点。所以孔子学生樊迟问他什么是“仁”时，他便回答：“爱人。”[33]孔子还说：“泛爱众而亲仁”[34]，即把“爱人”看作一个具有广泛性的命题。有一次，鲁国马厩失火，孔子退朝去察看，只问“伤人乎”，而不问马[35]。

那么，怎样做才能达到“仁”呢？孔子认为，能够“忠恕”就是“仁”。朱熹对“忠恕”的解释是：“尽己之谓忠，推己之谓恕。”[36]按照朱熹的意思，只要对人、对事竭尽全力，并能够推己及人，就做到了“忠恕”，也就做到了“仁”。孔子认为，“仁”是不难做到的，关键是要有实践“仁”的愿望：“仁远乎哉？我欲仁，斯仁至矣！”[37]

孔子还把“仁”推广到治国上。在治国上体现“仁”的精神，就是实行“德治”，就是通过“道(通‘导’)之以德，齐之以礼”[38]，将教化的引导和制度的约束结合起来，使人际关系、社会关系稳定和谐，实现“安人”、“安百姓”的目标；如果边远地区不能接受教化，“则修文德以来之。既来之，则安之”[39]，即依靠文德的感召，招徕他们；招徕之后，则让他们得以安定。

孔子确立了“仁”的思想之后，就将“仁”与“礼”统一起来，把“仁”看作“礼”的本质和目标，把恢复“礼”看作实现“仁”的途径和措施，认为人们只要能自我克制，回到礼的规范上来，这就是“仁”；什么时候人们能够做到这一点，天下就回到“仁”的境界——“克己复礼为仁。一日克己复礼，天下归仁焉”[40]。

孔子思想(3)：中庸

在《论语》中，我们很少看到孔子像对“中庸”那样赞叹和神往之意溢于言表，也很少看到孔子像对“中庸”的失落那样，满怀叹惜和追念之情。他说道：“中庸之为德也，其至矣乎！民鲜(xiǎn)久矣。”[41]

孔子虽然提出了“中庸”概念，但没有直接解释。他的孙子子思专门写了一篇《中庸》，对“中庸”思想加以解释和发挥。子思认为，“中庸”就是“中和”，它根源于人的本性，当人们情感尚未发生时，人的本性是不会偏畸的，所以说是“中”；当人们的情感产生以后，如果能够符合礼义的规范，就叫作“和”。他认为，“中”是天下的根本，“和”是畅达的大道，实现“中和”，天地间的秩序就自然地建立起来，万物就可以自然地生长发育[42]。

为什么要把"中"看作天下的根本,"和"看作畅达的大道?因为人们的情感是由本性产生的,"礼"是由节制人的本性的需要而发生的,政教也是以人的本性为根据的[43];而和谐则是天地运行、万物生长、社会治理的根本要求。有了和谐的环境,天地运行、万物生长、社会治理就能够畅行无阻,无往而不达。

子思对"中庸"的解释侧重于哲学的本体论和性情论,而孔子的思考则可能更多着眼于政治。在他看来,能够体现"中庸"的时代,是遥远的尧和舜的时代。尧将权位交给舜时,谆谆告诫的就是"允执其中",即把握中道。他说:"啊,舜呀,按照上天决定的次序,禄位该要降临到你的身上了,你要一心一意把握中道啊。否则,把天下弄得穷困了,天赐的禄位也就永远终结了。"[44]舜登位后,也确实做到了"执其两端,用其中于民"[45],即体现了"中庸"精神,并告诫大禹也要遵循中道的要求。但是,到孔子时代,"中庸"精神早已消失,他面临的是"礼崩乐坏"的局面,于是深深感叹道"民鲜久矣"!

尽管如此,孔子还是希望恢复"中庸"精神。所以他反复指出,人们的言行举止要遵循"执中"原则,不能"过"也不能"不及"[46],要求人们遵循"中道"[47]、要"文质彬彬",即做到良好素质与合理行为的统一[48]、用"礼"来节制自己的行为,使行为符合中道[49]。

讲到"中庸",人们就会联想到"和为贵"。"礼之用,和为贵"的话虽然是孔子学生有子说的,但它符合孔子的思想。孔子说过:"君子和而不同,小人同而不和。"[50]在"和而不同"这个命题里,包含着不同观点、不同要求、不同利益各得其所、和谐共存的意思。而要做到这样,就需要有规范来制约。所以有子的"礼之用,和为贵",正是孔子"礼所以制中"思想的体现。

孔子还把"中庸"看作人们应该运用的思维原则。他说:他对很多问题开始并不清楚。后来怎么知道的呢?他举例说,有个浅陋的人曾向他询问一个问题,他开始毫不了解这个问题,但通过从两个方面详尽的叩问,就把问题搞清楚了[51]。孔子把这个方法叫作"叩其两端"。"叩其两端"就是体现"中庸"原则的思维方法、认识方法。这个方法的要点就是:通过对事物正反两方、对立两面、本末两端的追问,了解事物的历史、现状和性质,从而寻求问题的解决。

"叩其两端"再加上"允执其中","中庸"不就成了折中主义了吗?很长时间,人们否定"中庸",用贬义的口吻将"中庸"称为"中庸之道”，就是出于把“中庸”与折中主义等同起来。这种认识可能古人就有过，所以朱熹特别对其作了反复解说。朱熹说，“执中”不是简单地在一个事物的“两头”之间寻求中点，而是要求人们的思想行为适当、合理，“无过无不及”。如他说：“两端不专是中间。如轻重，或轻处是中，或重处是中。”又说：“两端如厚薄轻重。‘执其两端，用其中于民’，非谓只于二者之间取中。当厚而厚，即厚上是中；当薄而薄，即薄上是中。轻重亦然。”[52]所谓“叩其两端”、“允执其中”，就是在全面把握对象的基础上寻求其合理点，正如孔子所说的“多闻，择其善者而从之”的“择善”。所以说“中庸”实质上就是要求言行举止“适度”、“适中”的原则。

还有人说孔子提倡“中庸”，是要人们成为“和事佬”，这也与孔子的思想不符合。孔子这个人，原本就不是一个做“和事佬”的人，而是一个认定了是正确的事情就永不放弃的人，所以当时就有人说他是一个“知其不可而为之”[53]的人。同时，他对“和事佬”其实很反感，这表现在他对“乡愿”的批评中。他说：“乡愿，德之贼也。”[54]什么叫“乡愿”？孟子说是那种“言不顾行，行不顾言”、“阉然媚于世”[55]的人，用现代话说，就是言行不一、到处讨好、八面玲珑的人，就是不讲原则、不问是非而迎合世俗的人。孔子认为，这种人是戕害德性的人。

孟子

孟子（前372？一前289）名轲，传说字子舆，邹（今山东邹县）人。他是战国时代儒家思想的捍卫者，也是儒家思想在新的历史条件下的发展者。

孟子与孔子一样，得到了母亲的很好教育。孟子能够成为一位在中国历史上有重要影响的思想家，确实要感谢他的母亲。他也是在三岁的时候父亲（孟孙激）就去世了，由母亲仉（zhǎng）氏抚养。孟母不仅多次择邻而居，以便使孟子有一个成材的环境，还用“断织”的方式教育孟子致力于学，留下了“孟母三迁”、“断机教子”的佳话[56]。

孟子后来受业于子思的门人，学成后，带着他的弟子游说诸侯。尽管各国国君给他很高的礼遇，但不能接受他的主张。孟子在60岁那年，不再游说诸侯，退而从事教学与著述，直到生命的终结。此间，与他的学生万章等“序《诗》、《书》，述仲尼之意，作《孟子》七篇”[57]。

他曾说："予未得为孔子徒也，予私淑诸人也。"[58]以不能亲受孔子教诲为憾事。但他却是最能弘扬孔子学说的儒学大师，所以后人尊为"亚圣"。

孟子思想(1)："仁政"思想

孟子在政治思想上，继承孔子的"仁学"思想并进一步发展，提出了"仁政"学说，希望实行王道。

孟子"仁政"学说有两个出发点，一是以民为本，一是反对暴政。

"民本"思想在我国出现很早，《尚书》中就有"民为邦本，本固邦宁"[59]的表述，《老子》也说过："贵以贱为本，高以下为基。"[60]孟子则进一步提出"民贵君轻"思想，他说"民为贵，社稷次之，君为轻"。接着他还指出："得乎丘民而为天子。"[61]大概上古时代人们往往聚居于丘陵之地，所以就称聚居的人群为"丘民"。在这里，"丘民"的意思与庶民差不多。孟子在这句话里隐含着天子的权位需要得到人民的接受的意思。

在战国时代，拥有人口的多寡，是一个国家是否强盛的指标之一。孟子不仅指出一个国家要"得乎丘民"，还进而认为：国家拥有人民的多少，不是以版图为界限；国家稳固与否，不是看山川是不是险峻；威震天下，不是看兵器是不是锋利，而要看是不是有道义。拥有道义，支持的人就多，失去道义，支持的人就少。支持的人少到极点，连身边亲近的人都会背叛你；支持的人多到极点，则天下的人都会跟随你[62]。

他从"民本"思想出发，极力反对暴政，并把矛盾直指国君。他说："贼仁者谓之'贼'，贼义者谓之'残'。残贼之人，谓之'一夫'。闻诛一夫纣矣，未闻弑君也。"[63]这段话是孟子对武王伐纣的评论，"一夫"用现代话来说，就是专制者、独裁者。孟子的意思是：残害"仁"的叫作"贼"，残害"义"的叫作"残"，"残贼"的人，只能叫作"一夫"。我只听说有诛灭"一夫"纣的，没听说有"弑君"的。他把暴君排除在国君之外，认为推翻暴君的统治是合理的。他还说过："君之视臣如手足，则臣视君如腹心；君之视臣如犬马，则臣视君如国人；君之视臣如草芥，则臣视君如寇仇。"[64]他甚至说："君有大过则谏，反复之而不听，则易位。"[65]意思是，国君如有重大过失，先是劝谏，如果反复劝谏都听不进去，就换掉他。孟子这些言论，很不合各国国君的胃口，更招致专制君王的愤怒。出身社会底层的朱元璋做了皇帝之后，就曾经对孟子这类言论十分不满，以至于要取消孟子在孔庙中“配享”孔子的资格。

孟子还从“仁政”主张出发反对不义的战争。他认为“春秋无义战”[66]，指斥战国时期攻城略地的攻伐是“争地以战，杀人盈野；争城以战，杀人盈城。此所谓率土地而食人肉，罪不容于死”[67]。作为地主阶级思想家，孟子敏锐地感觉到了统一已是大势所趋，他赞成统一，但反对以霸道与武力来进行征服，认为只有不嗜杀人、施行仁政而得百姓拥护者，才能统一天下。他把这叫作“王道”。

怎样实行“仁政”？孟子认为首要的是解决农民的土地问题，而解决土地问题则可以用“井田制”的办法，明确土地的疆界，如果土地界限不清，赋役不明，必然导致土地的兼并[68]。他主张用恢复“井田制”的办法明确农民与土地的关系和农民的赋役负担，以为只要把古代“井田制”稍加“润泽”便可推行，虽然只是一种幻想，但他要求重视解决农民土地问题的愿望则还是有道理的。

孟子还继承了孔子“节用爱人”的思想，进而把轻徭薄赋、征发徭役不违农时作为实行仁政的重要举措。他多次说：“不违农时，谷不可胜食也；数（shuò，密）罟（gǔ，网）不入洿（wū）池（水塘），鱼鳖不可胜食也；斧斤以时入山林，材木不可胜用也。”[69]他把那些不顾人民死活的统治者看作“率兽食人”者：“庖有肥肉，厩有肥马，民有饥色，野有饿殍，此率兽而食人者也。”[70]

孟子为了推行“仁政”，还主张“制民之产”。他认为：“民之为道也，有恒产者有恒心，无恒产者无恒心。苟无恒心，放辟邪侈，无不为已。及陷乎罪，然后从而刑之，是罔民也。焉有仁人在位，罔民而可为也？”[71]“罔民”就是欺骗陷害百姓。孟子认为，如果弄得老百姓连一点基本的产业都没有，他们就什么事情都干得出，等到他们触犯刑律，再用法律去制裁他们，这等于是有意陷害他们。

孟子认为，通过“制民之产”、“节用爱民”，使“百亩之田，勿夺其时”，“五亩之宅，树之以桑”，人民生活就可以有基本的保障，数口之家就可以不至于饥饿，人们到50岁时就可以衣帛，如再做到“鸡豚狗彘之畜，无失其时”，人们到70岁时就可以食肉。做到这样，再加强教育、提倡孝悌，就能实现“王道”[72]，他的“仁政”目标也就基本实现了。

孟子思想(2)：性善论

孟子的“仁政”学说的理论基础是他的人性论。

虽然孔子已经提到人性问题，但他讲得很笼统，只是说“性相近也，习相远也”。孔子认为，人与生俱来的本性是差不多的，由于后天的影响才造成人们的差异。直到孟子，才明确提出“性善”理论。

公元前 326 年(周显王四十三年)，滕国世子姬弘(次年即位，即滕文公)出使楚国，路过宋国，恰好孟子也在宋国，他便会见了孟子，孟子向他讲了性善的理论[73]。这是孟子第一次谈性善论。

以后，孟子又用“四端”说对“性善”论作了论证。所谓“四端”，是指人的恻隐之心、羞恶之心、恭敬之心、是非之心。孟子认为，这“四端”是人的本质的表现，是仁、义、礼、智的根源：“无恻隐之心，非人也；无羞恶之心，非人也；无辞让之心，非人也；无是非之心，非人也。恻隐之心，仁之端也；羞恶之心，义之端也；辞让之心，礼之端也；是非之心，智之端也。人之有是四端也，犹其有四体也。”[74]在孟子看来，“恻隐之心，人皆有之；羞恶之心，人皆有之；恭敬之心，人皆有之；是非之心，人皆有之”[75]，那么，人的本性自然也就是善的了。

孟子还从“性善论”出发，把人们与生俱来的仁义之心看作人的“良知”、“良能”。而这种“良知”、“良能”也是“不学而知”、“不虑而能”的。他举例说，人在孩提时代，没有不知道爱其亲人的；长大以后，没有不知道敬其兄长的。亲其亲人，就是仁；敬其长者，就是义。人们为什么会这样呢？没有别的原因，就是因为天下人普遍具有“仁义”的本性的缘故[76]。

既然人的本性是善的，仁义之心是先天就有的，那么，为什么会有君子、小人的区别呢？一个叫公都子的人当时就向孟子提出了这个问题。孟子的回答是：每个人都有“大体”部分和“小体”部分，“大体”是人的精神，是心灵；“小体”是人的感官，是嗜欲。一个人如果“从其大体”即由精神所支配，就成为大人；而“从其小体”，即被嗜欲所支配，就成为小人。

公都子又问：“同样都是人，为什么有的‘从其大体’，有的‘从其小体’呢？”孟子回答道：这是因为人们所依赖的器官有不同的缘故。他说，人的器官有两类，一是“耳目”，一是“心”。这两类器官的功能是不一样的，“耳目”可以获得外部事物的感觉，但它不能思考，因此它们容易被外物所蒙蔽；而“心”的官能是思考，是使人们具有理智。如果我们善于思考，就能获得正确的道理，不用“心”去思考则不能获得正确的道理。这就是有的人能“从其大体”，有的人只能“从其小体”的缘故。所以，一个人要先确立大的方面（即培育精神），小的方面（即感官所获得的嗜欲）就不能占据一个人的心灵了。这样就成为“大人”（即君子）了。[77]

孟子在这里实际上是从心理角度提出区分“大人”与“小人”的标准：是立足于培育心灵，还是听由感官获得的感觉所支配。如果从哲学角度说，他已经感觉到人的感性认识与理性认识是有区别的。一个人如果仅仅依靠感性，就只能成为“小人”，只有从理性出发，才能成为“大人”。但孟子似乎有将感性和理性对立起来的倾向，而没有认识到理性认识依赖于感性认识，是感性认识的升华。

人怎样才能确立“大体”呢？孟子说要“养气”。

孟子思想(3)：“养气”的修养论

《孟子》有一个很有名的寓言，叫“揠(yà)苗助长”。现在都认为这个寓言是告诫人们做事情不能违背规律、急于求成。其实，孟子讲这个寓言的目的，是告诫人们一个关于“养气”的道理：“浩然之气”的培育要靠内在的积蓄，不能急于求成地从外部获得。

这个寓言就在《孟子》所记述的孟子与他的学生公孙丑的如下对话当中：

> 公孙丑问：“请问先生哪方面是您的长处？”
>
> 孟子说：“我善于了解别人所说的话的真实含义，我善于培育我的浩然之气。”
>
> 公孙丑问：“请问什么叫浩然之气？”
>
> 孟子说：“这很难用一两句话说清楚。这种气，极其浩大、极其刚健。如果用正确的方法培育它而不损害它，它就会充满天地之间。不过这种气，需要有仁义道德相配合，否则就会日益衰弱。而且，它所需要的仁义要靠不断的积蓄才能生成，不能指望偶尔的正义行为就能获得。同时，如果行为有愧于心，它也会日渐衰弱。所以我说：告子不曾懂得‘义’，因为他把‘义’看成心外的东西。如果有什么事物一定要出现，也不要立即就去纠正它，心中不要忘记，但不要有意去帮助它生长。不要像拔苗助长故事中所说的那个宋国人那样。这个事故是：有个宋国人担心禾苗不长，他跑到地里将禾苗都拔高了。这个宋国人匆匆忙忙回到家，告诉家里人说：我今天累坏了，因为今天我帮助禾苗长高

了。他的儿子跑到田里一看,禾苗已经枯萎了。”

在天下人当中,不像这个宋国人那样拔苗助长的人,是很少的。如果认为没有益处而放弃,这就像有人种庄稼而不除草耘苗;急于帮助禾苗生长,这就像拔苗的那个宋国人,不仅对庄稼没有好处,而且还损害了禾苗生长。[78]

孟子所说的“气”,是指一种以道义为基础孕育起来的充沛的思想力量、道义力量、道德力量。以后,人们就以“浩然之气”形容凛然正气,并认为它是长期培育的结果。

如果说培育“浩然之气”是孟子从积极的、主动的方面向人们提出的修养目标和要求的话,那么,“求放心”则是他从被动的方面向人们提出来的修养问题。孟子认为,仁心是人本来所具有的,而道义则是人所必由的大道。舍弃大道不走,放弃人的良知不去寻找,是多悲哀啊!有的人丢失了鸡狗都知道去寻找,而本心丧失了却不知道去寻找,(这不是本末倒置了吗?)做学问的途径没有别的,就是将失去的本心找回来(“求放心”)而已[79]。

由此可见,孟子这里所说的“求放心”,主要是指通过自我道德修养,克服世俗欲望对人的本性的侵袭,使本来是完善的本性得以恢复。其意思与孔子的“克己复礼为仁”差不多,只是他没有突出“礼”,而主要以人的本性为出发点和归宿。这就是后世的儒家学者在建立心性论时,要到孟子那里去寻求思想源头、获取思想资料的一个原因。

荀子:“制天命而用之”思想

先秦思想家在谈到人和自然的关系时,一般都是把人看作与天地万物一样,是自然界的产物,人与自然不仅共生,而且共处,因此,社会的伦理原则与自然界的法则是相一致的。他们以这一思想为基础,主张人与天地万物要和谐相处。宋代思想家张载把人和自然的这种关系进一步概括为“天人合一”,他说:“儒者因明致诚,因诚致明,故天人合一,致学可以成圣,得天而未始遗人。”[80]哲学史家也把这种思想叫作“天人相合”、“天人相与”。但在“天”、“人”关系上也有例外的观点,荀子的思想便是例外。

荀子(前313? 一前238?)名况,赵国人,当时人尊称他为荀卿,汉人为避汉宣帝讳,称为孙卿。荀子50岁时才到齐国游学。齐国田氏取代姜氏政权后，曾在国都临淄的稷门附近建立学宫，称为“稷下学宫”，以招揽各派学者，让他们讲学著述，“不治而议”，著名的学者还给以卿、大夫的名号。一时学者云集，有时聚集的学者成千上万。荀子到齐国，在稷下学宫中曾“三为祭酒”[81]，即多次成为稷下学宫的学术领袖。因为有人在齐王面前进谗言，荀子便离开齐国到了楚国。当时，春申君黄歇为楚国令尹（相国），他很重视招贤纳士，便授荀子为兰陵令。春申君去世后，荀子也被解职，他就定居在兰陵，从事著述。荀子的著作保存在现存的《荀子》这部书中。

从荀子的著作看，他的思想主流是儒家，接近于孔子，有异于孟子。但荀子反对“法先王”，主张“法后王”，认为社会制度需因时而变，这又与孔子的“吾从周”不同。

荀子还与孟子针锋相对，在人性论上提出“性恶”说。“人之性恶，其善者伪也”[82]便是他的著名观点。他认为“凡礼义者，是生于圣人之伪，非故生于人之性也”[83]。荀子所说的“伪”，不是指人们后天的“善”是虚伪的，而是指它是人工所为的，是人们后天自觉约束的结果。所以，他从“人性恶”出发，认为人们只有通过后天的学习、熏染，才能达到善的境界。

在政治上，荀子重视“礼治”，他把“礼”看作确定人的社会关系、规范人的社会行为的原则和标准，看作处理社会问题的依据，所以他说“礼者，法之大分，类之纲纪”[84]。又说：“人无礼则不生，事无礼则不成，国家无礼则不宁。”[85]但在荀子所说的“礼”中，已经含有“法”的意味。

荀子否认天有意志，提出“制天命而用之”的思想，使他在中国学术史颇为人们所关注。他与许多主张“天人合一”的思想家不同，提出“天人相分”的观点，认为自然界的运行法则与人类社会的运行法则不同，天不能主宰人，自然界出现怪异现象与人事没有关系。从这些思想出发，荀子提出“天行有常，不为尧存，不为桀亡。应之以治则吉，应之以乱则凶”[86]的著名论断。

以“天人相分”为基础，荀子又进一步提出“制天命而用之”的命题：“大天而思之，孰与物畜而制之；从天而颂之，孰与制天命而用之。”[87]荀子的意思是：与其把天看得非常伟大而仰慕它，何如把天看作一种物来对待它、控制它？与其顺从天而颂扬它，何如掌握和控制天的变化法则加以利用？荀子“制天命而用之”这个命题，后来被概括为“人定胜天”思想而加以赞颂，认为这是高扬战胜自然、征服自然旗帜的光辉思想。但现在看来，过分赞扬“制天命而用之”思想是值得讨论的。

荀子“制天命而用之”思想的积极意义是应该肯定的。在社会生产力发展水平还很低下、人在自然界面前还表现得几乎无能为力的历史条件下，荀子能够提出“制天命而用之”的观点，对于张扬人的主体性、激发人的主观能动精神，是很有意义的。但是，如果我们今天还从“战胜自然、征服自然”的角度评价荀子这个命题的积极意义，就有点不合时宜了。以人与自然相对立为前提的“驾驭自然、战胜自然、征服自然”思想，在西方工业革命以后，成为一种社会主潮。它已经留下很多让我们今天正在反思的教训。

【注释】

①[美]卡普兰：《物理学之道：近代物理学与东方神秘主义》，北京出版社，1999年中文版，第103页。

②《史记》：“为儿嬉戏，常陈俎豆，设礼容。”《史记》卷四七《孔子世家》，中华书局，1959年版，第6册，第1906页。

③《史记》：“一年，四方皆则之。”《史记》卷四七《孔子世家》，中华书局，1959年版，第6册，第1915页。

④“堕三都”（“堕”通“隳”）指拆毁鲁国大夫季孙氏的费邑、孟孙氏的郕邑、叔孙氏的郈邑这三城的城墙，以抑制三家的势力。“三桓”即指孟孙氏、叔孙氏、季孙氏，他们分别是鲁桓公三个儿子庆父、叔牙、季友的后裔，故称“三桓”。

⑤《史记》卷四七《孔子世家》，中华书局，1959年版，第6册，第1921—1922页。

⑥《论语·先进》，阮元校刻《十三经注疏·论语注疏》卷一一，中华书局，1980年影印本，第2498页。

⑦《史记》卷四七《孔子世家》，中华书局，1959年版，第6册，第1944页。

⑧按：指《诗》、《书》、《礼》、《易》、《乐》和《春秋》。

⑨按：指礼、乐、射、御、书、算。

⑩《论语·卫灵公》，阮元校刻《十三经注疏·论语注疏》卷一五，中华书局，1980年影印本，第2518页。

⑪《论语·先进》：“子路、曾皙、冉有、公西华侍坐。子曰：‘以吾一日长乎尔，毋吾以也。居则曰：“不吾知也。”如或知尔，则何以哉？’”阮元校刻《十三经注疏·论语注疏》卷一一，中华书局，1980年影印本，第2500页。

⑫《论语·公冶长》，阮元校刻《十三经注疏·论语注疏》卷五，中华书局，1980年影印本，第2475页。

⑬《论语·八佾》,阮元校刻《十三经注疏·论语注疏》卷三,中华书局,1980年影印本,第2466页。

⑭《论语·雍也》,阮元校刻《十三经注疏·论语注疏》卷六,中华书局,1980年影印本,第2479页。

⑮《史记》卷四七《孔子世家》,中华书局,1959年版,第6册,第1938页。

⑯《庄子·天运》,郭庆藩:《庄子集释》卷五下,中华书局,1961年版,第531页。

⑰按:也有人认为“乐”是配“诗”的,它原来就在《诗经》里面,所以并没有散失,只是后来人们不知道如何唱了。

⑱隋李德林《重答魏收书》:“墨子又云:吾见百国春秋。”孙诒让:《墨子间诂·墨子附录·墨子佚文》,中华书局,2001年版,第656页。

⑲《孟子·离娄下》,阮元校刻《十三经注疏·孟子注疏》卷八上,中华书局,1980年影印本,第2728页。

⑳段玉裁:《说文解字注》第八篇上,上海古籍出版社,1981年版,第366页。

㉑《论语·雍也》,阮元校刻《十三经注疏·论语注疏》卷六,中华书局,1980年影印本,第2478页。

㉒胡适:《说儒》,《胡适学术文集·中国哲学史(下)》,中华书局,1991年版,第641页。

㉓《论语·述而》,阮元校刻《十三经注疏·论语注疏》卷七,中华书局,1980年影印本,第2481页。

㉔《论语·八佾》:“夏礼,吾能言之,杞不足徵也;殷礼,吾能言之,宋不足徵也。文献不足故也。足,则吾能徵之矣。”阮元校刻《十三经注疏·论语注疏》卷三,中华书局,1980年影印本,第2466页。

㉕《论语·为政》:“殷因于夏礼,所损益可知也;周因于殷礼,所损益可知也。”阮元校刻《十三经注疏·论语注疏》卷二,中华书局,1980年影印本,第2463页。

㉖《论语·阳货》,阮元校刻《十三经注疏·论语注疏》卷一七,中华书局,1980年影印本,第2524页。

㉗《论语·季氏》,阮元校刻《十三经注疏·论语注疏》卷一六,中华书局,1980年影印本,第2522页。

㉘《论语·颜渊》,阮元校刻《十三经注疏·论语注疏》卷一二,中华书局,1980年影印本,第2502页。

㉙《论语·八佾》,阮元校刻《十三经注疏·论语注疏》卷三,中华书局,1980年影印本,第2467页。

㉚《论语·阳货》,阮元校刻《十三经注疏·论语注疏》卷一七,中华书局,1980年影印本,第2525页。

㉛《论语·雍也》,阮元校刻《十三经注疏·论语注疏》卷六,中华书局,1980年影印本,第2479页。

㉜《论语·八佾》:"八佾舞于庭,是可忍也,孰不可忍也!"阮元校刻《十三经注疏·论语注疏》卷三,中华书局,1980年影印本,第2465页。

㉝《论语·颜渊》,阮元校刻《十三经注疏·论语注疏》卷一二,中华书局,1980年影印本,第2504页。

㉞《论语·学而》,阮元校刻《十三经注疏·论语注疏》卷一,中华书局,1980年影印本,第2458页。

㉟《论语·乡党》,阮元校刻《十三经注疏·论语注疏》卷一〇,中华书局,1980年影印本,第2495页。按:原文中的"厩焚"即马厩失火,学者多以为失火的是孔子私人马厩,所以杨伯骏《论语译注》译为:"孔子的马棚失了火"。但《孔子家语》卷一〇《曲礼子贡问》作"国厩焚",即国家的马厩失火。当以"国厩焚"为长。

㊱朱熹:《论语集注·里仁》注,朱熹:《四书章句集注》,中华书局,1983年版,第72页。

㊲《论语·述而》,阮元校刻《十三经注疏·论语注疏》卷七,中华书局,1980年影印本,第2483页。

㊳《论语·为政》,阮元校刻《十三经注疏·论语注疏》卷二,中华书局,1980年影印本,第2461页。

㊴《论语·季氏》,阮元校刻《十三经注疏·论语注疏》卷一六,中华书局,1980年影印本,第2520页。

㊵《论语·颜渊》,阮元校刻《十三经注疏·论语注疏》卷一二,中华书局,1980年影印本,第2502页。

㊶《论语·雍也》,阮元校刻《十三经注疏·论语注疏》卷六,中华书局,1980年影印本,第2479页。

㊷《中庸》:"喜怒哀乐之未发,谓之中;发而皆中节,谓之和。中也者,天下之大本也;和也者,天下之达道也。致中和,天地位焉,万物育焉。"阮元校刻《十三经注疏·礼记正义》卷五二,中华书局,1980年影印本,第1625页。

㊸郑玄:"中为大本者,以其含喜怒哀乐,礼之所由生,政教自此出也。"阮元校刻《十三经注疏·礼记正义》卷五二,中华书局,1980年版,第1625页。

㊹《论语·尧曰》:"尧曰:咨!尔舜!天之历数在尔躬,允执其中!四海困穷,天禄永终。"阮元校刻《十三经注疏·论语注疏》卷二〇,中华书局,1980年影印本,第2535页。

㊺《中庸》,阮元校刻《十三经注疏·礼记正义》卷五二,中华书局,1980年影印本,第1626页。

㊻《论语·先进》,阮元校刻《十三经注疏·论语注疏》卷一一,中华书局,

1980 年影印本，第 2499 页。

㊼《论语·子路》："不得中行而与之，必也狂狷乎！狂者进取，狷者有所不为也。""中行"即"中道"。阮元校刻《十三经注疏·论语注疏》卷一三，中华书局，1980 年影印本，第 2508 页。

㊽《论语·雍也》："质胜文则野，文胜质则史，文质彬彬，然后君子。"阮元校刻《十三经注疏·论语注疏》卷六，中华书局，1980 年影印本，第 2479 页。

㊾《礼记·仲尼燕居》："礼乎礼，夫礼所以制中也。"阮元校刻《十三经注疏·礼记正义》卷五〇，中华书局，1980 年版，第 1613 页。

㊿《论语·子路》，阮元校刻《十三经注疏·论语注疏》卷一三，中华书局，1980 年影印本，第 2508 页。

51《论语·子罕》："吾知乎哉？无知也。有鄙夫问于我，空空如也，我叩其两端而竭焉。"阮元校刻《十三经注疏·论语注疏》卷九，中华书局，1980 年影印本，第 2490 页。

52黎靖德：《朱子语类》卷六三，中华书局，1986 年版，第 4 册，第 1525 页。

53《论语·宪问》，阮元校刻《十三经注疏·论语注疏》卷一四，中华书局，1980 年影印本，第 1513 页。

54《论语·阳货》，阮元校刻《十三经注疏·论语注疏》卷一七，中华书局，1980 年影印本，第 2525 页。

55《孟子·尽心下》，阮元校刻《十三经注疏·孟子注疏》卷一四下，中华书局，1980 年影印本，第 2779 页。

56刘向《列女传》："邹，孟轲之母也，号孟母。其舍近墓，孟子之少也，嬉游为墓间之事，踊跃筑埋。孟母曰：'此非吾所以居处子也。'乃去，舍市傍，其嬉戏为贾人炫卖之事。孟母又曰：'此非吾所以居处子也。'复徙，舍学宫之傍，其嬉游乃设俎豆揖让进退。孟母曰：'真可以居吾子矣。'遂居。及孟子长，学六艺，卒成大儒之名。"又："孟子之少也，既学而归，孟母方绩，问曰'学所至矣？'孟子曰：'自若也。'孟母以刀断其织，孟子惧而问其故，孟母曰：'子之废学，若吾断斯织也。'"张敬：《列女传今注今译》卷一《邹孟轲母》，台湾商务印书馆有限发行公司，1994 年版，第 35—36 页。按：韩婴《韩诗外传》记孟母断机事，与《列女传》不同。

57《史记》卷七四《孟子荀卿列传》，中华书局，1959 年版，第 7 册，第 2343 页。

58《孟子·离娄下》，阮元校刻《十三经注疏·孟子注疏》卷八上，中华书局，1980 年影印本，第 2728 页。

59《尚书·五子之歌》，阮元校刻《十三经注疏·尚书正义》卷七，中华书局，1980 年影印本，第 156 页

60《老子》三十九章，王弼：《老子道德经》，上海书店，1988 年影印世界书局《诸子集成》本，第 3 册，第 25 页。

㉛《孟子·尽心下》,阮元校刻《十三经注疏·孟子注疏》卷一四上,中华书局,1980年影印本,第2774页。

㉜《孟子·公孙丑下》:"域民不以封疆之界,固国不以山溪之险,威天下不以兵革之利,得道者多助,失道者寡助。寡助之至,亲戚畔之,多助之至,天下顺之。"阮元校刻《十三经注疏·孟子注疏》卷四上,中华书局,1980年影印本,第2693页。

㉝《孟子·梁惠王下》,阮元校刻《十三经注疏·孟子注疏》卷二下,中华书局,1980年影印本,第2680页。

㉞《孟子·离娄下》,阮元校刻《十三经注疏·孟子注疏》卷八上,中华书局,1980年影印本,第2726页。

㉟《孟子·万章下》,阮元校刻《十三经注疏·孟子注疏》卷一〇下,中华书局,1980年影印本,第2746页。

㊱《孟子·尽心下》,阮元校刻《十三经注疏·孟子注疏》卷一四上,中华书局,1980年影印本,第2773页。

㊲《孟子·离娄上》,阮元校刻《十三经注疏·孟子注疏》卷七下,中华书局,1980年影印本,第2722页。

㊳《孟子·滕文公上》:"夫仁政必自经界始。经界不正,井地不钧,谷禄不平,是故暴君污吏,必慢其经界。"阮元校刻《十三经注疏·孟子注疏》卷五上,中华书局,1980年影印本,第2702页。

㊴《孟子·梁惠王上》,阮元校刻《十三经注疏·孟子注疏》卷一上,中华书局,1980年影印本,第2666页。

㊵《孟子·梁惠王上》,阮元校刻《十三经注疏·孟子注疏》卷一上,中华书局,1980年影印本,第2667页。

㊶《孟子·滕文公上》,阮元校刻《十三经注疏·孟子注疏》卷五上,中华书局,1980年影印本,第2702页。

㊷《孟子·梁惠王上》:"五亩之宅,树之以桑,五十者可以衣帛矣;鸡、豚、狗、彘之畜,无失其时,七十者可以食肉矣;百亩之田,勿夺其时,八口之家可以无饥矣;谨庠序之教,申之以孝悌之义,颁白者不负戴于道路矣。老者衣帛食肉,黎民不饥不寒,然而不王者,未之有也。"阮元校刻《十三经注疏·孟子注疏》卷一上,中华书局,1980年影印本,第2666页。

㊸《孟子·滕文公上》:"滕文公为世子,将之楚,过宋而见孟子。孟子道性善,言必称尧、舜。"阮元校刻《十三经注疏·孟子注疏》卷五上,中华书局,1980年影印本,第2702页。

㊹《孟子·公孙丑上》,阮元校刻《十三经注疏·孟子注疏》卷三下,中华书局,1980年影印本,第2691页。

㊺《孟子·告子上》,阮元校刻《十三经注疏·孟子注疏》卷一一上,中华书局,1980年影印本,第2749页。

⑯《孟子·尽心上》："人之所不学而能者，其良能也；所不虑而知者，其良知也。孩提之童，无不知爱其亲也；及其长也，无不知敬其兄也。亲亲，仁也；敬长，义也。无他，达之天下也。"阮元校刻《十三经注疏·孟子注疏》卷一三上，中华书局，1980 年影印本，第 2765 页。

⑰《孟子·告子上》："公都子问曰：'钧(均)是人也，或为大人，或为小人，何也？'孟子曰：'从其大体为大人，从其小体为小人。'曰：'钧是人也，或从其大体，或从其小体，何也？'曰：'耳目之官不思，而蔽于物。物交物，则引之而已矣。心之官则思，思则得之，不思则不得也。此天之所与我者。先立乎其大者，则其小者不能夺也。此为大人而已矣。'"阮元校刻《十三经注疏·孟子注疏》卷一一下，中华书局，1980 年影印本，第 2753 页。

⑱这段对话见于《孟子·公孙丑上》，原文为："'敢问夫子恶乎长？'曰：'我知言，我善养吾浩然之气。''敢问何谓浩然之气？'曰：'难言也。其为气也，至大至刚，以直养而无害，则塞于天地之间。其为气也，配义与道；无是，馁也。是集义所生者，非义袭而取之也。行有不慊(满足)于心，则馁矣。我故曰，告子未尝知义，以其外之也。必有事焉而勿正，心勿忘，勿助长也。无若宋人然。宋人有闵其苗之不长而揠之者，芒芒然归，谓其人曰："今日病矣，予助苗长矣。"其子趋而往视之，苗则槁矣。天下之不助苗长者寡矣。以为无益而舍之者，不耘苗者也；助之长者，揠苗者也。非徒无益，而又害之。'"阮元校刻《十三经注疏·孟子注疏》卷三下，中华书局，1980 年影印本，第 2685—2686 页。

⑲《孟子·告子上》："仁，人心也；义，人路也。舍其路而弗由，放其心而不知求，哀哉！人有鸡犬，放则知求之；有放心，而不知求！学问之道无他，求其放心而已矣。"阮元校刻《十三经注疏·孟子注疏》卷一一下，中华书局，1980 年影印本，第 2752 页。

⑳张载：《正蒙·乾称》，《张载集》，中华书局，1978 年版，第 65 页。

㉑"祭酒"即学术领袖，后世以"祭酒"为国子监长官(国立大学校长)，即来源于此。

㉒《荀子·性恶》，王先谦：《荀子集解》卷一七，中华书局，1988 年版，第 434 页。

㉓《荀子·性恶》，王先谦：《荀子集解》卷一七，中华书局，1988 年版，第 437 页。

㉔《荀子·劝学》，王先谦：《荀子集解》卷一，中华书局，1988 年版，第 12 页。

㉕《荀子·修身》，王先谦：《荀子集解》卷一，中华书局，1988 年版，第 23 页。

㉖《荀子·天论》，王先谦：《荀子集解》卷一一，中华书局，1988 年版，第 306—307 页。

㉗《荀子·天论》，王先谦：《荀子集解》卷一一，中华书局，1988 年版，第 317 页。

墨子与先秦墨家

墨学:由显而隐

孟子说过,在春秋末年、战国初年的思想界,“杨朱、墨翟之言盈天下。天下之言不归杨则归墨”。杨朱是春秋战国之际道家的代表人物;墨翟则是墨家的创始者。如果孟子的话是可信的话,那么,战国初年的学术界就成了道家和墨家的天下。

韩非在讨论先秦学术时则说:“世之显学,儒、墨也。儒之所至,孔丘也。墨之所至,墨翟也。”[①]“显学”是指社会影响大、学术内涵丰富的学说或学派。我们从韩非的评论知道,到战国中期乃至后期,墨家仍然是学术界最有影响的学派之一。

但是,影响贯穿整个战国时代的墨家,到汉代就不太为人所知了,连司马迁对墨家也不甚了解,他在《史记》中介绍墨子,仅仅在孟子、荀子的传记之后附带地写了寥寥数语:“盖墨翟,宋之大夫。善守御,为节用。或曰并孔子时,或曰在其后。”[②]就是这寥寥数语中,他还用了疑似之辞“盖”、“或”,表示记述的不确定。

汉代以后,墨学更成为“绝学”,注家很少。据说,在西晋时期,有位名叫乐壹的学者曾经给《墨子》作过注,但他的注本早已散佚,他研究墨子的情况已经无法知道。还有一位名叫鲁胜的学者,也研究过墨学,他曾经为《墨辩》[③]作过注,但《墨辩注》后来也失传了,只留下一篇《墨辩注叙》,我们也就只能从这篇叙中知道他研究墨学的大概[④]。此后,大概还有唐代的韩愈提到过墨子[⑤],此外,就未见有人关注过墨子了。

直到清代中期,随着西学的输入,人们知道了西学中的“声光化电”之学后,才又想起了墨子。于是,一些学者从尘封的古籍中将《墨子》书找了出来,进行研究,对墨子及其学说进行了重新认识。其中著名的学者有毕沅,他撰有《墨子注》,对《墨子》的原文进行了校勘整理,解决了《墨子》书阅读中的不少困难。晚清时,学者孙诒让又撰有《墨子间诂》,为《墨子》书提供了一部较好的注释本。现代学者更是对墨子刮目相看,高度评价了墨家在科学上和逻辑学上的成就,墨子由此而成为先秦时代唯一的在“思想家”的头衔之上又加上“科学家”头衔的学者。

墨子和墨家

经过清代以来学者们的研究，我们现在对墨子的了解虽然要多一些，但仍有不少问题不太清楚。比如，墨子究竟姓什么，他是哪里人，是什么时代人，都还不能得出确论。

一般认为，墨子姓墨名翟，鲁国人，大约生活在公元前 480 年到公元前 381 年之间。

但有学者认为，"墨"不是墨子的姓，而是指古代的刑徒，因为墨子经常栉风沐雨，皮肤黝黑，故用"墨"称呼他，"翟"则是他的名字；也有学者认为，墨子姓翟名乌，甚至还有学者认为他既不姓"墨"，也不叫"翟"，"墨翟"是由"貊狄"或"蛮狄"的读音转化来的，因为他是"外国人"。

对于墨子的籍贯，也有争议，不少学者认为他是宋国人，也有人认为他是楚国人、齐国人，甚至还有人说他是印度人、阿拉伯人，所以他才被称为"貊狄"。

种种异说的存在，不只是表现了学者们的丰富想象力，也反映了有关墨子生平的可靠资料严重缺乏。

由于资料的缺乏，对墨子生平作编年式的介绍是有困难的，我们只能从零散的资料中知道，墨子可能出身于社会下层[⑥]，他十分擅长器械制作，曾制造出可以飞翔的"木鸢(yuān)"[⑦]和多种守城器具，他的手工制作技艺甚至比公输盘(一作"般"，即后世视为木匠祖师的鲁班)还要高[⑧]，由此推想，墨子很可能是手工业者出身。他曾受过儒家教育，但不满儒家学说，于是自创新说[⑨]。墨子也因此而进入士的阶层，并成为宋国的大夫。

墨子也像孔子一样授徒讲学，并带学生出门游学、游说。他外出时，常常随车带着许多书[⑩]，跟随他的门徒，有时达到 180 多人[⑪]，多的时候在 300 人以上[⑫]。他和他的门徒都过着极其节俭的生活，以吃苦耐劳而著称，他们还提倡并实践为正义事业赴汤蹈火、"死不旋(xuán，回转)踵"的献身精神。为了宣传墨家的主张、实践墨家的主张，墨子到处奔波，日夜不休，以至于席不暇暖。孟子虽然不同意墨子的"兼爱"主张，但非常称道墨子的献身精神，说"墨子兼爱，摩顶放踵利天下，为之"[⑬]；《庄子》的作者也称赞墨子，说"墨子真天下之好也，将求之不得也，虽枯槁不舍也，才士也夫”[14]。

墨家与其他学派明显不同的是，它是有严密组织、严格规范的学术团体。墨家的首领被称为“巨子”，大家对“巨子”绝对服从，墨者违反了墨家的纪律，要受到“墨者之法”的处分。据说，有一位在秦国的墨家“巨子”叫腹䵍(tún)，他的儿子杀了人，秦惠王考虑他年老只有一子，赦免了他的儿子，但腹䵍却说：按照墨家的规定，无故杀人要处死，伤人要受刑，我不能不执行墨家的规定。结果，还是杀了他的儿子[15]。如果这条记载是事实，那么，在墨家内部，几乎把团体的规范看得比国法还要重。

墨家赴汤蹈火、死不旋踵的精神也会走到只重然诺、不问是非的地步。如吴起在楚国变法，受到旧贵族的反对，楚悼王一死，旧贵族就密谋杀害吴起。阳城君子西是这场密谋的主要人物之一。这时，墨者“巨子”孟胜就在子西那里。吴起被杀后，子西畏罪逃走，楚国决定收回他的封国，孟胜一方面为子西守卫封国，一方面传“巨子”于田襄子，准备为子西死难，许多弟子都跟着效死。其中一位墨者到宋国向田襄子传达孟胜传“巨子”之位的决定，田襄子以新“巨子”的名义令他不必再回楚国赴难，但他还是回到楚国，与其他墨者一同效死[16]。这种行事，很像后世的侠客，所以有学者认为“侠”就起源于墨家。而对墨家这种无原则地讲究信用、救人危难，一些学者也很不以为然。战国末期，法家便反对墨家这种任侠行为，认为儒者靠文章搅乱国家的法律，侠士靠武力破坏国家的禁令，如果人主都礼遇他们，就会导致国家的动乱[17]。

墨子的著作收在《墨子》一书中。这是一部墨子及其弟子的论著的汇编，最初的编者可能是汉代的刘向。《墨子》书原有 71 篇，现存的《墨子》书仅 53 篇。由于《墨子》书保存在道教所编的文献汇编《道藏》中，很长时期无人问津，因此它虽然很难读，但却比较好地保存了较早文本的面貌。

墨子的社会政治思想

墨子说，他游说一个国家的国君，是按照那个国家的情况提出自己的主张，他叫作“择务而从事”。他说，如果这个国家“昏乱”，就告诉国君要“尚贤、尚同”；如果这个国家贫穷，就告诉国君要“节用、节葬”；如果这个国家沉迷娱乐、沉湎享乐，就告诉国君要“非乐、非命”；如果这个国家荒淫怪僻、不讲礼节，就告诉国君要“尊天、事鬼”；如果这个国家总想侵犯、凌辱别国，就告诉国君要“兼爱、非攻”[18]。这里所提到的兼爱、非攻、尚贤、尚同、节用、节葬、非乐、天志、明鬼、非命十项主张，就是墨子的社会政治思想的主要内容。

在墨子这十项主张中，“兼爱”是中心，是他整个思想的核心。墨子认为，治理社会国家的动乱，需要找出产生动乱的原因。天下之所以会发生动乱，是因为存在着“强之暴寡，诈之谋愚，贵之傲贱”[19]的社会问题，而这些社会问题“皆起不相爱”，所以他把推行“兼爱”看作解决社会国家动乱的最好办法。所谓“兼爱”，就是要像爱自己一样去爱别人，即“爱人若爱其身”[20]，而且这种爱还要是没有差别、没有条件的。墨子想通过实行“兼爱”原则，建立一种“有力者疾以助人，有财者勉以分人，有道者劝以教人”的互助友爱的社会关系，建立一个能够使“饥者得食，寒者得衣，乱者得治”[21]的合理社会。

在墨子的十项主张中，重视“强本节用”是很重要的方面。所谓“强本”，是指发展生产，增加社会财富。为了“强本节用”，墨子特别反对君主、贵族奢侈浪费，要求他们像古代的大禹一样，过着极为俭朴的生活。为了“强本节用”，他极力反对儒家所主张的厚葬、久丧以及各种繁礼缛节。他认为，厚葬、久丧都将会浪费社会财富、妨碍生产活动的正常进行，不仅妨碍物质产品的生产，而且妨碍生育即劳动力的再生产。为了反对浪费社会财富，他把音乐也作为奢侈品加以反对。

墨子的“兼爱”思想在政治上的应用，就是要“尚贤”、“尚同”。他主张“尚贤”的出发点，是要选择确实能够“兴天下之利，除去天下之害，以此为事者”为官，这就要求在官吏的选择上实行“官无常贵，民无终贱，有能则举之，无能则下之”的原则，其中，特别是要打破身份界限，“虽在农与工肆之人，有能则举之。高予之爵，重予之禄，任之以事，断予之令”[22]。在历史上，出身农民、手工业者和商人阶层而成为统治集团核心成员的，或许不乏其人，但像墨子这样明确主张用人授官，只问是否贤能，不问出身贵贱，则很少，所以人们对墨子的主张很感兴趣，把他看作真正代表劳动者阶层的思想家。在“尚贤”的同时，墨子还提出“尚同”主张，要求从上到下实现思想统一。他所谓的“尚同”，是要通过一级服从一级，使“天下之百姓皆上同于天子”[23]，以君主为核心形成全国上下认识一致、政令统一的局面。

就政治结构来说，“尚同”于天子已经到了顶点，但这还不是墨子“尚同”的极致，他还进一步要求“尚同”于天㉔。而只有能够实行“兼爱”原则的人，只有贤良、圣知、辩慧的人做天子，才能体现上天的意志，为此，天子也要选择贤者来担任㉕。这样，墨子就把“尚贤”扩展到天子的选择上。

“非攻”则是墨子“兼爱”思想在国与国之间关系上的应用。他认为，依靠攻伐而无故占有别国的土地、财富和人民，是不义的行为，因此，国家与国家之间应该友好互助，而不能够互相攻伐。墨子虽然“非攻”但不“非战”，他区分了正义战争与非正义战争，认为诛伐无道的战争和抗击侵犯的防御性战争都是必要的。

从墨子的社会政治思想看，他应该是一位思想家，但是，也有学者根据墨子的“尚同”思想以及他的“天志”、“明鬼”主张（即认为天是有意志的和鬼神是存在的），认为墨子是一位宗教家。

“利”与“义”

墨子为了倡导“非攻”，还阐发了“非攻”的理由。在他看来，掠夺性战争之所以是非正义的，是因为它与一切偷盗行为一样，都是以“亏人自利”为目的。这不符合人的本性。因为人与动物的本质区别，在于人必须依靠自己的力量才能得到生存，不靠自己力量就不能生存㉖。而掠夺性战争和偷盗一样，都是“亏人自利”。“亏人自利”就是不参与劳作却占有劳动果实，不属于他们所有的东西却任意拿取㉗。这种不劳而获的“亏人自利”，实际上把人降低到“禽兽虫鸟”之类的动物水平。

墨子不像儒家那样只讲“义”不讲“利”。但墨子所讲的“利”，不是“利己”，而是“利他”。这种“利他”之“利”，放大了，就是“天下之利”。他认为，人生的意义、行政的目的，就是“兴天下之利，除天下之害”。后来，墨家还根据墨子对“利”的理解，用“利”来规定“义”：“义，利；不义，害。”㉘认为“义”的内涵就是“利”（利他）。

墨子的逻辑思想

孔子在创立儒家学说的时候，非常强调他的思想与传统的一致性。他说，他只是继承了前人的思想加以阐发，而不是另立新说[29]。他也确实很重视古代文献的研究和整理，注意继承传统的文化精神。所以，孔子创立的儒家思想问世之后，与传统没有发生太大的冲突。但墨子就不同了。墨子虽然也很重视古代文献的研究，但他明确宣布，他对传统思想不只是继承，还要发展[30]，要创立新说，所以他所阐发的思想，往往与传统思想不同。

创立新说，往往就会与人们已经习惯了的观点发生冲突，会受到来自不同方面的批评和反对。创立新说，也往往不可避免地要挑战既有学说，这也会引起争论、辩论。为了让人们真正明白所创新说的意蕴，为了使新创的思想为已经习惯了固有思想的人们所承认和接受，新说的创立者往往特别注意概念、命题的阐发和辨析。墨子就是这样。

墨子曾举例说明进行概念辨析的必要：他说，有人问儒者："为什么要从事音乐？"儒者回答："因为乐于从事音乐。"墨子说，这是答非所问。就像我问为什么要造房屋，应该回答"为了冬天避寒，夏天避暑，同时有了房间也可以分别男女"。这样，就向我说明了造房子的缘故。现在我问你为什么从事音乐，你若回答"因为乐于从事音乐"，这就如我问你为什么造房屋，你回答"因为要造房屋，所以就造了房屋"一样[31]。他以这个例子说明，阐述一个问题，要讲清楚所依据的合理原因和充足理由。他把所依据的原因和理由叫作"故"。

墨子不仅重视"故"（即理由），还注重"类"的辨析。比如，墨子提倡"非攻"，一些喜好攻伐的国君便用一些似是而非的理由来粉饰他们的观点，并以这些似是而非的理由来非难墨子，说："你认为攻战是不义，难道（下面）这些攻战不是有益的吗？从前大禹征讨过有苗氏，商汤讨伐过夏桀，周武王讨伐过商纣，但这些人都成为圣王，这是什么缘故呢？"墨子面对这类非议，不仅提出概念要明确、理由要充分，还要求种属关系要分辨清楚，所以他说："您没有明白我所说的'类'，也没有明白我所说的'故'。大禹、商汤、周武王他们的讨伐不是'攻伐'，而应叫作'诛灭'"[32]。墨子所说的"类"，是指事物类别和概念类属。他主张要对事物类别和概念类属区分清楚。

墨子不仅重视运用"类"和"故"等逻辑范畴，还提出了"取实予名"的逻辑原则。孔子曾经要求"正名"，他认为，"名不正，则言不顺"。从孔子的"正名"中虽然可以引导出事实和概念要一致的逻辑原则，但就孔子来说，他的"正名"毕竟还是从政治伦理角度提出来，他说的“名”，主要还是指名分、位置。因此，把孔子的“正名”看作逻辑问题，多少有些勉强。而墨子提出的“察名实之理”，则是从逻辑角度说的，他所说的“名”，是指概念，“实”是概念所表述的对象，“名实之理”是指概念与概念所表述对象之间关系的原则。墨子认为，判断一个人的观念，不只是看他所说的词语、概念，而要看他实际的行为，这就是他所说的“非以其名也，以其取也”[33]。这就是人们所说的“取实予名”。在墨子看来，“名”是由“实”决定的，没有“实”也就无所谓“名”，也就是说，是事物决定概念，而不是相反。

墨子在古代逻辑学上（也是认识论上）的一个重要的贡献，是他提出了“三表法”。“三表法”是墨子对“故”的概念的延伸。俗话说：“公说公有理，婆说婆有理。”在不同学派各执一词、争辩不下时，就需要有一个客观的判断原则和标准。墨子提出“三表法”，就是要为衡量言论的是非建立一个标准。

墨子很重视确立判断言论是非的标准。他曾经说过：如果不建立判断言论的标准和方法，就像一个人一天到晚站在旋转着的陶轮（“运钧”）上一样，无法搞明白是非、利害的区别[34]。“三表法”就是墨子判断言论是非的标准和方法。他认为，判断言论是非的方法有三个方面，即“本”（根据）、“原”（考察、察度）、“用”（应用）；判断言论是非的标准也有三条，即“事”（历史上的事实）、“实”（现实中的情况）、“利”（应用时的效果）。墨子就是根据这三个方法和三个标准来判断言论的是非的[35]。

墨子“三表法”的提出，是中国古代认识论发展到新的水平的标志。认识论的形成，一般是从关心认识对象和认识来源问题开始的，以后，它逐步向认识方法、认识主体以及认识过程中主体与客体关系等方面延伸，而当人们要求建立判断认识正确与否的标准问题时，则意味着人们已经在理论思维上发展到新的水平，在认识论上达到新的高度。在中国古代认识论发展和深化过程中，墨子的“三表法”就是这样的标志。

“非儒”：“百家争鸣”的序幕

墨子是从儒家营垒中走出来的，对儒家思想很熟悉，但他不满儒学，于是创立了墨学，形成了与儒家的观点很不相同的学派。而墨子不仅提出了不同于儒家思想的墨家思想，还公开打出“非儒”的旗号，对儒学进行了批判。

墨子在《非儒》中主要批判了儒家以下思想：

亲亲有术，尊贤有等。

墨子通过对儒家的礼制分析认为，儒家虽然也讲“亲亲”、“尊贤”，但是，他们的“亲亲”、“尊贤”是有“亲疏尊卑”之别的。这样的“亲亲”、“尊贤”不是彻底的“亲亲”、“尊贤”。于是，墨子主张“兼爱”，要求“爱人若爱其身”[36]，不分贵贱、亲疏，对一切人都能“兼相爱”，即“爱无等差”。同时，对一切贤者，也能不分出身贵贱，都一样任用，即“尊贤”。

寿夭贫富，安危治乱，固有天命，不可损益。

墨子在反对儒家的天命论时，指出了儒家所说的“命”的社会根源。他认为，所谓“命”，其实都是残暴的君主为了证明自己统治的合法性所编造出来的，是走投无路的人为了求得自我安慰所宣扬的，并不是仁者应有的言论[37]。他还认为，提倡天命论，会使人们失去主观努力动机，这样，官吏就会放弃职守，普通人就会安于怠惰，农民就会不抓紧农事，这将会导致贫穷和动乱。

君子必服古言，然后仁。
君子循而不作。

墨子指出，现在所谓“古”，当时都是“新”，都是古人的创造，如果说不遵循“古言”而有新的创造就不是君子，那么，古人岂不都不是君子了吗？他不同意将“循”、“作”与“君子”、“小人”的划分联系起来，主张既“述”且“作”，即既要有继承也要有创新。

墨子在批判儒家时，提出了不少有积极意义的思想和主张，但也提出了一些消极甚至错误的思想和主张。比如，他主张“尊天”、“明鬼”，即尊崇天的意志，与“天志”保持一致，承认鬼神的存在等，尽管有借以约束统治者的意思，但却是不可取的。

墨子“非儒”，是想表现墨家思想与儒家的区别。但令他想不到的是，正是从他“非儒”开始，在中国学术文化发展上具有重大意义的事件——“百家争鸣”的序幕宣告拉开，中国古代的思想文化进入了它的第一个也是影响最深远的一个黄金时期。

后期墨家的逻辑学

墨子对逻辑问题的重视，影响了墨家学派，使后期墨家对逻辑学给予了特别的关注。他们不仅继墨子之后详细讨论了概念（“名”）、判断（“辞”）、推理（“说”）、“类”（种属问题）、“故”（理由）、“悖”（不真）等范畴，而且进一步分析了“譬”（譬喻）、“牟”（比较）、“援”（引证）、“推”（归纳推理）等论证方法，以及“辞”（判断）、“说”（推理）等的各种形式和原则，形成了比较科学、完整的逻辑学体系。这个逻辑学体系富有中国特色，由于它是在《墨子》一书的《经》上下、《经说》上下和《大取》、《小取》这六篇习惯称为“墨辩”的作品中集中阐发的，所以叫作“墨辩”逻辑。人们把它与西方的形式逻辑、印度的“因明”学并列，称之为世界三大逻辑（形式逻辑）体系。

后期墨家与自然科学

在先秦诸子中，墨家是以对自然科学的精当论述而使当代学者惊讶的一个学派。他们关于自然科学的论述，涉及物理学中的力学、光学、声学，数学中几何、代数等自然科学的很多方面。更令当代学者惊异的是，墨家对自然科学的理解，居然在很多方面能够与近现代自然科学相吻合。

墨家关于自然科学的论述，主要保留在《墨子》一书的《经》上下、《经说》上下四篇中。《经》上、《经》下两篇是我们现在所能看到的最早以“经”命名的作品，它们很像是墨家关于政治、社会思想和逻辑学、自然科学观点的条目汇编；《经说》上、《经说》下是对《经》上、《经》下的解释和发挥。在这四篇中，许多概念很抽象、很艰涩，也许当时人对这些概念理解起来并不困难；或者虽然当时一般人也很难懂，但在墨家内部还是理解的，但是，对于后人来说，想搞清楚这些概念就不大容易了，因此，这四篇也就成为《墨子》书中很难读的几篇。笔者虽然接触《墨子》有三十余年，也曾写过有关墨子思想的文章，然而直到今天还不得不承认，对《经》上下、《经说》上下中的一些文字并没有完全读懂。但是，在讨论中国传统文化的时候，对墨家在自然科学方面的成就又不能避而不谈，于是只好选择《经》、《经说》中一些比较好理解的内容予以介绍，以便让读者略微了解墨家在自然科学方面的成就。

时空概念

中国古代很早就关注时间和空间问题。“宇”、“宙”便是古人用来表达空间和时间的两个概念。

古人对“宇”、“宙”这两个概念较早的阐释，人们比较熟悉的大概是西汉刘安在《淮南子》中和东汉高诱在《淮南子》注中所作的定义。《淮南子·齐俗训》说：“往古来今谓之宙，四方上下谓之宇。”[38]高诱在《淮南子·原道训》的注中也说：“四方上下曰宇，古往今来曰宙。”[39]但是，在刘安和高诱之前，墨家在战国时代就对“宇”、“宙”作了定义，如《经说》上说：“久（宙），古今旦莫（暮）；宇，东西家南北。”[40]

《经说》上对“宇”、“宙”概念的表述，在文字虽不如高诱的流畅，但在思维上却更细密。它讲时间，不仅指出宏观上的“古往今来”，还指出了微观上的“旦暮”，也就是说，《经说》上对时间的考虑，已经隐约涉及物理时间既具有连续性又具有可分割性，是连续性和可分割性的统一这一特点；它讲空间，不仅提出“四方上下”，还提出“家”字。有人把“家”字解释为“中”，这并没有错，但“家”的内涵比“中”要丰富，它不仅具有“中”的含义，同时还指出了“中”（也是东西南北）的参照系，即所谓“东西南北”与“中”都是以每个人所在的位置（“家”）为参照的。这显然是考虑到空间的无限性和“东西南北”等方位的相对性。人们处在不同地方，所确定的“东西南北”是不一样的。对北京来说，南京是南；但对广州来说，南京则是北。因此，要具体地确定“东西南北”，必须对“中”进行定位。“家”（即观察者所在的位置）就是在方位划分中起定位作用的概念。从墨家对时间、空间概念的阐述中可以看到，它对时间和空间的讨论是与人的活动紧密相连的。

《经说》上对“宇”、“宙”的定义，是对《经》上所提出的“宇”、“宙”概念的阐释。《经》上说：“久（宙），弥异时也。宇，弥异所也。”[41]“弥”有“遍”的意思。“久（宙），弥异时也”，是指“宙”包括了一切不同的时间段；“宇，弥异所也”，是指“宇”包括了一切不同的空间段。也就是说，《经》上虽然也承认时间和空间是可以分割的，但它强调的是时间和空间的统一性、整体性，这已经超越了对时间和空间的感性认识，而是对时间和空间的理性概括。所以给我们的感觉是：如果说《经说》上所讲时间和空间是指感性的物理的空间的话，那么，《经》上所谈的时间和空间,则是抽象的时间和空间,已经是带有自然哲学意味的时空观。

“有穷”和“无穷”

穷,或有前,不容尺也。[42]

这是墨家对空间“有限”的阐释。其中,“或”字与“域”字通,指一定的空间;“前”指特定空间的前缘;“尺”指只有长度而没有宽度和厚度的“线”。墨家认为,一个空间(“域”)的前缘如果到了不能容纳“线”的程度,那么,这个空间就到边了,它就是有限的。

《经说》上在解释此条时说:“穷:或不容尺,有穷。莫不容尺,无穷也。”[43]它在提出“有穷”的同时,又提出了“无穷”的概念。在墨家看来,如果一个空间的前缘还可以容纳“线”,那么,它就还没有到尽头;如果它的前缘总是可以容纳“线”,那么,这个空间就是无限的。

从墨家对“有穷”和“无穷”的讨论中可以看出,他们以是否具有可拓展性(延展性)来界定空间的“有限”和“无限”。在他们的分析中,已经隐隐约约地接触到极限和微积分等近代高等数学的概念。

物理学举例

在《经》、《经说》中,不仅对一些物理学概念下定义,还提炼出一些物理学的定理。如:

力,刑(形)之所以奋也。[44]

这是墨家对“力”的界定。这里的“奋”有发动的意思。墨家学者认为,“力”就是使有形的物体产生运动的原因。在《经说》上中,又对此条作了这样的阐释:“力,重之谓下,与(举)重,奋也。”[45]从阐释中可以看出,墨家把力分为两种,一是重力,一是克服重力的力。前者是没有人参与的自然力,后者是由主体发出的作用力。他们所说的力,主要是指由主体发出的作用力,所以用“奋”来解释“力”,又用“举重”来解释“奋”。

动,或从(徙)也。[46]

这是墨家对运动的理解。这里的“或(域)”,是指空间。他们认为，运动就是物体所在的空间发生变化。这与我们今天所说的“机械运动的本质在于物体位置的移动”差不多。

天（据《经说》下当为“衡”）而必正，说在得。[47]

“衡”原来是指绑在牛角上以防止牛触人的横木，以后也指车辕前端驾牛或马的横木，“衡”不论作什么用，都是要放端正的，所以引申出平衡的意思。《经下》所说的“衡而必正”的“衡”，可能还有这个意思。但是，在《经说》下的阐释中，“衡”则指秤杆，通过秤杆讨论了杠杆原理。它说：“衡：加重于其一旁，必捶（垂）权（秤砣、砝码），重相若也。相衡，则本短标长。两加焉，重相若，则标必下，标得权也。”[48]这表明，《经说》的写作时间可能要比《经》的写作时间晚了不少，以至于《经说》的作者已经不完全理解《经》的原意了。

在《经说》的诠释中，就涉及杠杆原理了。它把秤杆受物的一端（秤纽至秤钩的距离）叫作“本”，显示重量的一端（秤纽至秤锤的距离）叫作“标”。在称量中，如果在“本”的一侧加了重物，则另一侧就要加“权”（即秤砣），才能保持平衡，否则，“标”的一端会翘起来。由于“本”的一端短，“标”的一端长，因此，只要加上比重物要轻得多的“权”，“标”就会落下来，而保持平衡。这里所说的“本”与“标”，如果换成现代物理学所说的“重臂”和“力臂”，它对杠杆原理的阐述，就与近代的物理学更接近了。墨家对杠杆原理的讨论比阿基米德提出杠杆定理要早200年。

景不徙，说在改为。[49]

“景”即“影”。这是讨论“影”的生成问题的：影子是不动的，为什么人们会看到影子动呢？那是因为光源在移动的缘故。《经说》下的“景：光至，景亡；若在，尽古息”这一条，是对它的诠释和发挥：光能照到，影子就会消失；如果影子（永远）存在，那只有（光线）永远照射不到（影子所在的地方）才有可能。

景之小大，说在地[当为“杝”（yí），通“迤”，斜]正远近。[50]

这是讨论影子的长短与物体的倾斜度和离光源远近的关系。在《经说》下中对此作具体的解释：“木柂，景短大。木正，景长小。”[51]即物体影子之所以有时大有时小，是由于光线照射时，有时倾斜有时端正，光源离物体有时远有时近。

景倒,在午有端与景长,说在端。[52]

这是讨论小孔成像原理。这里所说的“午”,指光线交叉,“端”指发生光线交叉的小孔所在处的那一点。通过小孔所形成的影像之所以会呈倒立状,是因为光线在小孔处发生了交叉,而影像的长短,则决定于小孔的位置。

《经说》下对小孔成像作了进一步的解释:“光之人(入)照若射。下者之人(入)也高,高者之人(入)也下。足蔽下光,故成景于上;首蔽上光,故成景于下。在远近有端与于光,故景库内也。”[53]这段文字是我国古代对小孔成像的经典性说明。这里的“库”是“倒”的意思。它认为,光线的照射像射箭一样,是直线运动。到小孔之处,发生交叉的光线,从小孔下边射入则照向上边,从上边射入的光线则照向下边。人的脚遮住的是下面的光线,所以成影就在上面,人的头部遮蔽的是上面的光线,所以成影就在下面。这样就形成了人的倒像。

以上三条都涉及光学(几何光学)的问题。在《经》、《经说》中,对光学的讨论不止于此,它还涉及平面镜、凹面镜、凸面镜等许多方面的光学现象,提出了一系列几何光学方面的原理。《墨辩》对几何光学的讨论,可能不仅是中国,也是世界上对几何光学最早的较为系统的论述。

数学举例

一少于二,而多于五,说在建住(当为“位”)。[54]

这是一则有关十进位制的材料。意思是:“一”虽然比“二”小,但却可以比“五”大,这只有用“建位”来解释。所谓“建位”,就是确定一个数码在数字中所处的位置。这表明《墨子》作者已经有了位置制记数法的概念。

中国是世界上最早使用十进制的国家,当古希腊学者阿基米德还在构想如何用字母系统来表示大数时,我们的祖先至迟在商王朝时期已经开始使用十进制这样简便的记数法。但是,把十进位制提高到理性认识高度,明确提出“建位”这样的属于位置制计数法的概念,大概还是春秋战国时代的事。《墨子》中的这条阐述,可能就是现在所能见到的关于位置制的最早记录了。

直，参也。[55]

这是墨家所下的直线定义。在近代几何学中，直线是不定义的。这或许是因为直线难以下定义的缘故，不过，讲究逻辑的墨家则还是给直线下了定义，但他们用“参”（即“三”）来定义直线，看起来有点费解。不知道这一定义是否是来自“其直如矢”的联想，即用射箭作比喻。在射箭中，只要三点（箭竿与弦、弓相交的两点，加上目标一点）在一条直线上，箭射出去就是直的。用“三”解释“直”不管是否是从射箭获得的联想，其“三点一线”原理对后世弩机上的“望山”（瞄准器）的发明，确是有启示的。

平，同高也。[56]

这是墨家所作的平行线定义。这个定义与近代几何学的平行线定义（“在同一平面内不相交的两条直线”）相比，没有规定“同一平面”，显得不太严密，但它抓住了平行线的最基本性质和特征：任意一点上的高都是相等的。

圆，一中同长也。[57]

这是墨家所作的圆的定义。这个定义的意思是：圆是到中心点（圆心）等长的线。它特别强调“一中”，是因为圆只有一个中心点，故陈澧说：“《几何原本》云‘圆之中处为圆心’，一圆惟一心，无二心，故云‘一中’也。”[58]这个定义令人惊异的是，居然与欧氏几何对圆的定义（“对中心一点等距离的点的轨迹”）异常吻合。

中，同长也。[59]

孙诒让在解释此条时说：“《几何原本》云：‘圆界至中心，作直线俱等’。”[60]他这是把“中”理解为圆心的，但《经说》上对此条的解释是：“中，自是往相若也。”并没有把“中”限定为圆心，而是泛指各种规则几何图形的“中心”。这样，“中”就不仅适用于圆，也适用于正三角形、正方形和其他正多边形等几何图形。只是对于圆来说，“同长”的是半径，对于其他正多边形来说，“同长”的则是垂直线（也是垂直平分线）。

以上是对墨家关于自然科学论述的简单介绍。《墨子》书中涉及自然科学方面的知识是相当多的。读到《墨子》所阐述的丰富自然科学知识（以及逻辑知识），一方面令我们惊讶：在两千多年前的中国，对自然的认识竟能达到如此高的水平！另一方面又令我们纳闷：为什么这么好的知识传统和思维传统，竟然会失传？

【注释】

①《韩非子·显学》，王先慎：《韩非子集解》卷一九，中华书局，1998年版，第457页。

②《史记》卷七四《孟子荀卿列传》，中华书局，1959年版，第7册，第2350页。

③《墨辩》指《墨子》书中的《经》上下、《经说》上下四篇。也有学者加上《大取》《小取》两篇，将六篇一起合称《墨辩》。

④《晋书》卷九四《隐逸传·鲁胜传》，中华书局，1974年版，第8册，第2433—2434页。

⑤韩愈撰有《读墨子》一文，见马其昶《韩昌黎文集校注》卷一，上海古籍出版社，1986年版，第39页。

⑥如墨子自称"北方之鄙人"(《吕氏春秋·爱类》)，别人称他为"贱人"(《墨子·贵义》)、"布衣之士"(《吕氏春秋·博志》)。

⑦《韩非子·外储说左》："墨子为木鸢，三年而成，蜚一日而败。"王先慎：《韩非子集解》卷一一，中华书局，1998年版，第266页；《淮南子·齐俗训》："鲁般、墨子以木为鸢而飞之，三日不集。"刘文典：《淮南鸿烈集解》卷一一，中华书局，1989年版，第369页。

⑧《墨子·公输》："公输盘九设攻城之机变，子墨子九距之，公输盘之攻械尽，子墨子之守围有余。"孙诒让：《墨子间诂》卷一三，中华书局，2001年版，第487页。

⑨《淮南子·要略》："墨子学儒者之业，受孔子之术，以为其礼烦扰而不说(通'悦')，厚葬靡财而贫民，[久]服伤生而害事，故背周道而用夏政。"刘文典：《淮南鸿烈集解》卷二一，中华书局，1989年版，第709页。

⑩《墨子·贵义》："子墨子南游使卫，关中载书甚多。"孙诒让：《墨子间诂》卷一二，中华书局，2001年版，第445页。

⑪《淮南子·泰族训》："墨子服役者百八十人，皆可使赴火蹈刃，死不还踵，化之所致也。"刘文典：《淮南鸿烈集解》卷二〇，中华书局，1989年版，第681页。

⑫《墨子·公输》："臣之弟子禽滑厘等三百人，已持臣守围之器，在宋城上而待楚寇矣。"孙诒让：《墨子间诂》卷一三，中华书局，2001年版，第488页。

⑬《孟子·尽心上》，阮元校刻《十三经注疏·孟子注疏》卷一三下，中华书局，1980年影印本，第2768页。

⑭《庄子·天下》，郭庆藩：《庄子集释》卷一〇下，中华书局，1961年版，第1080页。

⑮《吕氏春秋·孟春纪·去私》："墨者有巨子腹䵍，居秦，其子杀人，秦惠王

曰:‘先生之年长矣,非有它子也,寡人已令吏弗诛矣。先生之以此听寡人也。’腹䵍对曰:‘墨者之法曰:“杀人者死,伤人者刑。”此所以禁杀伤人也。夫禁杀伤人者,天下之大义也。王虽为之赐,而令吏弗诛,腹䵍不可不行墨者之法。’不许惠王,而遂杀之。”陈奇猷:《吕氏春秋新校释》卷一,上海古籍出版社,2002 年版,第 56—57 页。

⑯《吕氏春秋·离俗览·上德》,陈奇猷:《吕氏春秋新校释》卷一九,上海古籍出版社,2002 年版,第 1266 页。

⑰《韩非子·五蠹》:“儒以文乱法,而侠以武犯禁,而人主兼礼之,此所以乱也。”王先慎:《韩非子集解》卷一九,中华书局,1998 年版,第 449 页。

⑱《墨子·鲁问》:“子墨子曰:‘凡入国,必择务而从事焉。国家昏乱,则语之尚贤、尚同;国家贫,则语之节用、节葬;国家憙(xǐ,同“喜”)音湛湎,则语之非乐、非命;国家淫僻无礼,则语之尊天、事鬼;国家务夺侵凌,即语之兼爱、非攻。故曰:择务而从事焉。’”孙诒让:《墨子间诂》卷一三,中华书局,2001 年版,第475—476 页。

⑲《墨子·天志中》,孙诒让:《墨子间诂》卷一三,中华书局,2001 年版,第 199 页。

⑳《墨子·兼爱上》,孙诒让:《墨子间诂》卷一四,中华书局,2001 年版,第 100 页。

㉑《墨子·尚贤下》,孙诒让:《墨子间诂》卷二,中华书局,2001 年版,第 70 页。

㉒《墨子·尚贤上》,孙诒让:《墨子间诂》卷二,中华书局,2001 年版,第 45 页。

㉓《墨子·尚同上》,孙诒让:《墨子间诂》卷三,中华书局,2001 年版,第 77 页。

㉔《墨子·尚同上》:“天下之百姓皆上同于天子,而不上同于天,则菑(灾)犹未去也。”孙诒让:《墨子间诂》卷三,中华书局,2001 年版,第 77 页。

㉕《墨子·尚同中》:“明乎民之无正长以一同天下之义,而天下乱也,是故选择天下贤良圣知辩慧之人,立为天子,使从事乎一同天下之义。”孙诒让:《墨子间诂》卷三,中华书局,2001 年版,第 78 页。

㉖《墨子·非乐》:“今之禽兽、麋鹿、蜚(同‘飞’)鸟、贞虫,因其羽毛,以为衣裘;因其蹄蚤(通‘爪’),以为绔屦;因其水草,以为饮食。故唯使雄不耕稼树艺,雌亦不纺绩织纴,衣食之财,固已具矣。今人与此异者也,赖其力者生,不赖其力者不生。”孙诒让:《墨子间诂》卷八,中华书局,2001 年版,第 257 页。

㉗《墨子·天志下》:“不与其劳,获其实,已(同‘以’)非其有所取之故。”按,后句文字可能有错乱。孙诒让:《墨子间诂》卷七,中华书局,2001 年版,第 217 页。

㉘《墨子·大取》，孙诒让：《墨子间诂》卷一一，中华书局，2001年版，第407页。

㉙《论语·述而》："述而不作，信而好古。"阮元校刻《十三经注疏·论语注疏》卷七，中华书局，1980年影印本，第2481页。

㉚《墨子·耕柱》："吾以为古之善者则诛（当为'述'）之，今之善者则作之，欲善之益多也。"孙诒让：《墨子间诂》卷一一，中华书局，2001年版，第434—435页。

㉛《墨子·公孟》："子墨子曰，'问于儒者："何故为乐？"曰："乐以为乐也。"'子墨子曰：'子未我应也。今我问曰："何故为室？"曰："冬避寒焉，夏避暑焉，室以为男女之别也。"则子告我为室之故矣。今我问曰："何故为乐？"曰："乐以为乐也。"是犹曰："何故为室？"曰："室以为室也。"''"孙诒让：《墨子间诂》卷一二，中华书局，2001年版，第458—459页。

㉜《墨子·非攻下》："今遝（tà，及；到）夫好攻伐之君，又饰其说，以非子墨子曰：'以攻伐之为不义，非利物与？昔者禹征有苗，汤伐桀，武王伐纣，此皆立为圣王，是何故也？'子墨子言曰：'子未察吾言之类，未明其故者也。彼非所谓"攻"，谓"诛"也。'"孙诒让：《墨子间诂》卷五，中华书局，2001年版，第145—146页。

㉝《墨子·贵义》，孙诒让：《墨子间诂》卷一二，中华书局，2001年版，第443页。

㉞《墨子·非命上》："子墨子言曰：必立仪（疑作'子墨子曰：言必立仪'）。言而无仪，譬犹运钧之上而立朝夕，是非利害之辨不可得而明知也。"孙诒让：《墨子间诂》卷九，中华书局，2001年版，第265页。

㉟《墨子·非命上》："有本之者，有原之者，有用之者。于何本之？上本之于古者圣王之事；于何原之？下原察百姓耳目之实；于何用之？废（发）以为刑政，观其中国家百姓人民之利。此所谓言有三表也。"孙诒让：《墨子间诂》卷九，中华书局，2001年版，第266页。

㊱《墨子·兼爱上》，孙诒让：《墨子间诂》卷四，中华书局，2001年版，第100页。

㊲《墨子·非命下》："命者，暴王所作，穷人所术（同'述'），非仁者之言。"孙诒让：《墨子间诂》卷九，中华书局，2001年版，第286页。

㊳刘文典：《淮南鸿烈集解》卷一一，中华书局，1989年版，第362页。

㊴刘文典：《淮南鸿烈集解》卷一，中华书局，1989年版，第1页。

㊵《墨子·经说上》，孙诒让：《墨子间诂》卷一〇，中华书局，2001年版，第340页。

㊶《墨子·经上》，孙诒让：《墨子间诂》卷一〇，中华书局，2001年版，第316页。

㊷《墨子·经上》，孙诒让：《墨子间诂》卷一〇，中华书局，2001年版，第

317 页。

㊸《墨子·经说上》，孙诒让：《墨子间诂》卷一〇，中华书局，2001 年版，第 340 页。

㊹《墨子·经上》，孙诒让：《墨子间诂》卷一〇，中华书局，2001 年版，第 314 页。

㊺《墨子·经说上》，孙诒让：《墨子间诂》卷一〇，中华书局，2001 年版，第 337 页。

㊻《墨子·经上》，孙诒让：《墨子间诂》卷一〇，中华书局，2001 年版，第 318 页。

㊼《墨子·经下》，孙诒让：《墨子间诂》卷一〇，中华书局，2001 年版，第 328 页。

㊽《墨子·经说下》，孙诒让：《墨子间诂》卷一〇，中华书局，2001 年版，第 369 页。

㊾《墨子·经下》，孙诒让：《墨子间诂》卷一〇，中华书局，2001 年版，第 326 页。

㊿《墨子·经下》，孙诒让：《墨子间诂》卷一〇，中华书局，2001 年版，第 326 页。

51《墨子·经说下》，孙诒让：《墨子间诂》卷一〇，中华书局，2001 年版，第 365 页。

52《墨子·经下》，孙诒让：《墨子间诂》卷一〇，中华书局，2001 年版，第 327 页。

53《墨子·经说下》，孙诒让：《墨子间诂》卷一〇，中华书局，2001 年版，第 364—365 页。

54《墨子·经下》，孙诒让：《墨子间诂》卷一〇，中华书局，2001 年版，第 326 页。

55《墨子·经上》，孙诒让：《墨子间诂》卷一〇，中华书局，2001 年版，第 311 页。

56《墨子·经上》，孙诒让：《墨子间诂》卷一〇，中华书局，2001 年版，第 309 页。

57《墨子·经上》，孙诒让：《墨子间诂》卷一〇，中华书局，2001 年版，第 311 页。

58《墨子·经上》“圆，一中同长”句注引陈澧说，孙诒让：《墨子间诂》卷一〇，中华书局，2001 年版，第 311 页。

59《墨子·经上》，孙诒让：《墨子间诂》卷一〇，中华书局，2001 年版，第 310 页。

60《墨子间诂》卷一〇，中华书局，2001 年版，第 310 页。

从管仲到韩非:先秦法家

“礼”与“法”

中国古代管理国家的手段，归纳起来，基本上是两种，一是“礼”，一是“法”。“礼”是礼制，“法”是刑律。

“礼”与“法”虽然都是为了规范人们的行为而产生的人为规定，但它们并不是完全等同的。“礼”的特点主要是通过教化而使人们自觉遵从，是在事前对各种失范行为的防范；而“法”则是对失范行为的事后惩罚和制裁，以避免失范行为的再度发生。也就是说，违背了“礼”之后，才是“法”的作用领域。这就是东汉陈宠所说的：“礼之所去，刑之所取。失礼则入刑，相为表里者也。”[①]

但是，“礼”与“法”的界限实际上又是很模糊的。它们界限模糊的主要表现为三个方面：

一是“礼”具有“法”的功能。在先秦时代，人们普遍认为“礼”的功能是：“经国家，定社稷，序民人，利后嗣”[②]；保证“贵贱有等，长幼有差，贫富轻重皆有称”[③]；“定亲疏，决嫌疑，别同异，明是非”[④]。这些功能虽然主要是规范社会生活、社会秩序，但也涉及国家根本制度的规范。很多国家根本制度的原则，都是通过“礼”来规定的。在这个意义上可以说，“礼”在当时具有“基本法”的性质——是制定律令的依据。

二是古代不少“法”来源于“礼”（特别是习俗），它们与“礼”特别是祭祀习俗、日常行为规范等方面的“礼”，联系很紧密。很多“法”就是以这些“礼”为基础经过改造而形成的，所以古人有“律出于礼”的说法，如明人王祎就说：“出于礼而入于律也。”[⑤]

三是“礼”中包含“法”。《礼记·曲礼上》曾列举过“礼”的各种社会功能，它说：“道德仁义，非礼不成；教训正俗，非礼不备；分争辨讼，非礼不决；君臣、上下、父子、兄弟，非礼不定；宦学事师，非礼不亲；班朝治军，莅官行法，非礼威严不行；祷祠祭祀，供给鬼神，非礼不诚不庄。”[⑥]其中，“分争辨讼”、“班朝治军，莅官行法”等就不仅是“礼”的问题，同时也含有“法”的意味。

懂得中国古代“礼”与“法”的界限不是特别清晰的特点，对于我们正确认识中国历史很有必要。在谈到中国古代“礼”、“法”关系时，我们常常会遇到夸大“礼”、“法”对立的观点，以为儒家只讲“礼”不要

“法”，而法家则只讲“法”不讲“礼”。于是，看到汉代以后儒家思想中含有“法”的成分，就认为汉代以后的儒家不纯粹，是“儒表法里”；或以为只要是法家，就必然否定“礼”，法治思想就必然是对礼（德）治思想的挑战。这既可能导致对儒家的误判和对法家的误解，也无法解释为什么很多法家人物（如吴起，如韩非）都是从儒家转向法家的。

其实，法家与儒家的区别，不是表现在要“法”还是要“礼”上，而是表现在是强调“法”还是强调“礼”上，是表现在主张变更既有的“礼”与“法”还是主张维护既有“礼”与“法”上。这就在总体上形成法家的两个特点：一是尚“法”，二是主张“变法”。法家也就成为以强调法治和主张变法为中心的先秦学派。当然，法家作为一个学术派别，其学术思想除了有关法的理论外，还会涉及其他内容。

管仲：法家的先驱

管仲（？—前645），名夷吾，字仲，亦称管敬仲，一般尊称为管子，颍上（今安徽颍上县）人。他是姬姓之后，但到管仲的时候，已经失去贵族的身份，后来，以辅佐齐桓公成为春秋时期第一位霸主而著称。

管仲曾与挚友鲍叔牙分别做齐国公子纠和公子小白的师傅。齐襄公十二年（前686），公孙无知杀死齐襄王，自立为君，公子纠和公子小白被迫逃亡国外。1年后，公孙无知被杀，齐国一时无君。逃亡在外的公子纠和公子小白，都想赶回国继承君位。管仲为了不让小白继位，埋伏在小白回国途中，打算射杀他，但箭只射在小白铜衣带钩上，并没有伤到小白，但小白假装受伤而死，使管仲失去警觉。在鲍叔牙的协助下，小白抢先回了国，登上君位，这就是齐桓公。

桓公即位后，接受鲍叔牙建议，不计前嫌，打算任用管仲，就以要亲自惩罚管仲为借口，将管仲从鲁国接回齐国，任其为卿，主持政事。

管仲在齐国执政40多年，为了达到民足、国富、兵强的治国目标，他进行了一系列政治、经济改革，终于使齐国强大起来。此后，他又帮助齐桓公打出“尊王攘夷”的旗号，“九合诸侯，一匡天下”，实现称霸诸侯的目标。管仲及管仲学派的著述，收在现存的《管子》一书中。

管仲最早提出“以法治国”的理念。他认为，只要权力不分散，政令不出自多门，以法治国，国家的强盛就会像举手投足一样轻易[7]。

管仲一方面指出,“法”就是各种具体的规范:“尺寸也,绳墨也,规矩也,衡石也,斗斛也,角量也,谓之‘法’。”[8]“仪者,万物之程式也。法度者,万民之仪表也。礼义者,尊卑之仪表也。”[9]一方面又认为“法”是“道”的体现[10],“道”是“法”的根据[11]。他特别强调要维护“法”的权威,要“令则行,禁则止”[12],对动摇“法”的权威的各种行为都要处以死刑[13]。

管仲提出“以法治国”的命题,并不意味着他主张完全实行“法治”。在管仲看来,“法”只是“礼”的辅助和补充。他曾把“礼、义、廉、耻”比作“国之四维”,即维系国家的四条绳索,其中任何一条绳索断了都会危害国家的安全,四条绳索都断了,国家就将覆亡[14]。由此可见,他把“礼、义、廉、耻”这“四维”看作国家的根本,也是实施法令的条件和目的。但管仲又进一步指出,实现“四维”也是有条件的,那就是人们的基本物质需要得到满足,“仓廪实则知礼节,衣食足则知荣辱”[15]就是他提出关于物质文明与精神文明关系的名言。在管仲看来,治理国家最重要的事,就是使经济发展,国家富强。

把物质生活条件、社会道德、政策法令三者结合起来考虑治国问题,是管仲政治思想的一个突出特点。

成文法的公布

调节个人、群体之间的一些原始规范,可能是“法”的源泉,但还不是“法”,至多只是“习惯法”。我们所说的“法”,一般指国家法,它只有在国家产生之后才有可能出现。

“法”在出现之初,未必形成文字。这种未形成文字的法律,我们叫作“非成文法”。从非成文法到成文法,是立法的进步。

我国大概在春秋之前就有了成文法,据《国语》说,黄帝时代就形成了“大刑用甲兵,其次用斧钺,中刑用刀锯,其次用钻笮(zuó,竹索),薄刑用鞭扑(鞭挞)”[16]的五刑制度。《尚书》载,舜曾命皋陶(yáo)掌管刑法,执行“五刑”[17],并对“五刑”作了这样的记述:“象以典刑,流宥五刑,作官刑。鞭作官刑,扑作教刑,金作赎刑,眚灾肆赦,怙终贼刑。”[18]所谓“象以典刑”,是指以图画形式公布的行刑方式,据《周礼·秋官·大司寇》说,直到周代还在延续“悬刑象之法于象魏,使万民观刑象”[19]的做法。

但是，行刑方式虽然悬于象魏，法令的内容却是不公开的。法律不公开，有利于贵族对法律的随意修改和解释，也使人们因为不了解而产生神秘感，使法律具有深不可测的神秘威力，即所谓“刑不可知，则威不可测”[20]。

到公元前6世纪，在中国法制史上发生了两件当时引起轰动、现在也颇令人注目的事，那就是公元前536年，郑国执政子产将法律文件铸在鼎上，史称“铸刑书”；公元前513年，晋国大夫赵鞅把前任执政范宣子所编的刑书铸在鼎上，史称“铸刑鼎”。

当子产“铸刑书”时，当时很有名望的晋国大夫叔向曾写信给他，对他的这一做法表示异议，叔向说：“民知有辟（法），则不忌于上。并有争心，以征于书，而徼幸以成之，弗可为也。……民知争端矣，将弃礼而征于书，锥刀之末，将尽争之。乱狱滋丰，贿赂并行，终子之世，郑其败乎？”[21]叔向的意思是，一旦“法”公开了，就会动摇国君和贵族的权威，也会造成人们以成文法为根据而丢弃“礼”，并在利益上发生争竞之心，甚至产生贿赂问题。

在中国古代文献中有一个很有趣的现象：前人如果有什么预言性的论断，在后来的文献中就会出现“历史事实”对它加以印证。据说，在郑国果然发生利用法律进行“争竞”的事：“子产治郑，邓析务难之，与有狱（诉讼）者约：大狱一衣，小狱襦袴（rúkù，短衣与裤，也泛指衣服）。民之献衣襦袴而学讼者，不可胜数。以非为是，以是为非，是非无度，而可与不可日变，所欲胜因胜，所欲罪因罪，郑国大乱，民口讙哗（huān huá，喧哗、喧闹）。子产患之，于是杀邓析而戮之，民心乃服，是非乃定，法律乃行。”[22]

但是，据《左传·定公九年》记载，邓析是在鲁定公九年（前501）被驷颛所杀的，这时，子产已经死了21年，可见《吕氏春秋》的说法是不可靠的。《左传》于同年还记载，邓析不通过国君私自制定了刑法，并把这套刑法书写在竹简上，所以叫作“竹刑”[23]。邓析虽被杀，但他制作的“竹刑”却被采用了。

孔子对晋国的“铸刑鼎”也作过抨击，他说：“晋其亡乎，失其度矣！……贵贱不愆，所谓度也。……今弃是度也，而为刑鼎，民在鼎矣，何以尊贵？贵何业之守？贵贱无序，何以为国？”[24]孔子反对“铸刑鼎”，是因为有了公开的法律，就会使民众看重刑鼎，而不再看重贵族的身份和地位，这就打破了贵贱的秩序。在孔子看来，贵贱的秩序没有了,国家也就无法治理。

叔向、孔子反对铸刑书、铸刑鼎,一般认为是站在"礼治"的立场上反对"法治"。但当时铸刑书、铸刑鼎究竟意味着什么？叔向、孔子的批评究竟是什么意思？在当代学者之间是有争议的。争论是学术界的事,我们需要知道的是,法家的出现不是偶然的,它与当时的法制变化有着密切的联系。法律条文的公开,对法律、社会来说,都是进步,同时,民间的"士"也有了研究它、阐发它的可能,并提出自己的法学思想,这就为法家的出现提供了条件。

前期法家:李悝与吴起

法家的实际创始者,是战国初期的李悝和吴起等人。

李悝(kuī,前455—前395,一说史书所载的李克、里克即李悝),战国初期魏国的著名政治家。他曾经受业于子夏弟子曾申(如果我们注意到先秦时代"礼"与"法"的关系,可能对法家学者的老师往往是儒家学者,就不会感到奇怪了)。

从历史记载看,李悝事迹值得一提的主要是两方面:

一是实行改革,帮助魏文侯实现使魏国富强的目标。他的改革措施主要有两点。第一,选贤任能。李悝主张改变世袭的"世卿世禄"制度,任用有能者担任重要官职,并要赏罚严明,对有功者奖励优厚俸禄。第二,通过"尽地力之教"[25],即鼓励农民勤勉生产,精耕细作,以发展农业生产。他说:"善为国者,使民毋伤而农益劝。"[26]

二是参酌各国实行法治的实践和对法治的认识,制定了我国第一部法律专书《法经》。从中国法制史的角度说,《法经》的编纂是很有意义的。可惜此书已经不存,我们只能从后人的著述中知道其大致内容。

唐人编纂的《晋书》说:"是时承用秦汉旧律,其文起自魏文侯师李悝。悝撰次诸国法,著《法经》。以为王者之政,莫急于盗贼,故其律始于《盗》《贼》。盗贼须劾捕,故著《网》《捕》二篇。其轻狡、越城、博戏、借假不廉、淫侈、逾制以为《杂律》一篇,又以《具律》具其加减。是故所著六篇而已,然皆罪名之制也。"[27]

明人董说在《七国考》中对《法经》的记述更详细一些,它不仅根据桓谭《新论》(董说记为《新书》)记述了上述《晋书》的内容,还介绍了《法经》的一些具体律令。按照《七国考》的记述，《法经》则是一部包含着一系列严厉法令的法律著作，如《七国考》说："正《律》略曰：'杀人者诛，籍其家及其妻氏；杀二人，及其母氏。大盗成为守卒，重则诛。窥宫者膑，拾遗者刖，曰为盗心焉。'其《杂律》略曰：'夫有一妻二妾，其刑馘[28]；夫有二妻则诛；妻有外夫则宫，曰淫禁。盗符者诛，籍其家；盗玺者诛；议国法令者诛（一作"法禁"），籍其家，及其妻氏，曰狡禁。越城一人则诛，自十人以上，夷其乡及族，曰城禁。博戏罚金三市，太子博戏则笞，不止则特笞，不止则更立，曰嬉禁。群相居一日以上则问，三日四日五日则诛，曰徒禁。丞相受金，左右伏诛；犀首以下，受金则诛。金自镒以下，罚不诛也，曰金禁。大夫之家有侯物，自一以上者族。'"[29]

据说，《法经》在魏国一直沿用，后来由商鞅带到秦国，成为制定秦律的基础。"汉承秦制"，于是它通过秦律又影响到汉律。《法经》在中国法制史上的地位由此可见。

如果说李悝对法家的贡献主要是在《法经》编纂上的话，那么，吴起的贡献则是较早地在楚国将法家精神变成法治的实践。

吴起（？—前381），卫国左氏（今山东省定陶）人，战国时期著名的军事家，著有《吴子》一书，后世将他与孙武一起合称"孙吴"。

吴起曾受业于孔子弟子曾参（他也是受过儒家教育的法家人物），先后在鲁国、魏国为将，并任过魏国西河守（西河是秦国与魏国经常发生冲突和相互争夺的地区），表现出卓越的军事才能。但他在鲁国、在魏国都因为受到离间而被迫离去，最后，吴起投奔了楚国。

楚悼王对吴起很赏识，拜吴起为相，支持吴起在楚国实施了一系列改革措施。吴起改革的主要措施是：申明法令，撤销冗官，废弃公族中的疏远者，鼓励善战的勇士。他企图通过这些改革，使楚国强大起来，并打破秦国连横政策。经过改革，楚国果然强大起来，它南面征服百越之地，北面灭亡陈国、蔡国，威慑韩、赵、魏，接着，吴起又率军西征秦国。楚国的改革，在外，使各诸侯国感到楚国的威胁；在内，又引起受压制的旧贵族的嫉恨。他们都不愿看到吴起继续在楚国执政，吴起面临着内外的压力。楚悼王刚死，楚贵族就作乱，围攻吴起，吴起迅速奔向楚王尸体停放处，伏在楚王尸体之上。追杀吴起的人在射刺吴起时，也伤害了楚王尸体。楚王安葬之后，太子即位，立即派令尹全部诛杀了在追杀吴起时射中楚王尸体的人，因此而破宗灭族的竟多达 70 余家。

吴起之后，又出现三位著名的法家代表人物——商鞅、慎到、申不害，他们分别代表了法家的重"法"、重"势"和重"术"三派。

商鞅、慎到与申不害

商鞅（前 390？ 一前 338）出身卫国贵族，所以称为卫鞅、公孙鞅，后来秦国把商邑封给他作为封地，才称商鞅。

商鞅"少好刑名之学"（刑名之学是古代对法学的习惯称谓），早已对法律有研究，后来做魏国国相公叔座［一作"痤"（cuó）］的家臣，公叔座病重时，魏惠王曾问他谁可以做他的继承人，公孙座说："公孙鞅年少有奇才，可以举国而听之。"又说："王如果决定不用公孙鞅，一定杀掉他，不要让他出境。"[30]但魏惠王没有听从。公叔座死后，商鞅听说秦孝公励精图治，便携带李悝的《法经》到秦国去。他通过宦官景监先后三次见了秦孝公，最后一次他真实地谈了自己的治国之策，孝公大喜。公元前 359 年，任为左庶长，开始变法。左庶长是协助国君统管军务的大臣，地位仅次于大庶长，已经是很高的官职，但秦孝公不久又升他为大良造，担任了秦国最高的官职，实掌全国军政大权。

变法令公布之前，商鞅为了树立信誉，他曾经"立木取信"：派人在都城的南门竖一根三丈高的木头，并下令"谁把这根木头扛到北门，赏十金"。他见人们还有疑虑，又下令将赏金提到五十金。这时，有人打算试试，就把木头扛到北门，商鞅立即兑现[31]。商鞅看到立木已经收到取信于民的效果，便开始公布变法令。

商鞅在公元前 356 年和公元前 350 年先后两次实行变法。变法内容主要为：废井田、开阡陌（修建田间大路）；实行郡县制；奖励农耕和军功；实行连坐之法。其中包括将官职的大小和爵位的高低与军功挂钩，没有军功即使是贵族也没有爵位；多生产粮食和布帛的，可以免除官差；凡是为做买卖或因懒惰而贫穷的，连同妻子儿女都罚做官府奴婢。

在变法的实施中，商鞅坚决贯彻了"法不阿贵"的原则。变法措施推行之初，太子便犯了法。商鞅说："法之不行，自上犯之。"但太子是"君嗣"，不可施刑，于是便"刑其傅公子虔，黥（脸上刺字）其师公孙贾”[32]。

经过变法，秦国道不拾遗，山无盗贼，秦民很高兴，终于接受了变法。前340年，商鞅率秦、赵联军打败了魏国公子卬，迫使魏国把西河之地割让给秦国，并迁都到大梁（今开封）。梁惠王又悔又恨，说：“寡人恨不用公叔座之言。”[33]秦国则把商、於地方的十五邑作为商鞅的封邑，以奖励他的功劳。

商鞅变法也引起秦国贵族的怨恨。公元前338年，秦孝公去世，太子驷即位，是为秦惠王。这时，公子虔告商鞅企图谋反，商鞅逃亡到边关，打算投宿，但根据他所颁的法令，客店留宿没有证件的客人，要受到严重处罚。他现在就拿不出证件，客店害怕受“连坐”，便不敢留他住店；商鞅又想逃往魏国，魏人因为他曾经背信弃义攻打魏国，也不愿收留，他只好又回到商邑。秦国发兵讨伐，杀了商鞅。商鞅死后还被秦惠王处以“车裂之刑”，并被灭族。商鞅虽死，但商鞅所制定的法令并未废止。

商鞅个人的结局虽然悲壮，但他所实行的变法却影响了中国历史的进程。秦国正由于这次变法，才强大起来，为秦国统一六国奠定了国力的基础；他的“便国不法古”的政治观和历史观，也对后世产生相当的影响。

前359年，商鞅与秦孝公尚在酝酿变法时，甘龙、杜挚等人便起来反对变法。他们的观点是：“利不百，不变法；功不十，不易器”；“法古无过，循礼无邪”。商鞅针锋相对地阐发了自己的政治观和历史观，他说：“前世不同教，何故之法？帝王不相复，何礼之循？”“治世不一道，便国不法古，故汤武不循礼而王，夏殷不易礼而亡。反古者不可非，而循礼者不足多（肯定、赞扬）。”从而提出了对后世法家和力图改革的思想家、政治家很有影响的“当时而立法，因事而制礼”思想[34]。

商鞅思想对后世法家影响较大的还有尊崇君权的思想。他说过：“权者，君之所独制也。”[35]主张由君主“审权以操柄，审数以使民”[36]。虽然他尊君的目的是为了行“法”，但这些观点毕竟会导致君主专制。

慎到（前395？—前315？）是战国时赵国人。他早年学黄老之术，曾在齐国稷下讲学，为稷下学宫的著名学者，受上大夫之禄，是由黄老道家转为法家的学者。齐闵王十七年（前284），他到韩国，为韩大夫。

慎到与商鞅一样,主张"以法治国",并要求变法,如他说:"治国无其法则乱,守法而不变则衰。有法而行私谓之不法。以力役法者,百姓也;以死守法者,有司也;以道变法者,君长也。"[37]他同样与商鞅一样,也有类似尊崇君权的言论,认为"民一于君、断于法,国之大道"[38]。但他认为,尊崇君权,是为了借助君主权威使"理"通天下,换句话说,尊君本身不是目的,目的是为了行"法"。他由此进而提出了"天下"、"国家"和"官职"是天子、国君、官长本位的思想,认为设置天子、国君、官长是为了"天下"、"国家"和任事的需要。"古者立天子而贵者,非以利一人也。曰:天下无一贵,则理无由通;通理以为天下也。故立天子以为天下,非立天下以为天子也;立国君以为国,非立国以为君也;立官长以为官,非立官以为长也"[39]。因此,也应该"事断于法",所以他强调"官不私亲,法不遗爱,上下无事,唯法所在"[40]。

由于慎到把君主的权势看作实行"法治"的工具和力量,主张利用君主权势推行"法治",所以人们习惯将他看作先秦法家中重"势"一派的代表者;相对而言,商鞅便是先秦法家中重"法"一派的代表。而与商鞅、慎到相比,在申不害的思想中,权术色彩就显得突出了。

申不害(前385? —前337)郑国人,曾为韩昭侯相15年,使韩国国治兵强。他的学术思想与道家有关系,但后来也转向法家,所以司马迁说他"本于黄老而主刑名"[41]。申不害曾著有《申子》一书,但该书后来失传了,只有《大体》篇保存于魏徵等编纂的《群书治要》中,此外,马总在《意林》中也收集有一些申不害的言论。

申不害吸收并改造了道家的学说,他主张君主"无为",要求"圣君任法而不任智",他说:"尧之治也,善明法察令而已。圣君任法而不任智,任数而不任说。黄帝之治天下,置法而不变,使民安乐其法也。"[42]他根据黄老道家的"君道无为、臣道有为"思想,提出:"明君如身,臣如手;君若号,臣如响;君设其本,臣操其末;君治其要,臣行其详;君操其柄,臣事其常。"[43]也就是说,臣子只是国君操纵的工具,国君只要支配好大臣就行了,他不必要事必躬亲,主要任务就是不露声色地用"术"驾驭臣子,防止大臣"蔽君之明,塞君之听,夺之政而专其令,有其民而取其国"。韩非子就很欣赏他的这一套:"申子曰:'独视者谓明,独听者谓聪。能独断者,故可以为天下主。'"[44]主张依靠所谓"独视"、"独听"、"独断"掌握信息,进行决策。

韩非:先秦法家集大成者

先秦时代的法家人物大多与魏、赵、韩三国有关系:或生于此,或官于此。于是,法家文化兴盛,就成为“三晋”[45]文化的一大特色。韩非的出现,使“三晋”盛出法家的观念得到进一步的强化。

韩非(前280? —前233)是战国后期韩国人,韩国贵族出身。他与李斯都是荀子的学生,同时“喜刑名法术之学,而其归本于黄老”[46],也是一个既了解儒学又研究过道家学说的法家学者。韩非口吃,不善于讲话,但文章写得很好。他看到韩国日渐削弱,曾多次上书韩王,但韩王听不进去。于是,便发愤著述,写了不少文章,后人将这些文章收入《韩非子》一书中(其中也有少数几篇不是韩非作品)。

韩非的文章在当时就流传开了。有人将韩非文章带到秦国,秦王嬴政读到韩非的文章,非常欣赏,但他此时尚不了解韩非,误以为文章的作者是古人,颇有生不与其同时之感,于是深深叹息道:“嗟乎,寡人得见此人,与之游,死不恨矣!”[47]在旁的李斯说,这些文章都是韩非写的。嬴政听说后,立即发兵进攻韩国。为了一个人而发动一场战争,在中国历史上不止一次,但嬴政可能是第一次。由此可见人才对国家治理的重要,由此也可见春秋战国时代对人才争夺的激烈。面对嬴政的举措,真不知道对那些忽视人才的国君该说什么好。韩王感到形势危急,便想到韩非,派他作为使者出使秦国。韩非到了秦国,嬴政很高兴,战争自然也就结束了。

还没有等到嬴政重用,韩非的厄运就来了。在中国古代政治舞台上,进谗言往往是打击政敌惯用的也是有效的伎俩。孔子在齐国遇到过,吴起在鲁国、魏国遇到过,商鞅在秦国遇到过,现在轮到韩非了。但是,这次进谗言的却有韩非的同学李斯,另一人是姚贾。李斯出于什么动机毁谤韩非,我们不太清楚。司马迁曾说,李斯在从学荀子时就自知他的学问不如韩非,这是不是在暗示韩非到秦国对李斯是一种威胁呢?既然如此,李斯为什么又告知嬴政,韩非就是他所欣赏的文章的作者呢?而姚贾毁谤韩非的原因就比较清楚了。据《战国策》载,韩非曾在嬴政面前说姚贾借楚、齐、燕、代四国攻秦之机出使四国,以“王之权、国之宝,外自交于诸侯”,同时,韩非还说姚贾是“世监门子、梁(即魏国)之大盗、赵之逐臣”,封他为上卿,让他参与

“社稷之计”,不是激励群臣的好办法[48]。姚贾因此怀恨韩非,于是与李斯联合起来进谗言,以阻止嬴政任用韩非。他们对嬴政说:“韩非,韩之诸公子也。今王欲并诸侯,非终为韩不为秦,此人之情也。今王不用,久留而归之,此自遗患也,不如以过法诛之。”[49]这大概是历史上最早的“莫须有”手法。“莫须有”手法虽然无据却有效,嬴政果然将韩非下狱,李斯乘机给韩非送去毒药,韩非便在狱中服毒自杀。等到嬴政醒悟后悔,派人赦免韩非时,他已经死了。

在中国历史上,有一个常见的现象:法家人物的下场往往很悲惨,但他们所确定的治国方针、所阐发的治国理论,却又继续被采用。韩非也是这样。他人虽然死了,但他的思想却被嬴政接纳了,并成为后来实现大一统后的秦王朝的治国指导思想。

韩非的思想(1):明法

韩非思想的来源是多元的。他吸收了荀子的儒家思想、以老子为代表的道家思想(包括战国时期的黄老思想)以及墨家思想,并综合了吴起、商鞅、慎到、申不害等法家思想,建构了以“法”、“术”、“势”为中心的法家思想体系。由于在他的思想体系中法家各派的思想都有所吸收,所以人们说他是先秦法家思想的集大成者。

法家重视“法”,是题中之意,但对“法”作过系统阐述的,则只有韩非。他认为,是否实行法治,关系到国家的强弱:“国无常强,无常弱。奉法者强,则国强;奉法者弱,则国弱。”[50]如果对“法”的认识仅仅到此为止,那么,韩非就不比其他法家学者高明。他比其他法家学者的高明之处,在于他从人性论和历史观上论证了“法”的正当性和合理性。

韩非作为荀子的学生,对其“性恶”论当然很熟悉,但荀子讲“性恶”,目的是说明后天的学习和遵循“礼”的必要性。人们都熟悉荀子的名言:“木直中绳,𫐓以为轮,其曲中规,虽有槁暴,不复挺者,𫐓使之然也。”[51]讲的就是这个道理。从荀子的论述中可以看到,他强调“性恶”,是希望人们能够通过后天的学习和对“礼”的遵循,达到“善”的境地。韩非也认为人性是“恶”,但是他所说的“恶”不是抽象的,而是具体的,那就是对“利”的追求,就是“好利恶害”:“好利恶害,夫人之所有也。”[52]他还举例说明过这个问题:“医善吮人之伤,含人之血,非骨肉之亲也,利所加也。故舆人成舆,则欲人之富贵;匠人成棺,则欲人之夭死也。非舆人仁而匠人贼也，人不贵，则舆不售；人不死，则棺不买。情非憎人也，利在人之死也。”[53]追逐利益是人之本性。只要是利益所在，这种本性会驱使人什么事情都干得出来。那么，靠什么才能使人克制这种本性呢？他认为只有根据人的趋利而避害、“畏诛罚而利庆赏”[54]的本性重赏重罚。

韩非不否认在现实社会中也有善人，但那只是极少数，而且是偶然的。就治国来说，就不能只考虑极少数人的偶然为善，而忽视绝大多数人的必然趋利。所以他说，治国的侧重点不能放在希望人们为善上，而要放在不让人们为非上。从多数人考虑而不是着眼于少数人，这也是不提倡德治而主张法治的一个理由：“圣人之治国，不恃人之为吾善也，而用其不得为非也。恃人之为吾善也，境内不什数；用人不得为非，一国可使齐。为治者用众而舍寡，故不务德而务法……不恃赏罚而恃自善之民，明主弗贵也。何则？国法不可失，而所治非一人也。故有术之君，不随适然（偶然）之善，而行必然之道。”[55]韩非认为，如果治国着眼于绝大多数人，并采取严刑峻法的措施，就可以使他们不会为非。他把这叫作“以刑止刑”。

如果说趋利避害是出于人的本性，那么，它就不受人的身份和地位的影响，不论贵贱，都是如此。“法”的适用也就不能分别贵贱，而要一视同仁。于是，韩非更加明确地提出了“法不阿贵”的执法原则：“明主使其群臣，不游意于法之外，不为惠于法之内……刑过不避大臣，赏善不遗匹夫。”[56]先秦时代，明确主张打破贵贱亲疏界限的第一人可能是墨子，他主张彻底“尚贤”，在春秋时代就提出：“故古者圣王之为政也，列德而尚贤，虽在农与工肆之人，有能则举之，高予之爵，重予之禄，任之以事，断予之令……以德就列，以官服事，以劳殿赏，量功而分禄，故官无常贵，而民无终贱，有能则举之，无能则下之，举公义，辟私怨。”[57]第二人可能就数韩非了。

韩非还从历史发展的角度论证过实行法治的必要。如果撇开韩非谈历史的目的而就他对远古时代人类社会的猜测来说，他可算是一个历史天才。在既缺乏人类学知识又没有考古学研究的时代，韩非居然给能我们描绘一幅远古社会进化的图景：“上古之世，人民少而禽兽众，人民不胜禽兽虫蛇。有圣人作（兴起，出现），构木为巢以避群害，而民说之，使王天下，号曰有巢氏。民食果蓏（luǒ，瓜类植物果实）蚌蛤（gé），腥臊恶臭而伤害腹胃，民多疾病。有圣人作，钻燧取火以化腥臊，而民说之，使王天下，号之曰燧人氏。中古之世，天下大水，而鲧、禹决渎。近古之世，桀、纣暴乱，而汤、武征伐。”[58]韩非讲历史的目的，是为了说明法治的必然性。所以他把历史归结为“上古竞于道德，中古逐于智谋，当今争于气力”[59]，在“争于气力”的当今时代，你还能实行只适合于“竞于道德”的上古之世的德治吗？这岂不像夏后氏时代的构木钻燧那样，必然被鲧、禹笑话吗？这岂不像殷、周时代的人采取决渎的办法，必然被汤、武笑话吗？在当今时代，还去赞美尧、舜、鲧、禹、汤、武之道，不是必然会引起后代圣人的笑话吗？

先秦时代的思想家都是创作寓言的好手，韩非这时讲了一个“守株待兔”的寓言，然后说，“今欲以先王之政，治当世之民，皆守株之类也”。他的结论是：“是以圣人不期修古，不法常可，论世之事，因为之备。”[60]

韩非的思想(2)：任势

人们常常以为臣下绝对忠于君主的思想是出于儒家，其实不然。这个思想以及“三纲五常”中的“三纲”思想，都是出自法家。最明确提出这些思想的就是韩非。

先秦时代，儒家在处理君臣关系上的有代表性思想，是孔子所说的“君使臣以礼，臣事君以忠”[61]。在这里，君臣关系是双向的约束关系，而不仅是臣下对国君的单向绝对服从关系。到孟子那里，又更进一步，以国君对臣下的态度确定臣下对国君的态度。他说：“君之视臣如手足，则臣视君如腹心；君之视臣如犬马，则臣视君如国人；君之视臣如草芥，则臣视君如寇仇。”

在法家看来，孔、孟所说的这种君臣关系，不利于法治的实行，于是主张加强君主的权势，以便利用君主的绝对权威推行法治。所以法家人物一般都是君权至上论者，都带有维护君主专制的意味。到韩非这里，君权至上论更是发挥得淋漓尽致。他认为：“抱法处势则治，背法去势则乱。”[62]他讲的“处势”，就是使君主具有居高临下的权势，他认为只有依靠君主的权势，法治才能顺利推行，所以主张要加强君主的“威势”：“万乘之主，千乘之君，所以制天下而征诸侯者，以其威势也。威势者，人主之筋力也。”[63]他还援引道家思想来支撑自己的论点：“道无双，故曰一，是故明君贵独道之容。”[64]

“权势”也好，“威势”也好，抽象地说，是为了利用权威推行法治，而在具体的实行中，则涉及两方面的关系：君民关系和君臣关系。在法家心目中，民只是推行法治的对象，对于法治的决策和实施来说，是没有意义的。当年商鞅就说过："民不可与虑始，而可与乐成。"[65]意思是：人民只能让他们享受成果，而不能让他们参与决策。韩非则说得更干脆，他说，"君上之于民也，有难则用其死，安平则尽其力"[66]。人民只是工具，国君对他们的原则是，有难时则让他们去卖命，平安时则让他们去卖力。哪里需要考虑什么君民关系问题呢？韩非又说："故明主之国，无书简之文，以法为教；无先王之语，以吏为师；无私剑之捍，以斩首为勇。是以境内之民，其言谈者必轨于法，动作者归之于功，为勇者尽于军。"[67]人民不需教化，不需知识，不能对政治、政策说三道四，只要勤于生产、勇于打仗就行了。所以，韩非讲"威势"，对象主要是大臣，是出于对付臣下的需要。

在君臣关系上，韩非首先提出绝对效忠的原则。他给"忠臣"的定义是："尽力守法，专心于事主者，为忠臣。"[68]他为"忠臣"制定的具体标准是："北面委质，无有二心，朝廷不敢辞贱，军旅不敢辞难，顺上之为，从主之法，虚心以待令而无是非也。"[69]所谓"虚心以待令"，也就是臣下不能有任何自己的主见，对国君的指令，不仅行动上服从，还要思想上服从。韩非还将这种单向服从原则加以扩展，形成君臣、父子、夫妻三对关系，认为保持这三对关系处于正常状态，是天下得到治理的条件和表现，也是"天下之常道"，即天地间的永恒规则："臣事君，子事父，妻事夫，三者顺则天下治，三者逆则天下乱，此天下之常道也。"[70]汉代的董仲舒正是根据韩非这一思想概括出"君为臣纲，父为子纲，夫为妻纲"的"三纲"概念。

韩非的思想(3)：用术

韩非所说的"术"，既包括国君驾驭臣下的种种策略，也包括国君"潜御群臣"的各种权谋。他把"刑"、"赏"称为"二柄"，看作君主利用人们"畏诛罚而利庆赏"的心理而控制臣下的有效工具，就属于前者。而他所说的"以术知奸"的种种心计和阴谋手段，则属于后者。这就是他所说的："术者，藏之于胸中，以偶众端而潜御群臣者也。"[71]他要用"术"来达到"禁奸"的目的。

韩非讲"术"的前提是人与人之间不能有丝毫的信任。这是由人的趋利的本性决定的。在他看来，大臣与君主没有什么骨肉之亲，他为什么要效忠君主呢?为利。为了利益,他们无时无刻不在窥视国君的动向,掌握国君的喜好,从而伺机左右国君,甚至劫持国君,实现自己的私利。如果国君信任谁,臣下就会到他那儿去钻营,如"为人主而大信其子,则奸臣得乘于子以成其私","为人主而大信其妻,则奸臣得乘于妻以成其私",所以他得出结论:"人主之患,在于信人。信人则制于人。"[72]国君对任何人都不能信任,国君作出决定对任何人都不能告诉。臣下不知道国君的意图,在国君面前就会战战兢兢、小心翼翼,唯恐不小心触犯国君的忌讳,那就会像触到龙的"逆鳞"一样,触发国君的愤怒。

韩非还从任何人都是为了私利的观点出发,主张国君要防范一切人,包括自己的妻妾。因为她们是以"色"、"爱"侍君,一旦色衰,为了自己和儿子的权位,就会发生谋害国君的事。在韩非看来,国君与妻妾之间的关系,在"色"、"爱"衰退之后就是血腥,就是"冀其君之死",就是"鸩毒扼昧之所以用也"[73]的谋杀。在中国古代思想家的笔下,将宫闱之内的关系看成如此赤裸裸的利益关系,除了韩非可能还找不出第二个人。

后世的统治者虽然吸收了法家的思想和主张,但大多数人都不愿承认与法家有瓜葛,除了法家的"深刻寡恩"外,恐怕也不敢像韩非这样,抛弃一切伦理的面纱,将君与臣之间、父与子之间、夫与妻之间,以至于一切人与人之间的关系,还原为如此赤裸裸的私利关系。

【注释】

①《后汉书》卷四六《陈宠传》,中华书局,1965年版,第6册,第1554页。

②《左传·隐公十一年》,阮元校刻《十三经注疏·春秋左传正义》卷四,中华书局,1980年影印本,第1736页。

③《荀子·富国》,王先谦:《荀子集解》卷六,中华书局,1988年版,第178页。

④《礼记·曲礼上》,阮元校刻《十三经注疏·礼记正义》卷一,中华书局,1980年影印本,第1231页。

⑤王祎:《七出议》,程敏政编:《皇明文衡》卷九,上海商务印书馆,1922年《四部丛刊》初编影印本。

⑥阮元校刻《十三经注疏·礼记正义》卷一,中华书局,1980年影印本,第1231页。

⑦《管子·明法》:"威不两错(置),政不二门。以法治国,则举措而已。"黎

翔凤:《管子校注》卷一五,中华书局,2004 年版,第 916 页。

⑧《管子·七法》,黎翔凤:《管子校注》卷二,中华书局,2004 年版,第 106 页。

⑨《管子·形势解》,黎翔凤:《管子校注》卷二〇,中华书局,2004 年版,第 1181 页。

⑩《管子·任法》:"故法者,天下之至道也,圣君之实用也。"黎翔凤:《管子校注》卷一五,中华书局,2004 年版,第 906 页。按:先秦法家学派与道家关系也很密切。在《管子》中就有《老子》的思想及道家新形态——黄老思想;慎到则是由黄老道家转向法家的;《韩非子》中还有《解老》、《喻老》专篇。

⑪《管子·法法》:"宪律制度必法道。"黎翔凤:《管子校注》卷六,中华书局,2004 年版,第 301 页。

⑫《管子·立政》,黎翔凤:《管子校注》卷一,中华书局,2004 年版,第 80—81 页。

⑬《管子·重令》:"亏令者死,益令者死,不行令者死,留令者死,不从令者死。五者死而无赦,唯令是视。"黎翔凤:《管子校注》卷五,中华书局,2004 年版,第 284 页。

⑭《管子·牧民》:"国有四维。一维绝则倾,二维绝则危,三维绝则覆,四维绝则灭。倾可正也,危可安也,覆可起也,灭不可复错。何谓四维? 一曰礼,二曰义,三曰廉,四曰耻。"黎翔凤:《管子校注》卷一,中华书局,2004 年版,第 11 页。

⑮《管子·牧民》,黎翔凤:《管子校注》卷一,中华书局,2004 年版,第 2 页。

⑯《国语》卷四《鲁语上》,上海古籍出版社,1982 年版,第 162 页。

⑰《尚书·舜典》:"帝(舜)曰:'皋陶,蛮夷猾夏,寇贼奸宄,汝作士(掌管刑狱的官),五刑有服(用五刑。有为虚词,无意义;服:用)。"阮元校刻《十三经注疏·尚书正义》卷三,中华书局,1980 年影印本,第 130 页。

⑱《尚书·舜典》,阮元校刻《十三经注疏·尚书正义》卷三,中华书局,1980 年影印本,第 128 页。

⑲《周礼·秋官·大司寇》,阮元校刻《十三经注疏·周礼注疏》卷三四,中华书局,1980 年影印本,第 871 页。

⑳孔颖达《左传·昭公六年》"民知有辟,则不忌于上"句疏,阮元校刻《十三经注疏·春秋左传正义》卷四三,中华书局,1980 年影印本,第 2044 页。

㉑《左传·昭公六年》,阮元校刻《十三经注疏·春秋左传正义》卷四三,中华书局,1980 年影印本,第 2044 页。

㉒《吕氏春秋·审应览·离谓》,陈奇猷:《吕氏春秋新校释》卷一八,上海古籍出版社,2002 年版,第 1187 页。

㉓杜预在疏《左传》"郑驷颛杀邓析,而用其竹刑"句时说:"(邓析)欲改郑所

铸旧制,不受君命,而私造刑法,书之于竹简,故言'竹刑'。"阮元校刻《十三经注疏·春秋左传正义》卷五五,中华书局,1980年影印本,第2143页。

㉔《左传·昭公二十九年》,阮元校刻《十三经注疏·春秋左传正义》卷五三,中华书局,1980年影印本,第2124—2125页。

㉕《史记》卷七四《孟子荀卿列传》:"魏有李悝,尽地力之教。"中华书局,1959年版,第7册,第2349页。

㉖《汉书》卷二四上《食货志》四上,中华书局,1964年版,第4册,第1124—1125页。

㉗《晋书》卷三〇《刑法志》,中华书局,1974年版,第3册,第922页。

㉘"膩"字,其义不明。董说《七国考》说:"古无膩刑,疑即腐刑也。又按,断耳曰聝,'耳'、'月'(ròu,同'肉')相近,或传写之误。"

㉙董说:《七国考》卷一二《魏刑法》,中华书局,1956年版,第366—367页。

㉚《史记》卷六八《商君列传》,中华书局,1959年版,第7册,第2227页。

㉛《史记》卷六八《商君列传》,中华书局,1959年版,第7册,第2231页。

㉜《史记》卷六八《商君列传》,中华书局,1959年版,第7册,第2231页。

㉝《史记》卷六八《商君列传》,中华书局,1959年版,第7册,第2233页。

㉞《商君书·更法》,蒋礼鸿:《商君书锥指》卷一,中华书局,1986年版,第4—5页。

㉟《商君书·修权》,蒋礼鸿:《商君书锥指》卷三,中华书局,1986年版,第82页。

㊱《商君书·算地》,蒋礼鸿:《商君书锥指》卷二,中华书局,1986年版,第46页。

㊲欧阳询:《艺文类聚》卷五四《刑法部》,上海古籍出版社,1982年版,第2册,第968页。

㊳欧阳询:《艺文类聚》卷五四《刑法部》,上海古籍出版社,1982年版,第2册,第968页。

㊴《慎子·威德》,上海书店,1988年影印世界书局《诸子集成》本,第5册,第2页。

㊵《慎子·君臣》,上海书店,1988年影印世界书局《诸子集成》本,第5册,第6页。

㊶《史记》卷六三《老子韩非列传》,中华书局,1959年版,第7册,第2146页。

㊷欧阳询:《艺文类聚》卷五四《刑法部》,上海古籍出版社,1982年版,第2册,第967页。按:"圣君任法而不任智,任数而不任说"二语,亦见于《管子·任法》篇,可能是当时较为流行的话,或法家的普遍主张。

㊸《申子·大体》,魏徵等编纂:《群书治要》卷三六《申子》,(上海)商务印书

馆,1936年版,第7册,第630页。

㊹《韩非子·外储说右上》,陈奇猷:《韩非子新校注》卷一三,上海古籍出版社,2000年版,第783页。

㊺魏、赵、韩是春秋末期由晋国分解而形成的诸侯国,故习称“三晋”。

㊻《史记》卷六三《老子韩非列传》,中华书局,1959年版,第7册,第2146页。

㊼《史记》卷六三《老子韩非列传》,中华书局,1959年版,第7册,第2155页。

㊽《战国策·秦策五》,何建章:《战国策注释》卷七,中华书局,1990年版,第287页。

㊾《史记》卷六三《老子韩非列传》,中华书局,1959年版,第7册,第2155页。

㊿《韩非子·有度》,陈奇猷:《韩非子新校注》卷二,上海古籍出版社,2000年版,第84页。

51《荀子·劝学》,王先谦:《荀子集解》卷一,中华书局,1988年版,第1页。

52《韩非子·难二》,陈奇猷:《韩非子新校注》卷一五,上海古籍出版社,2000年版,第893页。

53《韩非子·备内》,陈奇猷:《韩非子新校注》卷五,上海古籍出版社,2000年版,第322—323页。

54《韩非子·二柄》,陈奇猷:《韩非子新校注》卷二,上海古籍出版社,2000年版,第120页。

55《韩非子·显学》,陈奇猷:《韩非子新校注》卷一九,上海古籍出版社,2000年版,第1141—1142页。

56《韩非子·有度》,陈奇猷:《韩非子新校注》卷二,上海古籍出版社,2000年版,第111页。

57《墨子·尚贤上》,孙诒让:《墨子间诂》卷二,中华书局,2001年版,第46页。

58《韩非子·五蠹》,陈奇猷:《韩非子新校注》卷一九,上海古籍出版社,2000年版,第1085页。

59《韩非子·五蠹》,陈奇猷:《韩非子新校注》卷一九,上海古籍出版社,2000年版,第1092页。

60《韩非子·五蠹》,陈奇猷:《韩非子新校注》卷一九,上海古籍出版社,2000年版,第1085页。

61《论语·八佾》,阮元校刻《十三经注疏·论语注疏》卷三,中华书局,1980年影印本,第2468页。

62《韩非子·难势》,陈奇猷:《韩非子新校注》卷一七,上海古籍出版社,

2000 年版,第 946 页。

⑥③《韩非子·人主》,陈奇猷:《韩非子新校注》卷二〇,上海古籍出版社,2000 年版,第 1162 页。

⑥④《韩非子·杨权(一作“榷”)》,陈奇猷:《韩非子新校注》卷二,上海古籍出版社,2000 年版,第 152 页。

⑥⑤《商君书·更法》,蒋礼鸿:《商君书锥指》卷一,中华书局,1986 年版,第 2 页。

⑥⑥《韩非子·六反》,陈奇猷:《韩非子新校注》卷一八,上海古籍出版社,2000 年版,第 1009 页。

⑥⑦《韩非子·五蠹》,陈奇猷:《韩非子新校注》卷一九,上海古籍出版社,2000 年版,第 1112 页。

⑥⑧《韩非子·忠孝》,陈奇猷:《韩非子新校注》卷二〇,上海古籍出版社,2000 年版,第 1155 页。

⑥⑨《韩非子·有度》,陈奇猷:《韩非子新校注》卷二,上海古籍出版社,2000 年版,第 99 页。

⑦⓪《韩非子·忠孝》,陈奇猷:《韩非子新校注》卷二〇,上海古籍出版社,2000 年版,第 1151 页。

⑦①《韩非子·难三》,陈奇猷:《韩非子新校注》卷一六,上海古籍出版社,2000 年版,第 922—923 页。

⑦②《韩非子·备内》,陈奇猷:《韩非子新校注》卷五,上海古籍出版社,2000 年版,第 321 页。

⑦③《韩非子·备内》,陈奇猷:《韩非子新校注》卷五,上海古籍出版社,2000 年版,第 322 页。

封建帝国对意识形态的选择

中國文化漫談 司馬遷與史記
繪于癸巳春月

“百家争鸣”与封建社会意识形态的探索

春秋战国时期为什么会出现“百家争鸣”？春秋战国之后，人们那么渴望“百家争鸣”再现，为什么它却不再出现？

人们为了回答这个问题，分析了种种原因，列举了种种理由，从经济制度变迁、政治格局变化、王权兴衰到“天子失官、学术下移”、“士”阶层的活跃和学派的兴起等等。大家列出的这些理由都有其道理，但我们认为，深层的原因则是经济、政治的变化需要探索和重建新的社会意识形态。

人类社会是一个有机的系统。这个系统能否稳定运行，很重要的一点就是看它是否具有能够支撑这个系统的合理结构，各个结构成分的功能是否能够正常发挥。社会系统最主要的结构成分是经济基础、政治体制、意识形态（它们又各成一个子系统）。后两者，在马克思主义的社会理论中属于政治的上层建筑和观念的上层建筑[①]。如果三者之间能够相互适应、相互协调，这个社会就基本上处于稳定状态。

从春秋开始，经过战国时期，封建生产关系逐步形成，土地私有制逐步取代了奴隶制的土地国有制。地主阶级也作为一种新兴的政治力量开始登上历史舞台，他们在齐国、鲁国、晋国（以后分解为魏、赵、韩）、楚国、秦国以及其他诸侯国逐步掌握了政权，进行了有利于生产关系发展的政治变革。同时，也开始寻求或试图建立一种适应于生产关系、政治关系发展的意识形态。

建立什么样的意识形态才能适应新的经济关系和政治关系？这是人们虽然还没有自觉意识到但历史已经提出的问题。各个学派的学者各抒己见、著书立说，实际上就是为此而进行的探索。

在探索过程中，各个学派或设计自己的治国蓝图和社会模式，或提出内政、军事、外交方面的政策和策略。为使自己的思想和政策措施为统治者所接纳，变成治国指导思想和治国方略，各个学派的代表人物不仅纷纷游说诸侯，还在相互间展开辩论，以证明己是彼非。这就形成了“百家争鸣”的局面。

所以，我们只要认真考察一下“百家争鸣”就不难看到，当时争论的问题虽然涉及很多的领域，但核心问题则是怎样重建政治秩序和社会秩序。不少学者、学派甚至开出这样的支票：如果采纳他们的主张，不仅可以强国富民、安近来远，甚至可以成就霸王之业。他们的政治社会主张可能各异，形成众说纷纭、异论纷呈的学术景观，但在骨子里都没有忽视确立君主的权威，没有忽视在自己构想的政治结构中将君主处于至高至上的位置。早在春秋末年，孔子在构想“大同”社会理想的同时，便提出建立“礼乐征伐自天子出”和“君君、臣臣、父父、子子”②各守名分的政治秩序；墨子则更极力提倡“尚同”，要求“上之所是必皆是之，所非必皆非之”，“天下之百姓，皆上同于天子”③形成一个上下一致的社会。到战国中、晚期，孟子在提出天下“定于一”④命题的同时，还借用孔子的名义提出“天无二日，民无二王”⑤的口号，这个口号后来流传十分广泛，几乎家喻户晓。荀子也说：“故天地生君子，君子理天地。君子者，天地之参（同‘三’）也，万物之揔（zǒng，同‘总’）也，民之父母也。”⑥他所说的与“天地之参”的“君子”，实际上就是实现“大一统”的国家的君主。至于韩非对君权的强调，就更不用多说了。所以班固说：“诸子十家……皆起于王道既微，诸侯力政，时君世主，好恶殊方。是以诸家之术，蜂起并作，各引一端，崇其所善，以此驰说，取合诸侯。其言虽殊，譬犹水火相灭，亦能相生也。仁之与义，敬之与和，事虽相反，而皆相成也。《易》曰：天下同归而殊途，一致而百虑。此之谓也。”⑦

各家学说能够相殊相生、相反相成，就是因为它们潜在的目的都是一个：为业已出现的封建经济关系、政治关系寻求相适应的意识形态。

吕不韦与《吕氏春秋》

在战国末期，最想使自己的思想和主张在一个国家处于支配地位，也最有条件使自己的思想和主张在一个国家处于支配地位的，可能要数吕不韦。

吕不韦（？—前235）这位阳翟（今河南禹县）大贾（gǔ）认为，经营商业永远不能像政治投机那样可以获取“一本万利”，于是便由商业投机转而进行政治投机。他看准了在赵国做人质但潦倒不堪的秦国公子子楚“奇货可居”，就倾全力帮助他回国并继承了王位，这就是秦庄襄王。吕不韦得到的报偿则是担任秦国丞相，并封为文信侯，获得河南洛阳10万户的食邑。秦庄襄王在位3年就去世，他的儿子嬴政继位。嬴政即位时年方9岁，自然就由吕不韦摄政。嬴政亲政后，虽然继续以吕不韦为相国，尊他为"仲父"，但吕不韦已经感到，有才干、有主见的嬴政是一个难以对付的对手，便想抢先占据思想理论阵地，以便利用思想和舆论的力量与嬴政的权力相较量。于是，他命门客"人人著所闻"，于公元前239年汇编成《吕氏春秋》。这是我国古代第一部有计划编撰的学术著作。

《吕氏春秋》完成之后，吕不韦将它公布在咸阳的市门，声称有能增损一字者赏千金。成语"一字千金"就来源于此。这显然是一次文字炒作（也可能是中国历史上最大的一次文字炒作），以吕不韦当时的权势，谁也不会（确切地说，是不敢）增删一字。但在较量中，吕不韦显然是失败者。秦王嬴政十年[8]（前237）免去他相国的职务，十二年（前235）迫使他自杀。

《吕氏春秋》是一部精心编撰的著作，文字简洁流畅，结构清晰严整，但由于它出自众多的门客之手，而又"人人著所闻"，因而思想很庞杂，其中儒家、道家、墨家、法家、阴阳家、农家等各家思想都有，所以《汉书·艺文志》把它归入"杂家"。

《吕氏春秋》思想庞杂，可能也与吕不韦想用这部书来囊括先秦各家思想有关。他想使这部书成为终结先秦诸子时代的作品。

《吕氏春秋》也主张建立统一的国家，并进一步主张实行中央集权的政治体制，所以它提出了"王者执一，而为万物正"[9]的命题，作出了"一则治，异则乱；一则安，异则危"[10]的论断。但它又想对君主的权力加以限制，所以吸取了道家（黄老学派的道家）的"君道无为，臣道有为"思想，并在全书中把道家思想放在比较突出的地位。所以有学者认为，《吕氏春秋》的基本思想属于道家。

秦王朝的建立

嬴政亲政前，秦国的权力掌握在吕不韦、嫪毐和嬴政的母亲赵太后手里。嬴政亲政以后，当然不容许权力旁落的局面继续下去。嫪毐发现嬴政不会容忍他继续擅权，于是发兵作乱。嬴政平定了叛乱，杀了嫪毐，其亲信被车裂和灭族的有20多人，其门客罪重的受刑戮，罪轻的判为"鬼薪"（即为宗庙伐薪3年的徒役），有4000多家被夺爵、迁到四川。同时,罢免了吕不韦的相国,让他出居河南,后又贬到四川,赵太后也被软禁起来[11]。这场宫廷政变式的斗争,使年轻英武的嬴政很快就控制了权力。

根据《史记》的记载,在这场宫廷斗争中还掺杂了宫廷秽闻。赵太后本来是吕不韦的姬妾,后来被子楚看中,成了子楚的夫人。直到嬴政即位后,吕不韦与赵太后的关系仍然暧昧,他又将嫪毐作为假宦官送到赵太后身边[12],嫪毐居然还有了两个儿子。这对嬴政来说,当然是奇耻大辱。他听到密告之后,立即决心除掉嫪毐。但我们以为,引起这场宫廷斗争的最主要原因,可能还是因为"事无大小皆取决于毐"。雄才大略的嬴政,无法容忍嫪毐全面把持朝政。

当时,吕不韦、嫪毐都搜罗了数以千计的门客。其中有不少是"外籍"门客,李斯就在吕不韦门下为舍人。处理了吕不韦、嫪毐之后,嬴政又迁怒他们的门客,不仅处理了卷入宫廷斗争的门客,对那些没有介入这场宫廷斗争的"外籍"门客也下了逐客令。于是,李斯给嬴政上了著名的《谏逐客疏》,陈述了秦国使用外来人才的历史、作用和对秦国未来发展的意义。嬴政接受了李斯的意见,终止了逐客令的执行。

秦王嬴政在解决了内部问题之后,任用李斯、尉缭等客卿,并接受了他们的建议,对军事策略与外交策略作了调整,精心筹划了消灭六国的统一战争。公元前 221 年,终于扫平山东六国,在中国历史上建立起第一个中央集权的封建王朝。

秦王朝的煊赫可能当时就已经传到西方,他们称秦帝国为"Chin"。有人说,后来西方国家称中国为"China",就来源于此。

法家治国:封建帝国对意识形态的第一次选择

嬴政亲政不久,就把意识形态问题提上日程。他看到韩非的文章,那样兴奋不已,表明韩非的思想恰好与他对意识形态的思考合拍。所以尽管韩非死了,嬴政依然采纳了他的基本主张。统一全国后,在李斯等人的协助下,立即推行了与中央集权相适应的政治体制,包括制定中央和地方的官制、以郡县制全面取代分封制、地方官员由中央任命制度,同时,还统一了文字、货币、度量衡等等。韩非所说的"事在四方,要在中央;圣人执要,四方来效"[13]的体制蓝图,在嬴政手中变成现实。从此，中央集权的封建专制政体正式确立下来，以后各个朝代便基本上沿袭了秦王朝的这一体制，所以谭嗣同说“二千年来之政，秦政也”[14]。这是有道理的。

在协助秦始皇嬴政制定和推行法家治国方略中，李斯是一个重要的人物。他至少参与了统一文字、以郡县制取代分封制等政策的决定和实施，并提出了“焚书”的建议，等等。从中国学术文化的发展来说，用小篆统一和规范六国文字，是李斯之功，而提出“焚书”建议并加以实施，则是李斯之过。

“焚书”问题是由一次庆功宴会引起的。公元前 214 年，秦王朝在西北打击了匈奴，迫使匈奴退走，嬴政闻讯，在咸阳置酒庆贺。宴上，仆射周青臣在进贺词时表现出阿谀之意，引起了博士淳于越的不满。他不仅指斥周青臣“面谀”，还重提分封制的问题，并认为：“事不师古而能久长者，非所闻也。”

嬴政听了淳于越的话后，很郑重地将他的意见交付廷议。

李斯曾力主以郡县制取代分封制。在廷议中，他便起而反驳淳于越的看法，并建议说：如今天下已经平定，法令应当统一。百姓则应当努力务农做工，士则应当学习法令和各种规定。现在有些儒生不研究现实而推崇古人，以此诽谤当世，惑乱民众。这种情况如不禁止，上则削弱主上的威势，下则拉帮结派。他建议：凡不是秦朝的史书，一律烧毁；不是担任博士官职的，若私自收藏有《诗》、《书》及百家著述的，一律交由地方官吏烧毁；有敢谈论《诗》、《书》的“弃市”，以古非今的灭族；地方官吏发现而不举报，与以上同罪；法令颁布后 30 天，私藏《诗》、《书》还不烧毁，脸上刺字，判处 4 年徒刑。只有医药、占卜、种树之类的书不在烧毁之列。有想学习法令的，可以“以吏为师”。秦始皇批准了李斯的建议[15]。

在分封制和郡县制之争上，李斯本是占理的。但他却转而建议实施极端的反文化政策，主张毁灭文化典籍，严密控制思想言论，严厉打击儒家及其他学派，甚至废止学校教育而“以吏为师”。这使他成为在历史上不断受攻击受批判的人物。“焚书令”出台后，立即引起士人的不满。当陈胜揭竿而起时，孔子的八世孙孔鲋还抱着礼器投奔陈胜，投身反秦斗争，最后与陈胜一同死难，这或许也是他表达对包括“焚书”在内的秦王朝政策不满的方式。

“焚书”的第二年，又发生了“坑儒”事件。“坑儒”的起因是侯生、卢生因求仙药不得而私下议论和批评秦始皇，他们说："始皇为人，天性刚戾自用，起诸侯，并天下，意得欲从，以为自古莫及己。专任狱吏，狱吏得亲幸。博士虽七十人，特备员弗用（意思是只当摆设）。"甚至对嬴政事必躬亲，每天"以衡石（dàn）量书"，"不中呈，不得休息"（即每天按计划批阅 120 斤写在竹简上的文件，不批阅完则不休息。"石"，重量单位，秦制 120 斤），也加以攻击，认为是嬴政"贪于权势"的表现。他们发了一通议论后，就逃走了。

嬴政知道后大怒，说："吾前收天下书不中用者尽去之，悉召文学方术士甚众，欲以兴太平。方士欲练以求奇药。今闻韩众去不报，徐市（fú）等费以巨万计，终不得药，徒奸利相告日闻。卢生等吾尊赐之甚厚，今乃诽谤我，以重吾不德也。诸生在咸阳者，吾使人廉问，或为訞（yāo）言（邪说）以乱黔首。"于是派御史对诸生立案审问，诸生相互揭发，结果查出犯禁的 460 余人，都在咸阳把他们"坑之"（即活埋）[16]。

"焚书"和"坑儒"这两件事，便成为后世指责嬴政暴虐的最突出事例。也有人替嬴政辩护，说他"坑"的是方士，而不是儒生（似乎坑方士，罪孽就轻一些）。其实，秦汉之际，神仙之说在燕、齐一带特别流行，很多儒生也方士化了，被"坑"的 460 多人中，肯定有不少儒生。

嬴政"坑儒"并不表明他对儒生特别仇恨，正像他自己所说的，他对卢生等确实"尊赐之甚厚"。这固然与嬴政执政的最后 9 年，身心疲敝，迷信长生不老的神仙之术有关，也与当时的政局有联系。

统一中国之后，秦王朝的政局并不稳定，嬴政本人就遇到了三次暗杀事件，其中包括张良收买杀手在博狼（一作浪）沙的伏击。同时，不少地区很不稳定，最动荡的地区便是原来属于齐国和楚国的东方地区。

而东方则是秦国历代国君都很关注的地方。据考古发现，秦国贵族的葬俗与中原的习俗很不一样，据考古专家统计，在已发现的墓葬中，有 80%是坐西朝东，而不像中原地区那样坐北朝南。秦人为什么会有这样浓厚的"东方情结"？他们是不是与东方有特殊关系或对东方有特殊兴趣？从司马迁对秦人族源的记述中或许可以找到答案。

司马迁说：秦人是颛顼的苗裔孙女脩的后代，女脩之子大业曾娶少典氏之女，生大费。大费因协助大禹治水有功，舜赐他"皁游"（zào liú，"游"通"旒"，"皁游"为古代旗帜上的黑色飘带），妻之姚姓之玉女，并"赐姓嬴氏"。大费（即柏翳，一作伯益）次子若木的玄孙为费昌，费昌子孙"或在中国，或在夷狄"。到中衍的玄孙中潏（jué）时，开始迁住在西部的戎族地区[17]。司马迁的记述表明，秦人原出于东方，其先很可能就是生活在山东一带的东夷人。秦人的"东方情结"或即由此。

嬴政也很在乎东方。他统一中国后五次出巡，主要就是巡察这些地区，最后病死在出巡的途中。嬴政巡察的目的，是想并用安抚和威慑的办法使东方安定下来。他厚待方士、儒生，也是想缓和东部地区的反抗情绪。因此，他对博士、方士、儒生并不像卢生等人所说，是当作摆设，对他们的话还是当作一回事的。如嬴政派遣蒙恬率兵30万北击匈奴这样重大的决策，就是因为听信卢生上奏的"谶（chèn）言"（是先秦两汉时代出现的一种带有政治性的预言）"亡秦者胡也"而决定的。当时，北方的边患一直是令嬴政头痛的事，这是一块心结。他一听到谶言所提到的"胡"，自然立即就会想到匈奴，而没有想到这个"胡"竟然是秦二世胡亥。

嬴政笼络齐、楚的目的并没有达到。他可能低估了东方各国对秦王朝的反抗情绪。楚国灭亡时曾流传一个预言（也属于谶言之类）："楚虽三户，亡秦必楚。"[18]秦王朝的灭亡，果然与三个楚国人有关，他们是：陈胜、项羽、刘邦。"楚虽三户"本来是指楚国屈、景、昭三个贵族家族。但在陈胜、项羽、刘邦三个人中，只有项羽的先人世世为楚将，具有贵族身份，陈胜、刘邦则出身于下层，陈胜更是一名充当戍卒的匹夫。

道家治国：封建帝国对意识形态的第二次选择

秦王朝的严刑峻法、横征暴敛，特别是修长城、建宫殿、筑陵墓、征辽东，使人民不堪重负，激化了社会矛盾，加速了它的灭亡。公元前209年，终于爆发了陈胜、吴广领导的起义，"一夫作难而七庙隳，身死人手为天下笑"[19]。嬴政本想传之千世万世的秦王朝，只传到二世，就在反秦的浪潮中覆灭，成为中国历史上很重要但又很短命的王朝。中国历史就是以它为标志，分为"先秦"时代和"后秦"时代。

公元前206年（史学家对西汉的纪年一般从这一年开始），刘邦称汉王，经过与项羽之间进行长达4年的楚、汉战争，到公元前202

年，刘邦在萧何、韩信、张良等人的辅助下打败了项羽，正式称帝。这才意味着汉王朝的真正建立。

汉王朝几乎是在战争的废墟上建立起来的。建国之初，面对的是农业生产受到严重摧残、全国人口锐减、城市破败凋敝、市场混乱不堪、物价昂贵的局面，一些地区甚至出现“人相食”[20]的惨景，国家府库空虚，财政也困难到了极点，连皇帝御驾用的四匹颜色相同的马都无法找到，将相们出门则更只能用牛拉车（可以想象一下，满街牛车拉着大臣们上朝，那是什么景象）。

因此，恢复农业生产、稳定社会秩序，就成为汉王朝建国以后面临的最紧迫任务。同时，秦王朝严刑峻法、横征暴敛导致覆灭的教训就在眼前。在这种情况下，汉王朝不得不废除秦王朝的各项苛政（刘邦在进入关中地区时就已经作出废除秦苛政的许诺，并“约法三章”），采取轻徭薄赋、“与民休息”的政策，让人民喘一口气（休），让人口得以增长（息）。于是，汉王朝尽管承袭了秦王朝的政治体制（用史学家的说法，叫“汉承秦制”），但放弃了秦王朝的法家治国方针，转而以道家思想作为治国的指导思想。

以道家思想作为治国指导思想，在刘邦时代初步形成，到汉惠帝和吕后时期基本确立，到汉文帝、汉景帝时期，达到高峰。这一指导方针实施的结果，是经济的迅速恢复、国力的日渐增强，这使汉王朝进入了它最兴盛的时期——文、景时代，造就了“文景之治”局面。

汉王朝初年所采纳的道家思想，不是庄子思想，也不完全是老子的思想，而是“黄老道家”思想。它是在战国中后期到汉朝初年经过改造的道家思想，是道家的新形态。其主要特点是：以《老子》思想为基础，吸收和统摄了各家的思想，包括以儒家、法家思想为基础糅合而成的“刑德”并用思想；把老子的“清虚以自守，卑弱以自强”的消极退让原则改造为以退为进的原则，强调“与时迁移，因物变化”、“以因循为用”，主张政策措施要顺应形势的发展和变化；在“以虚无为本”的命题中注入废除苛政、轻徭薄赋、尚俭节用等内容，使它转化为缓和阶级矛盾、发展社会经济的现实政策；强调“君道无为，臣道有为”，对君权在一定程度上作了限制。

在韩非的思想中，也吸收有黄老道家思想的成分，比如“君道无为，臣道有为”的思想。嬴政虽然欣赏韩非，但从他的政治实践来看，韩非思想中的道家成分被他剔除了。他面临的形势也不可能让他

“无为而治”。但刘邦不同，他不担心实行“君道无为、臣道有为”方针对他的权力构成威胁。在做了皇帝之后，他曾与群臣讨论他获得成功、项羽最终失败的原因。他说：“运筹策帷帐之中，决胜于千里之外，吾不如子房（即张良）；镇国家，抚百姓，给馈饷，不绝粮道，吾不如萧何；连百万之军，战必胜，攻必取，吾不如韩信。此三者，皆人杰也。吾能用之，此吾所以取天下也。”[21]刘邦这段话，正是对“君道无为、臣道有为”的形象性诠释：打仗有韩信，政治管理和后勤有萧何，军事决策有张良，他只要使用他们，就可以“垂拱”而享有天下了。

窦漪（窦太后）

汉朝初年，不仅刘邦以及一批大臣如张良、陈平、曹参、汲黯等，接受和实践了道家思想，即使是在宫廷和贵族中，道家思想也很流行。

说到汉代宫廷中对道家的热衷，就不能不提窦太后其人。

窦太后（前？一前135）名漪，清河郡（今河北清河）人。她出身于民间，吕后时被选入宫，赐给了当时还是代王的刘桓。刘桓很喜欢她，与她生了女儿刘嫖（即馆陶长公主），以后又生刘启和刘武（即梁孝王，先封代王）。刘桓即位，为汉文帝，他与原来王后所生的四个儿子已经相继去世，于是便立长子刘启为太子，窦漪也就“母以子贵”，成为皇后。公元前169年，文帝去世，刘启继位，是为汉景帝，窦漪也就成了太后。

窦漪虽然在汉文帝时就因病而双目失明，但这丝毫未影响到她对政治的关心。窦漪不仅自己特别爱好《老子》，她还要求皇帝、太子以及窦氏家族都要学习道家学说，研习《老子》。有一次，她召见博士辕固生，向他询问《老子》，作为儒家学者的辕固生当面把她顶了回去，他说：那不过是童仆之语。辕固生的本意可能只是贬斥《老子》，但没有想到无意中也触犯了窦漪出身下层的忌讳，她不禁大怒，不仅质问辕固生：难道只能看那些刑徒的书（指儒家著作）吗？并令年届七十的辕固生在皇家动物园里与野猪搏斗，这实际上是想要了他的老命。汉景帝刘启很同情辕固生，给了他一把锋利无比的剑，刺死野猪，辕固生得以躲过一劫，窦太后也不便再给什么惩罚，才使事情得以了结[22]。

公元前141年，汉景帝去世，16岁的刘彻继位，是为汉武帝。刘彻做太子时，在信奉儒学的赵绾、王臧等人影响下，就接触了儒学，并倾向于儒学。即位后，他广招方正贤良之徒，开始任用儒生。丞相卫绾还上奏，建议对贤良之士进行甄别，凡“所举贤良，或治申、商、韩非、苏秦、张仪之言，乱国政，请皆罢”㉓。这可以说是“独尊儒术”的先声。

窦太后见刘彻想改变道家治国的方针，立即进行干预。当时，赵绾、王臧想要恢复儒家的明堂、辟雍制度，担心窦太后反对，便建议刘彻不要将此事奏请窦太后。窦太后派人暗地追查，立即追究，将他们下狱，让他们在狱中自杀，剪除了刘彻的羽翼。在这次事件中，窦太后的侄子魏其侯窦婴、汉景帝皇后的同母弟武安侯田蚡(fén)也被牵连，受到“以侯家居”的罢职处分。慑于这位老祖母的威严，刘彻在窦太后生前再也没有重用儒生㉔。但他也做了点小动作，即在窦太后去世的前一年，设立了《五经》博士。由于汉文帝时就开始设“一经博士”㉕，刘彻只是扩大经学博士的范围，将《五经》全都列于学官，因此也不算违制。但从此以后，博士就只有官方认可的《五经》大师才能担任。

仅从上面所举的几件事可以看出，窦太后在维护汉王朝初年的道家治国路线方面，可谓是不遗余力的。

汉初的儒学

刘邦是沛县丰邑(今江苏丰县)人，地近安徽北部、河南东北部的道家思想发源地区。他早年受到道家的浸润可能较多，对儒学的印象也就不甚深刻，甚至反感。据说，当刘邦略地陈留经其所属的高阳(今开封杞县西南)时，当地名士郦食其(lìyìjī)求见刘邦，刘邦麾下骑士提醒郦食其：沛公不喜儒生，有戴儒冠来见的，沛公就“解其冠，溺其中”；而且他与人谈话之间，还经常大骂儒生。您不能以儒生的身份跟他说话。刘邦听说求见的人是儒生模样，果然不见。后来，听说郦食其按剑大怒，自称是“高阳酒徒”，而不是儒生，正在洗脚的刘邦，这才未等擦干脚上的水马上接见了他㉖。由此可见他对儒生的反感。刘邦反感儒生，大概是认为儒学对他夺取天下没有什么用处，所以他见谋士陆贾时时称引《诗》《书》，便骂道：“乃公(天下)居马上得之，安事《诗》《书》!”[27]

但是,刘邦即皇帝位以后,却遇到一件令他头痛的事:那些横戈跃马的将军们在宴饮时,居然“饮酒争功,醉或妄呼,拔剑击柱”,弄得乌烟瘴气。这时,多年不露声色的叔孙通便乘机建议:“儒者难与进取,可与守成。臣愿征鲁诸生,与臣弟子共起朝仪。”朝仪制定出来以后,又对群臣进行培训。这时,朝堂上果然秩序井然,刘邦不禁兴奋地说:“吾乃今日知为皇帝之贵也!”[28]即使如此,刘邦也只是对让他体验到做皇帝威严的儒家礼仪感兴趣。

到汉惠帝时,秦王朝的“挟书律”被废除,儒家著作得以合法流通,儒学才有了转机。汉文帝、汉景帝时,还设了《诗》博士,将儒学经典列入官学。在道家思想盛行的时候,虽然设立儒学博士不过是“具官待问”,即摆摆样子,但毕竟使儒学取得了合法地位。

这时,儒学也没有放弃生存和发展的努力。从叔孙通制礼,陆贾、贾谊等提出德治主张,曲阜城中依然“弦歌之声不绝”以及儒学经典在民间流传等等,都表现了儒学不甘沉寂。到汉景帝时,围绕汤、武取代桀、纣是否可以说是“革命”的问题,还发生了以辕固生为代表的儒家学者和以黄生为代表的黄老派学者的公开论战。这更是儒家企图崛起的一次努力。

“独尊儒术”:封建社会意识形态的确立

公元前 135 年(汉武帝六年),窦太后去世,刘彻的机会终于来了。

次年(前 134),刘彻便开始实施恢复儒学的一系列举措:田蚡复出为丞相,再次“绌黄老、刑名百家之言,延文学儒者数百人”,并且让“公孙宏以《春秋》白衣为天子三公,封平津侯”,树立了靠儒学进身的样板,促使社会风气改变,使“天下之学士靡然向风”,为儒家思想成为占统治地位的思想铺平了道路。从此之后,“公卿大夫士吏,斌斌多文学之士”[29]。

公元前 124 年,刘彻又设立太学,《五经》博士每人可以招收 10 名学生,共招太学生 50 名。太学规模虽然不大,甚至象征意义大于实际意义,但在历史上却意义重大。它不仅开启了中国官办大学的历史,也标志着儒学正式成为官学,同时,国家从此有了培养后备官员的基地，为官员选拔提供了一条新的渠道。

按照传统的说法，刘彻正式确立以儒家思想为治国指导思想，是在他与董仲舒的一次“对策”之后。董仲舒在《举贤良对策》（根据《汉书》记载，“对策”一共进行三次，董仲舒也就上了三篇“对策”，这就是所谓的“天人三策”）中说：“今师异道，人异论，百家殊方，指意不同，是以上亡（无）以持一统，法制数变，下不知所守。臣愚以为，诸不在六艺之科、孔子之术者，皆绝其道，勿使并进。邪辟之说灭息，然后统纪可一，而法度可明，民知所从矣”。班固对此作了进一步的评述：“自武帝初立，魏其、武安侯为相而隆儒矣。及仲舒对册，推明孔氏，抑黜百家，立学校之官，州郡举茂材孝廉，皆自仲舒发之。”[30]此后，人们便用“罢黜百家，独尊儒术”来概括刘彻之后汉王朝的文化政策和儒学的地位。

刘彻为什么即位之后就那么急于改变治国指导思想呢？

大家都熟知一条著名的历史唯物主义原理：人们的社会存在，决定人们的思想。

刘彻即位时，汉王朝经过近 70 年的休养生息，经济得到恢复和发展，国力空前强盛。经济形势的好转，反映到人们的思想上，就是开始对“清心寡欲”、“无为而治”的道家思想感到不满足，因此，“荐绅之属皆望天子封禅、改正度”，改变现有制度和政策，能够有所作为。

刘彻本人也想有所作为。这除了他的性格因素和不安于以皇帝之尊而过着“清心寡欲”的生活外，还有他面临有两大问题需要解决：一是北方匈奴不断南侵的边患，一是诸侯王不断挑战中央的内忧。要想解决他所继承的这两大棘手的历史“遗产”，刘彻也必须有所作为。

匈奴问题是秦王朝时就有的老问题。嬴政为此曾派蒙恬率 30 万大军驻边、修筑长城。刘邦也想解决这个问题，他曾亲率 32 万大军远征匈奴，结果被冒顿单于在平城白登山（今山西大同市西）围困了七昼夜，后来还是按照陈平的建议，重贿冒顿单于的阏氏（yānzhī），才得脱险。此后，汉王朝就不得不对匈奴采取防守与和亲相结合的政策[31]。匈奴看出汉王朝的虚弱，更是肆无忌惮。刘邦去世后，冒顿单于居然给吕后写了一封“求婚信”：“孤偾（fèn，孤偾：孤弱不能自立的意思）之君，生于沮泽之中，长于平野牛马之域，数至边境，愿游中国。陛下独立，孤偾独居。两主不乐，无以自虞（通‘娱’），愿以所有，易其所无。”大意是：我孤你寡，我们两人都不快乐，不如结合起来。尽管匈奴无礼之极，但汉王朝国力太弱，吕后只得忍气吞声，她复了这样一封信：“单于不忘弊邑，赐之以书，弊邑恐惧。退日自图，年老气衰，发齿堕落，行步失度，单于过听，不足以自污。弊邑无罪，宜在见赦。窃有御车二乘，马二驷，以奉常驾。”[32]意思是：我自己想想，年纪太大，气力衰竭，头发牙齿都脱落了，行走也不方便，单于您听到的不确切，我也不能因为不相称而难堪。

一个国家的奇耻大辱，莫过于此。了解了汉王朝和匈奴70多年的关系，就可以理解霍去病为什么要发下“匈奴未灭，何以家为”这样的大愿，也就可以理解刘彻为什么要坚定不移地对匈奴发动战争。

诸侯王问题是汉王朝初年出现的问题。汉王朝建国后，刘邦曾经大封功臣和戚属，这就有了一批同姓王和异姓王。后来发现异姓王有叛乱的迹象，于是剪灭了韩信、英布、彭越等六个异姓王，只保留了一个长沙王吴芮，并作出一个决定：“非刘氏而王者，天下共击之。”[33]但是，后来的问题却发生在同姓王身上。诸侯王占据广大封地，征收租赋，铸钱煮盐，富逾中央，且拥有军队，“尾大不掉”的局面日渐形成，同时，经过几代人之后，靠刘氏的血缘关系已不足维系地方和中央的关系，到汉文帝时，就出现了诸侯王的叛乱，汉景帝时，更出现“吴、楚七国之乱”。“七国之乱”虽然平定了，但中央则被地方的叛乱搞得手忙脚乱，还向诸侯王作了让步，杀掉建议“削藩”的晁错。

刘彻即位后，诸侯王问题没有完全解决。他一心要确立儒学在思想领域的统治地位，但淮南王刘安却和众门客编著了《淮南子》（又名《淮南鸿烈》），大力宣扬道家思想，这显然让刘彻不愉快，加之刘安家族有着“叛乱”的家史，他的父亲淮南厉王刘长，就是在汉文帝时因“叛乱”而被废除王位的。这样一联系起来，就使得刘彻对刘安热衷道家思想更不放心，后来，终于以“阴结宾客，拊循百姓，为畔逆事”[34]的罪名出兵征讨刘安，并迫使他自杀。

诸侯王问题的存在，表明刘彻所追求建立强有力的中央集权体制的目标没有完成。他自然要完成这个目标，与此相应的，也必然要放弃包含着“君道无为”的道家思想。

董仲舒对儒学的改造

汉武帝所尊崇的儒学，已经不是先秦时代孔子、孟子所阐发的儒学，而是经过改造的儒学。在汉代对儒学进行改造的学者中，最著名的是董仲舒。

董仲舒（前179—前104），广川（今河北枣强，一说景县）人。据说他治学很发奋，曾经三年不窥园。汉景帝时为《公羊》博士，先后担任过江都王刘易和胶西王刘瑞的相。晚年托病辞官家居，“以修学著书为事”，一直到去世。董仲舒的学说是以《春秋公羊传》为基础的，他的著作除了前面提到的《天人三策》外，主要是《春秋繁露》。

董仲舒虽然被后人推崇为汉代的大儒，但即使从儒家的角度来看，他的思想也很奇怪。比如，他与不谈“怪力乱神”的先秦儒学不同，对“阴阳灾异”很感兴趣，喜欢把人事和天象、灾异相联系，提出了所谓的“天人合一”、“天人感应”说。他说的“天人合一”，不是我们现在所说的人与自然和谐相处，而是认为自然界的一切变异现象都是天的意志的体现，发生灾异现象是上天对人间发出的一种警告。他说：“臣谨案《春秋》之中，视前世已行之事，以观天人相与之际，甚可畏也。国家将有失道之败，而天乃先出灾害以谴告之；不知自省，又出怪异以警惧之；尚不知变，而伤败乃至。以此见天心之仁爱人君而不欲其乱也。”[35]若把董仲舒这段话与孔子所说的“天何言哉，四时行焉，万物生焉。天何言哉”[36]相比较，董仲舒的话简直就与江湖术士的论调差不多，哪里像是儒家学者在谈论学术呢？东汉时代，王充在《论衡》中所批判的“虚妄”，主要就是针对董仲舒的。使儒家思想变成“虚妄”的东西，或许与董仲舒家乡的学术风气有关。他家乡地处齐、燕一带，这是一个有着儒学方术化传统的地方，董仲舒可能受到了那里风气的熏染。

董仲舒还提出一个奇怪的想法，就是“以《春秋》决狱”（或称“经义决狱”）。他说：“春秋之听狱也，必本其事而原其志。志邪者不待成；首恶者罪特重；本直者其论轻。”[37]意思是：《春秋》断案的原则，一定要根据案情推究犯罪者作案的心理动机。动机邪恶的，即使犯罪未遂也须治罪，首恶的，量刑要格外严；而对出于善意犯罪的，量刑则从轻。

从董仲舒的解释可以看出，他说的“《春秋》决狱”，实际上就是要在断案中采用“原心定罪”的原则。它让我们联想到蒲松龄《聊斋志异》中的《考城隍》这篇小说。这篇小说写了一位秀才在病中被请到城隍府廨，参加选拔城隍的考试，他因为文中有“有心为善，虽善不赏；无心为恶，虽恶不罚”这样的名句，结果就考中了。犯罪是“有心”或“无心”，对于阎王来说，或许区别起来并不难，但在人间的具体案件中，区别起来就不容易了。为了解决操作难的问题，董仲舒汇编了有关案例，编成《春秋决事比》十卷，供司法实施参考。但案例也不能解决“原心定罪”的主观随意性问题，很多冤假案都可能在“原心”之中制造出来。董仲舒的学生廷尉张汤，就是利用这个原则制造冤案的能手，成为中国历史上著名的酷吏。但由于董仲舒“以《春秋》决狱”的主张，符合刘彻在司法领域中用儒家取代法家的要求，所以得到他的支持，以后也一直被沿用，直到唐代才被废止。

在董仲舒的思想中，对后世影响最大的，可能要数他提出的“三纲五常”说。所谓“三纲”，是指以君权、父权、夫权为中心所确立的三种社会关系，即“君为臣纲、父为子纲、夫为妻纲”；“五常”是指五种社会道德原则，即：仁、义、礼、智、信[38]。董仲舒的“三纲五常”同样以他所持的“天人合一”论为基础，所以他说“王道之三纲，可求于天”。又说：“君臣、父子、夫妇之义，皆取诸阴阳之道。君为阳，臣为阴；父为阳，子为阴；夫为阳，妻为阴。”[39]从董仲舒归纳出“三纲五常”开始，中国封建社会的“纲常伦理”就有了简洁而明确的表述，它也因此而更加深入地渗透进人们的社会生活，产生了更大、更深的影响。

有人以为“三纲五常”是儒家从孔子就有了的一贯思想，这是不确切的。说“五常”是孔子、孟子的思想，还离事实不远，至于“三纲”，就与孔子、孟子没有关系了。不仅没有关系，如果真正说起来，孔子、孟子对君臣关系的看法，与“三纲”还颇有点儿格格不入。比如孔子说：“君使臣以礼，臣事君以忠。”这就在君臣关系上表现出一点讨价还价的味道：如果“君使臣不以礼”，那么“臣事君”是不是还“以忠”呢？孔子没有回答这个问题，但孟子则直接回答了，他说：“君之视臣如手足，则臣视君如腹心；君之视臣如犬马，则臣视君如国人；君之视臣如草芥，则臣视君如寇仇。”从孔子、孟子上述言论中，怎么能看出有“君为臣纲”的意思呢？

那么，董仲舒的“三纲”思想是从哪里来的呢？如果要寻求它的源头，可能要找到韩非那里。韩非所说的“臣事君，子事父，妻事夫，三者顺则天下治，三者逆则天下乱，此天下之常道也”，大概是对“三纲”内容所作的最早表述了，只是没有使用“三纲”这个概念而已。在“纬书”《礼纬・含文嘉》中，对“三纲”的表述就开始定型了，它说：“三纲谓君为臣纲、父为子纲、夫为妻纲矣。”[40]

董仲舒的思想与“纬书”相通，也是耐人寻味的事。“纬书”是西汉时期出现的一批作品，编著者认为这些书可以和儒家的“经书”相表里，所以叫“纬书”。“纬书”里有一些合理的东西，比如它所保存的古代“浑天”说资料，使我们知道当时有一种天体结构的理论，即把天体比作一个鸡子，大地像蛋黄，居于中央，周围被气包裹着。这种理论比另外一种天体理论，即“天圆地方”的“盖天”说就要合理一些。后来张衡制造浑天仪，就是以“浑天”说为出发点的。但“纬书”的绝大部分内容是依托儒家的经义而宣扬符箓、瑞应、占验，充满预言王朝兴废治乱、人事吉凶祸福之类怪诞的内容。这些书，后来被隋炀帝杨广烧掉了。我们现在所看到的纬书，都是后人从各种古籍中辑录出来的“佚书”。这些“纬书”与董仲舒思想的契合，反过来彰显了董仲舒思想中的神秘成分。

董仲舒的“历史观”表现于他所提出的“三统”说中。董仲舒以黑、白、赤三种颜色分别与各个朝代搭配起来用以说明王朝的交替，每一种颜色的“统”对应一个王朝。历史的发展就是这三种颜色的“统”互相替代和循环。“三统”说可能来源于战国时代阴阳家邹衍的“五德始终”说，至少也吸收了阴阳家的五行相生相克思想。

尽管他的思想与孔子思想并不一样，但他认为，他所阐发的这些思想都是不可变易的定律，即所谓“天不变，道亦不变”[41]。

从董仲舒思想的来源或依据可以看到，他改造儒学，实际上就是把儒家的东西与法家、阴阳家甚至方士的思想放到一起“一锅煮”。

“经学”

到汉代，儒学开始以“经学”的形态出现。

顾名思义，“经学”就是训释和阐发儒家经典的学问。

所谓“儒家经典”，在汉代，是指立于学官的《易》、《书》、《诗》、《礼》、《春秋》等《五经》；到唐代，扩展为“九经”（《易》、《书》、《诗》加上《春秋》三传，即《左传》、《公羊传》、《穀梁传》；再加“三礼”，即《周礼》、《仪礼》、《礼记》），晚唐时期又增加《论语》、《尔雅》、《孝经》，成为“十二经”；宋代，将《孟子》列为经书，这标志“十三经”开始定型。明代李元阳刻《十三经注疏》，“十三经”的名称便最终确定下来。

这十三部儒学著作虽然都是经典，但它们的地位还是有不同的。《五经》是孔子亲手删定的，它们才是真正的“经”，位置最高；而《左传》、《公羊传》、《穀梁传》则是阐发《春秋》的“传”，《礼记》、《孝经》、《论语》、《孟子》则属于“记”，位置次之；《尔雅》是为诠释经书的训诂著作，位置又次之。

“经学”就是对这些典籍的诠释和论述。但是，在实际的“经学”研究中，中国传统的学术文化几乎都是在“经学”的框架下讨论和发挥，这就使“经学”扩展到哲学、史学、文学、天文、历法、地理、文字、音韵、训诂以至科技等各个方面，成为一个范围十分广泛的综合性领域。

“经学”对中国文化的重要意义，是将儒学的基本著作确立为经典，使它们成为中国文化的基本典籍。在成熟的文明体系中，人们总是要把一个民族的自我意识、民族的价值观、这个民族对世界的基本看法，以及与其相关的理念，用一种较为稳定的方式肯定下来并加以传承。经典性的文本就是很好的方式。依靠经典的权威，可以更容易地把民族文化嵌入进人们的良知和理性之中，对人们的思想特别是价值观进行规范；通过经典性文本，也可以更容易地使民族文化在时代相继的人们之间传承，增强民族认同的文化纽带。只要我们注意看一看，一本《圣经》就使西方人那么容易找到共同语言，就会明白“经典”所具有的文化价值。

今文经学和古文经学

经过秦王朝的焚书和禁书，先秦时代的儒学经典在秦汉之际已经难以见到。研习儒家经典，只能靠师生之间“口耳相传”，即老师口述，学生听讲。汉朝初年虽然解除禁令，可以公开传授儒学，但儒学经典仍然缺乏，于是就用当时通行的汉字形体——隶书将儒学经典重新写定，作为人们学习儒学经典所依据的文本。

据说，鲁恭王刘余在扩建宫殿时，要拆与其相邻的孔子旧宅。在孔子故宅的夹壁中，人们发现了一批用六国文字书写的儒学经典。这种字体，笔画曲折，肥瘦不一，形如蝌蚪，当时人便称之为“蝌蚪文”。现在曲阜孔府中所保存的“鲁壁”，据说就是刘余当年发现孔府藏书的夹墙。

汉文帝刘桓曾提倡民间献书，于是，北平侯张苍献上了《春秋左氏传》，河间献王刘德不知从哪里得到了《周官》、《礼经》，也献了上来，鲁“三老”（古时掌教化的乡官）还献上了《孝经》，等等。这些书与“鲁壁”中的藏书一样，都是用六国时代的文字书写的，人们便把它们叫作“古文经”，于是，就把用汉代隶书写定的经书称为“今文经”。当时能够认识六国文字的人已经不多，这些古文经重新问世以后，主要藏于皇宫，没有引起人们重视。

西汉成帝刘骜（前 33—前 7 在位）、哀帝刘欣（前 6—前 1 在位）时，刘向、刘歆（xīn）父子先后负责整理皇宫图书，刘歆（约前 53—23）在皇宫藏书中发现了《春秋左氏传》（即《左传》），认为作者左丘明是孔子同时代人，孔子曾说过“巧言、令色、足恭，左丘明耻之，丘亦耻之。匿怨而友其人，左丘明耻之，丘亦耻之”[42]这样的话，说明左丘明的思想的确与孔子很接近，而《春秋左氏传》又是用战国时的文字写的，因此，在诠释《春秋》的著作中，《左传》比靠口耳相传的《公羊传》、《穀梁传》应该更为可信，建议将《左传》等古文经立于学官。但刘歆的建议遭到博士们的强烈反对，刘歆便写了《移让太常博士书》这篇有名的文章，批驳博士们“抱残守缺”，为古文经辩护。王莽执政后，开始设古文经博士，古文经才得以立于学官，成为官学。由于西汉末年所发生的这场争论，是由学者们所依据的儒学经典文本的不同而引起的，所以人们习惯称之为“今、古文之争”。

“今、古文之争”几乎贯穿了整个经学史，并形成了两大经学派别：今文经学和古文经学。随着争论的发展，今、古文经学的分歧就超出了文本的范围，而涉及学术主张和治学方法的对立，甚至包含了对儒学一些根本问题的不同理解。比如古文经学认为，经书是古代文献，应该从文字训诂入手，先读懂经书，搞清楚古代的典章制度，而今文经学则认为经书里面有圣人的“微言大义”，阐发经学，就是揭示包含在经书字里行间的“微言大义”。古文经学把政治家周公看作儒学的奠基者，而今文经学则把神圣化了的孔子作为儒学的“教主”，等等。

今文经学盛行于西汉，董仲舒就是今文经学的著名代表。他以所谓的“天人感应”谈论自然界的“灾异”现象，这也是今文经学的共同特点，特别是到汉哀帝刘欣、汉平帝刘衎的时期，随着“纬书”的更加盛行，以及“纬书”与“图谶”一起，形成所谓的“谶纬之学”之后，今文经学往往又与“谶纬之学”合流，这就更使经学蒙上神秘主义色彩[43]。同时，他们为了挖掘经书中的“微言大义”，往往不遗余力探幽索隐，结果，简单明了的文字，解释起来却长篇累牍，喋喋不休。如有人讲《尚书》，仅仅《尧典》篇目的“尧典”两个字，就用了十万字；讲《尧典》首句“曰若稽古”四个字，就用了三万字，把经学搞得特别烦琐。任何学术，一旦烦琐起来，就意味着在走向衰微。

到东汉时期，今文经学衰落，古文经学代之兴起，出了不少经学大师，经学研究也取得可观的成绩。中国第一部字典——《说文解字》的作者许慎(约 58—约 147)，就是著名的古文经学大师，被称为“经学无双”。他的《说文解字》，至今还是研究文字学的必读书。这时的著名经学家还有卫宏、贾逵、马融等。马融(79—166)，担任过校书郎、议郎、南郡太守等官职，后来主要从事古文经学的教学和研究。他办学很讲究，讲课时，前面有绛色帏帐，后面陈列女乐，是不是在音乐声中授课，没有看到记载，就不得而知了。但与教育有关的一些词语，如“设帐”、“绛帐遗风”等，确实是来源于马融。马融的办学规模也很大，门人经常有上千人，刘备的老师卢植就是他的学生，也是经学家，后来官至中郎将。学生太多，马融无法一一面授，就由他的入室弟子(高才生)代为教授。作为东汉末年一代经学大师的郑玄，虽说也是马融的学生，但三年时间只见到马融一面，平时就是由马融的入室弟子授课的。

但是，古文经学也有问题。它把经学研究重点放在文字训诂和典章制度考证上，使儒学经典的训释显得支离破碎；它不注意儒学义理的研究和阐发，使儒学在理论上不能创新，儒学思想得不到发展。

郑玄(127—200)看到了古文经学的问题，所以他在治学上虽然以古文经学为主，但也兼采今文经学，这使他成为集汉代经学大成的学者，对后世经学影响颇大。在现在的《十三经注疏》中，《诗经》、《周礼》、《仪礼》、《礼记》等四部经典都采用了郑玄的注，他在经学史上的地位由此可见。由于郑玄主张调和今文经学与古文经学，对经学研究产生了影响，使“今、古文学”之争暂时缓和。以后的很长时间，经学家们虽然也有今文学和古文学的立场不同，但他们之间没有出现什么大的争论。

但到晚清，围绕今文经学和古文经学的争论又出现了。这场争论一直延续到民国初年，很多大师级的学者卷入其中，颇引人注目，也引起了人们研究历史上的“今、古文学”之争的兴趣。

司马迁与《史记》

中国是一个非常重视历史的国度，留下的史籍可谓汗牛充栋。但是，在如此多的史籍中，人们不会忘记两部历史著作：《史记》和《资治通鉴》。恰好这两部史籍的作者都姓司马，即司马迁和司马光。于是人们把他们称为史学两“司马”。

司马迁（前145—前85?）字子长，左冯翊夏阳（今陕西韩城西南）人。他出身于史学世家，他的父亲司马谈也是一位优秀的史学家，曾经立志修撰一部史书，但未能完成，便将这项任务留给了司马迁。

司马迁大约10岁开始学习古代典籍，后来，又跟今文学家董仲舒研习《公羊春秋》，向古文学家孔安国学《古文尚书》。20岁时，从京师长安出发开始漫游，他的足迹遍及江淮流域和中原地区，所到之处，十分注意考察民俗，采集传说。元封三年（前108），司马迁继承司马谈的职务，担任太史令，掌管天文历法及皇家图籍，这使他得以接触内府所藏的图书。太初元年（前104），司马迁与唐都、落下闳等共同制定《太初历》，以取代已经显得不太精确的《颛顼历》。在掌握充分的史料之后，司马迁开始撰写《史记》。这时，发生了李陵投降匈奴事件。李陵是汉代著名将军李广的后代，司马迁在尚未了解李陵投降的具体情况的时候，只凭他以往对李陵的了解就为李陵辩护，结果获罪下狱，并被处以极其屈辱的刑法：腐刑。按汉代制度，交纳一笔赎金也可以免于受刑，但司马迁拿不出这笔赎金。

司马迁忍受了令他屈辱不堪的刑罚，只是为了一个目的：完成《史记》的撰写。经过多年的撰写，他终于完成了这部辉煌的鸿篇巨制，司马迁也因此而成为不朽的史学家。

《史记》或称为《太史公书》，共130篇。它是我国第一部通史，开创了史书的纪传体体例，以后历朝所撰写的正史，都是以《史记》为范本，沿袭了纪传体体例。司马迁在这部不朽的史学著作中，表现了他深刻的思想、广博的学识，也展示了他高超的语言文字水平，优美的文笔，生动的语言，鲜明的人物形象，使《史记》同时成为极其优秀的文学作品。鲁迅赞扬它是“史家之绝唱，无韵之离骚”[44]，是十分精当的。

继司马迁之后，东汉的班固撰写了《汉书》。这是我国第一部纪传体的断代史。此后各朝官修的前代史书，就是这种纪传体的断代史。班固的《汉书》对后世的影响也很大，他便与司马迁合称“马班”。后来，《汉书》又与《史记》、《后汉书》、《三国志》一起，被人们称为“前四史”，即“二十四史”中前四部优秀的史籍。

【注释】

①恩格斯《社会主义从空想到科学的发展》：“每一时代的社会经济结构都形成现实基础，而每一历史时期的法律、政治设施以及宗教的、哲学的观点都构成上层建筑。”《马克思恩格斯选集》第三卷，人民出版社，1995 年中文版，第 739 页。

②《论语・颜渊》，阮元校刻《十三经注疏・论语注疏》卷一八，中华书局，1980 年影印本，第 2503—2504 页。

③《墨子・尚同上》，孙诒让：《墨子间诂》卷三，中华书局，2001 年版，第 75、77 页。

④《孟子・梁惠王上》：“孟子见梁襄王，出，语人曰：‘望之不似人君，就之而不见所畏焉。卒然问曰：“天下恶乎定？”吾对曰：“定于一。”’”阮元校刻《十三经注疏・孟子注疏》卷一下，中华书局，1980 年影印本，第 2670 页。

⑤《孟子・万章上》：“孔子曰：‘天无二日，民无二王。’”阮元校刻《十三经注疏・孟子注疏》卷九上，中华书局，1980 年影印本，第 2735 页。

⑥《荀子・王制》，王先谦：《荀子集解》卷五，中华书局，1988 年版，第 163 页。

⑦《汉书》卷三〇《艺文志》，中华书局，1964 年版，第 6 册，第 1746 页。

⑧按：嬴政在公元前 247 年即位为秦王，公元前 221 年统一中国后称“始皇帝”。但史书所说的“始皇××年”，往往从他为秦王时算起，即包括他统一中国之前的在位时间。

⑨《吕氏春秋・审分览・执一》，陈奇猷：《吕氏春秋新校释》卷一七，上海古籍出版社，2002 年版，第 1143 页。

⑩《吕氏春秋・审分览・不二》，陈奇猷：《吕氏春秋新校释》卷一七，上海古籍出版社，2002 年版，第 1135 页。

⑪《史记》卷六《秦始皇本纪》，中华书局，1959 年版，第 1 册，第 227 页。

⑫《史记》卷八五《吕不韦列传》，中华书局，1959 年版，第 8 册，第 2511 页。

⑬《韩非子・扬权》，陈奇猷：《韩非子新校注》卷二，上海古籍出版社，2000 年版，第 137 页。

⑭谭嗣同：《仁学》，《谭嗣同全集》下册，中华书局，1981 年版，第 337 页。

⑮《史记》卷六《秦始皇本纪》，中华书局，1959 年版，第 1 册，第 254—

255 页。

⑯《史记》卷六《秦始皇本纪》,中华书局,1959 年版,第 1 册,第 258 页。

⑰《史记》卷五《秦本纪》,中华书局,1959 年版,第 1 册,第 173—174 页。

⑱《史记》卷七《项羽本纪》,中华书局,1959 年版,第 1 册,第 300 页。

⑲贾谊:《过秦上》,《贾谊集·新书》,上海人民出版社,1976 年版,第 3 页。

⑳《汉书》卷二四上《食货志上》:"汉兴,接秦之敝,诸侯并起,民失作业,而大饥馑。凡米石五千,人相食,死者过半。"中华书局,1964 年版,第 4 册,第 1127 页。

㉑《史记》卷八《高祖本纪》,中华书局,1959 年版,第 2 册,第 381 页。

㉒《史记》卷一二一《儒林传》,中华书局,1959 年版,第 10 册,第 3123 页。

㉓《汉书》卷六《武帝纪》,中华书局,1964 年版,第 1 册,第 156 页。

㉔《史记》卷一二《孝武本纪》:"元年,汉兴已六十余岁矣,天下乂安,荐绅之属皆望天子封禅、改正度也。而上乡(通'向')儒术,招贤良。赵绾、王臧等以文学为公卿,欲议古立明堂,以朝诸侯。草巡狩封禅改历服色事。未就,会窦太后治黄老言,不好儒术,使人微(暗中侦察)得赵绾等奸利事,召案绾、臧,绾、臧自杀,诸所兴为者皆废。"按:司马迁的《史记》原有《今上本纪》,但后来散失,现在的《孝武本纪》是由汉代博士褚少孙以《封禅书》为主要素材补作的,写得不很好,让我们看到的主要是刘彻热衷于封禅和神仙方术方面。

㉕《后汉书》卷四八《杨李翟应霍爰徐列传》:"初(翟)酺之为大匠,上言:'孝文皇帝始置一经博士。"中华书局,1965 年版,第 6 册,第 1606 页。

㉖《史记》卷九七《郦生陆贾传》,中华书局,1959 年版,第 8 册,第 2692 页。

㉗《史记》卷九七《郦生陆贾传》,中华书局,1959 年版,第 8 册,第 2699 页。

㉘《史记》卷九九《刘敬叔孙通传》,中华书局,1959 年版,第 8 册,第 2722—2723 页。

㉙《史记》卷一二一《儒林传》,中华书局,1959 年版,第 10 册,第 3118、3119—3120 页。

㉚《汉书》卷五六《董仲舒传》,中华书局,1964 年版,第 8 册,第 2525 页。

㉛《史记》卷二五《律书》:"孝文曰:'……今匈奴内侵,军吏无功,边民父子荷兵日久,朕常为动心伤痛,无日忘之。今未能消距,愿且坚边设候,结通和使,休宁北陲。"中华书局,1959 年版,第 4 册。第 1242 页。

㉜《汉书》卷九四上《匈奴传上》,中华书局,1964 年版,第 11 册,第 2754—2755 页。

㉝《汉书》卷四〇《张陈王周传》,中华书局,1964 年版,第 7 册,第 2047 页

㉞《史记》卷一一八《淮南衡山列传》,中华书局,1959 年版,第 10 册。第 3082 页。

㉟董仲舒:《对贤良策·第一策》,班固:《汉书》卷五六《董仲舒传》,中华书

局，1964 年版，第 8 册，第 2498 页。

㊱《论语·阳货》，阮元校刻《十三经注疏·论语注疏》卷一七，中华书局，1980 年影印本，第 2526 页。

㊲董仲舒：《春秋繁露·精华第五》，苏舆：《春秋繁露义证》卷三，中华书局，1992 年版，第 92 页。

㊳按：《尚书》所说的“五常”与此不同，它指：父义、母慈、兄友、弟恭、子孝。

㊴董仲舒：《春秋繁露·基义第五十三》，苏舆：《春秋繁露义证》卷一二，中华书局，1992 年版，第 351、350 页。

㊵孔颖达《礼记正义》卷三九引，阮元校刻《十三经注疏·礼记正义》卷三九，中华书局，1980 年影印本，第 1450 页。

㊶《汉书》卷五六《董仲舒》，中华书局，1964 年版，第 8 册，第 2519 页。

㊷《论语·公冶长》，阮元校刻《十三经注疏·论语注疏》卷五，中华书局，1980 年影印本，第 2475 页。

㊸按：一般认为，图与谶是两个东西，谶是政治性的预言，如陈胜为了发动起义，由吴广装神弄鬼，学狐狸叫的“大楚兴，陈胜王”，就属于谶。有时，谶言以图画的形式表现，大概就像传说为唐代袁天罡所作的《推背图》之类，两者合称“图谶”

㊹鲁迅：《汉文学史纲要》，《鲁迅全集》第一〇卷，人民文学出版社，1973 年版，第 581 页。

“三教”:从并立到融合

人们常常用“三教九流”来概括中国传统学术文化。

“九流”是指前面所说的先秦“诸子”的各个派别。它得名于班固的《汉书·艺文志》。班固在《汉书·艺文志》中，把先秦时代的诸子分为道家、儒家、墨家、法家、兵家、名家、农家、纵横家、阴阳家、小说家十家，并说：“诸子十家，其可观者九家而已。”而他在逐一评论诸子各家时，大都以“××者流”这句话开始，如“道家者流”如何如何、“墨家者流”如何如何，于是，后人便用“九流”来总称诸子各派。

“三教”指儒、道、释（佛），是对东汉以后中国思想文化格局的概括。根据现存文献，最早将儒学、道教、佛教并列讨论的，大概是东吴赤乌四年（241），孙权与尚书令阚泽讨论“孔丘、李老得与佛比对不（否）”①；最早出现“三教”概念的，大概是北周武帝建德二年（573），这年十二月（574 年元月），宇文邕曾在宫廷召集儒道释的代表人物“辨释三教先后”②。

社会动乱：“三教”并立的背景

魏晋南北朝时期长达 400 年的社会动乱，给道教的发展和佛教在中原地区广泛传播提供了重要契机。

汉朝末年，中国进入动乱不安的年代。在黄巾起义的冲击下，汉王朝迅速崩溃，出现了魏、蜀、吴三国鼎立的局面。结束三国分立时代的西晋王朝，在内部权力纷争和北方游牧民族入侵之下很快就瓦解了，司马氏被迫南渡，在建康（南京）建立东晋，而在北方，则出现了匈奴、鲜卑、羯、氐、羌和汉族先后建立的十六个割据政权跑马灯般更替的局面，以后又让位给北魏、东魏、西魏、北齐、北周，而与南方的宋、齐、梁、陈几个朝廷对峙。这就是中国历史上的魏晋南北朝时期③。直到隋、唐王朝的建立，才结束了这个漫长的动乱年代，再建起中央集权的“大一统”封建王朝。

这个时期，是国土破碎、战乱频仍、生灵涂炭的时期，但又是中国文化发展的重要时期。汉族在与少数民族的融合中迅速发展，中国本土道教在民间产生后逐步走进上层社会，佛教开始融入中国文化，对中国古代抽象思维发展起了推进作用的玄学成为时代思潮，这些在中国文化发展史上很有意义的事件，都发生在这个时期。此外，田园诗、山水画等新的文学艺术品种，陆机《文赋》、刘勰《文心雕龙》、钟嵘《诗品》等文学批评著作，也孕育于这个时代。有人把魏晋南北朝时期视为继春秋战国之后中国文化发展的又一个高峰期，是不无道理的。

儒、道、释“三教”由对立、并立逐步走向融合，更是这个时期不可忽视的文化现象。

经学的衰微

在中国历史上，佛教、道教的兴盛与儒学的衰微，往往是伴生的现象。东汉以后的动乱年代为佛教、道教的生存和发展提供了社会温床，而儒学—经学的衰落，则为佛教、道教进入思想领域让出了空间。

人们都熟知描述汉代学术兴衰的一句话，叫“郑（玄）学盛而汉学衰”[④]。“郑学”的兴起确实是汉代经学衰微的标志，但不是原因。

汉代经学走向衰微，有经学本身的原因。如前所述，在汉代经学中，今文经学流于繁琐和虚妄，并走向神秘主义；古文经学走向支离破碎，更不注意对儒学进行学理性的探讨和阐发。这两者都使儒学失去理论创造力。同时，无论烦琐还是支离破碎，都把经学弄得十分繁难，以至于“烦言碎辞，学者罢（pí，疲惫）老且不能究其一艺”[⑤]。但是，经学在东汉以后走向衰微的原因，还不止于此，促使它走向衰微的更重要原因还是来自政治、社会方面。

东汉末年，出于政治斗争的需要，掌权的宦官与贵戚诬指一些官员为“党人”，把他们或下狱，或“免官禁锢”，甚或置于死地。一次“党祸”，勾连的多达数百人。其中受打击的重点则是知识界，以至于造成士气颓丧、儒风寂寥的局面。知识分子萎靡不振，对经学自然会带来影响。

到魏晋南北朝时期，遇到的又是军阀割据和混战的局面。动乱的社会条件，不仅使儒学人才的培养困难重重，儒学人才的需求市场也十分狭窄。各个政治军事集团最需要的是治军、外交和政治谋划人才，而不是讲究德行学问、礼仪名节的儒生。就连比较看重人才的曹操也声称，即使“负污辱之名，见笑之行，或不仁不孝而有治国用兵之术”者，也“勿有所遗”[⑥]，一并网罗。他的“人才观”是：“有行之士未必能进取，进取之士未必能有行也。陈平岂笃行、苏秦岂守信邪？而陈平定汉业,苏秦济弱燕。由此言之,士有偏短,庸可废乎!”[⑦]言外之意就是,那些讲究德行的儒生已经不合时宜了。

到魏文帝曹丕时,推行“九品中正制”,不再以经术取士,儒家的经书连敲门砖的作用都失去了,知识界对经学淡薄起来,岂不是很自然的事?

这些,都是导致经学衰微的因素。

玄学:士大夫精神避难所

经学衰微之后,是玄学的代兴。它很快成为魏晋时代的学术主潮。

提到魏晋玄学,我们很容易想到鲁迅1927年在广州所作的关于魏晋风度的讲演。这次讲演的记录稿后来以《魏晋风度及文章与药及酒之关系》为题发表。这篇讲演稿虽然是谈学术,且有感而作,但很生动、很深刻,它让我们看到魏晋“名士”服药饮酒、宽衣博带、通脱不羁、不拘礼法的风貌,以及在这背后的深沉和无奈。

中国很早就有“三不朽”之说,即所谓“大(tài)上有立德,其次有立功,其次有立言”[⑧]。但是,在魏晋时代(包括东汉末年),“三不朽”只能成为空话。

先说“立德”。汉代在官员选拔上实行察举制度,由地方推荐,然后朝廷面试。董仲舒的《对贤良策》就是面试时所作的“对策”。但当时把持推荐权的是豪门世族,并且很快就在推荐中弄虚作假,于是便流行这样的民谣:“举秀才,不知书。举孝廉,父别居。寒素清白浊如泥,高第良将怯如鸡。”[⑨]儒家所倡导的伦理道德,在现实中已经名不副实,被别人说是有德行的人,或许会认为是在讥刺自己。于是,一些士人由激愤转而“非汤武而薄周孔”(嵇康),公开反“名教”(即儒家的礼法)。

再说“立功”。魏晋时期,各个政治集团不断争斗,各股政治势力随时消长,政坛的主宰人物不断变换。夹在各种政治势力之间的士大夫们,很难左右逢源,那些特别爱惜自己“羽毛”(即看重名节、声誉)的士大夫,更不愿朝秦暮楚,于是,便采取与统治者不合作的态度。“竹林七贤”之一的阮籍,就“本有济世志”,但他不愿与司马氏同流合污,便只好沉湎于酒。司马昭想用与阮籍联姻的办法招揽他,当提亲者上门时，他一连沉醉60天，使来人根本没有提亲的机会；后来，司马昭让钟会找他的把柄而将他致之以罪，钟会曾多次向他询问时事，他“皆以酣醉获免”[10]。“竹林七贤”的另一个代表人物嵇康也是与当权不合作者，但他则未能幸免于难。司马氏抓住他说的“非汤武而薄周孔”等言论，给他加上“非圣无法”的罪名，杀了他。临刑时，三千太学生赶到刑场要求拜他为师，他拒绝了太学生们的请求，泰然自若地弹了一曲《广陵散》，以一句“《广陵散》于今绝矣”[11]的感叹，为生命画上句号。

再说“立言”。立言就是撰写文章、著书立说。当时，对文章重视的莫过于曹丕。他在《典论·论文》中说：“盖文章经国之大业也，不朽之盛事。”[12]对于既有政治实力又有军事实力的曹氏集团以及依附他们的文人来说，从事著述自然没有问题，但对于既没有军事实力又没有政治实力的文人来说，想写文章就不那么容易了，特别是那些不愿随波逐流的名士，就更加困难。孔融、祢衡还没写什么大逆不道的文章，只是讥讽曹操几句，就被杀了——一个被曹操杀了，一个被曹操假手黄祖杀了。杀他们的罪名是“不孝”。曹操在《求逸才令》中曾说过：只要是人才，“不仁不孝”也没关系，他这时可能已经忘记了自己所说的话。鲁迅在《为了忘却的记念》里还提到向秀写《思旧赋》的事，向秀也是“竹林七贤”中的人物，他与嵇康、吕安住得很近，关系很好。吕安也有一点狂放，他虽然与嵇康是至交，但不大看得起嵇康的哥哥嵇喜，曾经写一个“鳯”字送给他。这是“凤”字的繁体，是由“凡”“鸟”组成的，吕安以此讥讽热衷做官的嵇喜不过是一只“凡鸟”而已。他们后来都“各以事见法”，被杀害了。向秀再游故地，尽管故友情深，在文章中却也只能“口欲言而嗫嚅”，写了只有一百多字的《思旧赋》。所以鲁迅说《思旧赋》是“刚开头却又煞了尾”。也就是说，在那样的政治环境下，文人就是写文章也束手束脚。

士大夫赖以安身立命的立德、立功、立言，都成了走不通的路子，还能怎么办呢？先秦儒家曾经给士大夫指出这样的人生道路：“穷则独善其身，达则兼济天下。”[13]要他们得志时建功立业，不得志就洁身自好。但是，在“天下多故，名士少有全者”[14]的时代，在礼法已经荡然无存、“名教”只不过是统治者的遮羞布和政治斗争借口的环境下，他们既不能兼济天下，也不愿用独善己身去装点虚伪的礼法，便愤而或遗世独立，或放浪形骸、沉湎于酒，或从老庄的虚无理论中寻求精神慰藉,优游于《老子》、《庄子》、《周易》(合称“三玄”)之类著作之中,谈论那些远离现实、抽象玄远的问题。玄学的风气便在这部分士大夫中形成了。这种专谈玄理的学术风气就是玄学,也叫“清谈”。讨论这些问题的学者,就叫“玄学家”。

玄学家们谈论最多的是本体论方面的问题,对“有无”、“本末”、“体用”等形而上的哲学问题作了很深入的讨论。由于观点的不同,形成了以何晏、王弼为代表的“贵无派”,裴頠(wěi)为代表的“崇有派”和郭象为代表的具有折中色彩的“独化”说。这对哲学研究来说,是发展和深化了。

还有一些玄学家对“名教”与“自然”关系感兴趣。有人认为,“名教”与“自然”并不矛盾,它们可以结合起来,但“名教”要符合人的自然本性,而不是扭曲人的本性,这叫作“名教自然论”(王弼)。也有人出于对“名教”虚伪性的不满,愤而抨击“名教”,甚至要求抛弃“名教”,提出了“越名教而任自然”命题(嵇康)。这也给考察“名教”提出了新的视角,使人们关心起“礼”与“情”关系的讨论。

魏晋时代的名士们在讨论那些不同程度地远离现实的问题时,还养成了辩论的习气,他们辩论的方法主要就是“辨名析理”。抽象地说,“名”就是概念,“理”就是概念的内涵。“辨名析理”也就是从概念的分析入手,揭示对象的内涵。这本是一种逻辑学的分析方法,但魏晋时代的名士在运用这种方法时,已经不是直接分析文词本身,而是采取类似禅学“机锋”那种超出言诠的妙悟形式,进行玄虚的辩论。在辩论中,可以不依靠学识取胜,而凭借思维敏捷占上风。在《世说新语》这本书中就保存了很多语言机敏的故事。

因为魏晋玄学讨论的问题离现实比较远,不太考虑“通经致用”,即学术的社会责任,这与儒家对学术功能的理解不一样,所以受到后世有儒家倾向的学者的严厉批判,甚至将晋朝的灭亡归罪于玄学,得出“清谈误国”的结论。

但我们认为,玄学还是有积极意义的。汉代的今文经学与古文经学有一个共同的特点,就是不用自己的语言说话:今文经学挖掘“微言大义”,追溯的圣人意思(尽管有的实际上是自己的东西);古文经学考据训诂,征引的是古代文献。而魏晋玄学则不一样。玄学家们讲的都是自己的话,表述的都是自己的思想,而不管是否符合圣人的意思。这就使魏晋时期的学术显得有生气、有创造力。这在哲学的发展上表现得更加突出。如年轻的哲学家王弼(226—249)虽然24岁就早逝,但横溢的才华就已经表现出来,他的《周易注》、《周易略例》、《老子注》、《老子指略》等,迄今还是人们研究《周易》和《老子》的重要参考书。同时,玄学家们的"辨名析理",对中国古代抽象思维的发展,也是一大促进。

总之,士大夫们虽然把玄学作为精神避难所,但他们也找到了一块进行精神创造活动的新空间。

道教的创立

道教虽然是中国的本土宗教,但由于道教文献太复杂,梳理道教历史、教派和教义则成为一件很困难的事。

一般认为,道教是张陵(一称张道陵)于汉顺帝汉安元年(142)在鹄鸣山(即鹤鸣山,今四川大邑县境内)创立的,因入教时要出五斗米,所以又称"五斗米道"。汉灵帝时,张角又创立了"太平道",并以"太平道"为组织形式,在公元184年发动了黄巾起义。"五斗米道"与"太平道"便成为道教的早期派别。

黄巾起义失败,道教被视为叛逆的宗教而受到沉重的打击,基本上处于沉寂状态,只有张陵的孙子张鲁在汉中建立了政教合一的地方政权,使"五斗米道"在局部地区得以公开生存和发展。张鲁很想把道教的社会理想变成现实,他在管辖地区不设立官员,企图利用道教组织进行社会管理,于是自号"师君",下设"祭酒",如果"祭酒"所管理的人数太多,就设"治头大祭酒",另有"都讲祭酒"、"奸令祭酒"等名目,协助管理各项事务;他还建立"义舍",向路过者免费提供米肉,由过路者量腹取足;在治内有生病者,则引入静室,进行自我反省,认为这样可以祛除疾病。反省方式叫"三官手书",即将自己的过错和忏悔写三份,"其一上之山,著山上,其一埋之地,其一沉之水"[15],这种"悔过书"不需要给任何人看,很有保护隐私的味道。在行政管理上,张鲁实行先教后刑的原则。有小过先自我反省,服罪后罚以修路百步的劳役;犯重法者,原宥三次然后行刑。张鲁还重视平抑物价,使市场物价保持较为稳定,等等。在那战乱年代,到处是满目疮痍,相比之下,汉中地区简直成了乐土,因此,不仅汉中的"民夷便乐之",周边的人也颇向往,"关西民从子午谷奔之者数万家",竟使张鲁

“雄踞巴汉垂三十年”[16]。

张鲁后来归附了曹操,与统治当局合作,这使“五斗米道”走出西南,向东部地区传播。东晋的著名书法家王羲之以及王氏家族的很多人,都是“五斗米道”的信徒。

其实,道教的萌芽可以追溯到更早的时候。战国后期出现的神仙方术,司马迁就称之为“方仙道”。他说:“宋毋忌、正伯侨、充尚、羡门子高最后皆燕人,为方仙道,形解销化,依于鬼神之事。”[17]这就颇类似于道教。据著名学者蒙文通考证,方仙道还可以分为行气(含导引)、服饵、房中三派[18]。西汉末年,随着谶纬之学的流行,神学氛围弥漫于社会,又从黄道道家中派生出“黄老道”,据说,张角就信奉过“黄老道”[19]。这大概是道教的前身。

道教的发展

道教创立时,虽然吸收了道家关于“道”的思想,承袭了古代的神仙方术和黄老道的宗教观念、修持方法,但在教义、组织和科仪等方面都很不完备,主要靠以符箓治病的方式进行传教,靠互助精神凝聚教众。

两晋时期,著名的道教学者和炼丹家葛洪在原来的“符箓道派”之外又开创了“丹鼎道派”。中国四大发明之一的黑火药配方,就是这一派在炼丹中发明的。葛洪在所著的《抱朴子》中,还全面总结了战国以来的神仙思想和丹道理论,这是对道教理论的第一次系统阐述。同时,道教还吸收了魏晋玄学的一些思想,发展了道教的义理,东晋末年又产生了“上清派”和“灵宝派”,它们与“天师派”一起,形成道教派别的三足鼎立局面。

南北朝时,寇谦之在北方、陆修静在南方分别对“天师道”进行了改造,使道教逐步为统治阶级的上层所接受。陆修静还对道经作了系统的整理,提出道经“三洞四辅”的分类方法,以后编辑《道藏》,便是使用这个道经的分类体系。梁朝著名道教学者陶弘景,在义理、仪轨、修习方法等各个方面都对道教作了很大的发展,推动了道教理论化的进展,并创立了在隋唐时期最有影响的道教宗派——上清派茅山宗。

隋唐时期,在李唐王朝的扶持下,道教进入了全面发展的时期。

这个时期,道教最值得注意的有两点:一是出现于南北朝时的“重玄”思想,到唐代前期发展到高潮,不仅把道教义理提高到前所未有的水平,而且对中国哲学的发展发生了相当的影响;二是由于帝王、大臣服丹中毒事件的屡屡发生,道教修炼理论开始变化,经盛唐时期的司马承祯、吴筠和晚唐五代时期钟离权、吕洞宾、陈抟等人的阐发和倡导,内丹理论逐渐取代了外丹理论,从而为宋代张伯端等人的内丹思想和宋元时期内丹学的鼎盛奠定了基础。中国气功主要就是在内丹理论的影响下发展起来的。

道教在宋代遇到最好的发展环境,不少帝王都信奉道教,宋徽宗更是自称“教主道君皇帝”,道教几乎成为国家宗教。到金元时期,统治阶级上层也对道教给予支持,这就使宋、金、元时代成为道教最为鼎盛的时期。这时,最著名的教派,在北方是王重阳创立的全真道,王重阳弟子丘处机曾向成吉思汗宣传道教思想,受到成吉思汗的信赖,授予他主管天下道教的权力。在南方,龙虎山天师派、茅山上清派、阁皂山灵宝派等道教各派联合起来,成为正一道,龙虎山的张天师便成为正一派的教主。正一道和全真道成为此时道教的基本教派。教派的统一推动了道教在南方的发展。

在明代,永乐皇帝朱棣认为他是真武大帝转世,因而对祭祀真武大帝的道教武当派特别支持,这也使道教在明代前期仍然具有重要的地位。

道教的主要特点

道教的特点,是相对其他宗教特别是佛教而言的。

道教是孕育于中国文化土壤的本土宗教,它的特点也就与中国文化有密切关系。

一般宗教的出发点往往是人世的苦难(佛教)、人性的缺陷(基督教的“原罪”),但道教不是这样,它相信人的本性是自足的、至善的,所以,“得道”很重要的原则是“全性葆真”,隐居也是为了使人的本性不致因为受到外界的影响而丧失。

一般宗教往往把归宿放到彼岸世界,它们主张超越人世、超越今生,追求来世的幸福,而道教则不是这样,它认为最好的境界就在人间。在我们所生活的世界上,就有三十六个福地、七十二个洞天,只是只有“得道”成为仙人,才能进入“洞天福地”。修炼的重要目的之一,就是成为长生不死的仙人。

一般宗教都宣扬宿命论,认为人对于社会力量、自然力量和超自然力量(神、上帝),只能无奈和顺从,但在道教理论中,却有一种人可以掌握自己生命的观点,对人的主观作用表示高度的自信,提出了“我命在我不在天”[20]、“我命在我,不属天地”[21]的命题。

一般宗教认为,最美好的极乐世界或存在于天上(“天堂”),或是神佛所居的地方(“西方极乐世界”),但道教认为,理想的世界,除了超出尘世的宗教世界(“仙界”)之外,还有建立在世俗之上的世界,可以在人世间建立一个和平的、安宁的、公正的世界,一个远离战争、远离灾难、远离痛苦的世界。道教认为它就负有“开辟太平之路”的使命,负有在人间实现天帝所托付的建立太平盛世的使命。

道教还有许多不同于其他宗教的特点。比如,它虽然也重视精神修炼法,但不像佛教“禅定”那样讲究“观法”,只要环境清静、精神专注,就可以达到“守一”的境界;它具有佛教所没有的炼丹术和内丹修炼法,等等。

佛教:既熟悉又陌生的宗教

我们对佛教可能并不陌生:或瞻仰过辉煌宏伟的佛寺、佛塔,或聆听过润彻心脾的梵音呗唱,或观摩过肃穆庄严的佛事活动,或欣赏过令人神往的佛教艺术,或探寻过神秘莫测的佛教遗迹……未接触过佛教的人或许很少。

但是,我们对佛教似乎又很陌生:究竟什么是“四大皆空”?什么是“诸法无我”?什么是“因缘和合”?什么是“万法唯识”?什么是“八不中道”?……能说清楚的人或许也很少。

我们似乎可以远离佛教。因为认真研习佛学、决心皈依佛教的人,可能不是很多。

但是,我们似乎又难以摆脱佛教。经常使用的大量词语,如“世界”、“平等”、“真理”、“真谛”、“相对”、“绝对”、“实际”、“如实”、“刹那”、“觉悟”、“缘起”、“不可思议”、“三生有幸”、“五体投地”、“现身说法”、“天花乱坠”,等等,就来自佛教。

我们不想皈依佛教但却不能不使用来自佛教的语汇,这本身就表明佛教已经是中国文化深层结构的组成成分。要想真正了解中国文化，就不能不了解佛教。据说，胡适留学刚回国时，在北京大学主讲中国哲学史，只讲到唐代就没有讲下去，原因是唐代以后的中国哲学，离开佛教就没法讲，而那个时候，他可能尚未系统研究过佛教。

佛教的创立

佛教起源于印度，其创始者为释迦牟尼（前 563—前 485）。"牟尼"是圣贤的意思，"释迦牟尼"意思就是释迦族的圣人。他俗姓乔答摩，名悉答多，是当时北印度的城邦国家迦毗罗卫国（在今尼泊尔境内）净饭王的王子。悉答多王子一次外出，看到的是人的生、老、病、死，他顿觉人生无常。为了解除人生苦恼，悉答多王子在 29 岁那年放弃了王位继承，出家求道。经过 6 年修习苦行，均无结果，直到 35 岁，他在菩提树下苦苦思索，才终于证得"无上正觉"而成佛。

"佛"是"佛陀"的简称，原意是觉悟。他成佛以后的 45 年，到处说法布道，足迹遍于恒河流域的许多国家和地区。80 岁时，释迦牟尼涅槃（niè pán）[22]于拘尸那揭罗的娑罗双树林间[23]。

释迦牟尼在世时便拥有一大批信众，传说有弟子 500 人，其中大弟子 10 人。他为此规定了僧侣云游乞食、雨季安居、犯过忏悔等戒律制度，这就为佛教的僧伽制度奠定了基础。"僧伽"即僧团，是出家佛教徒的组织形式。有组织的修行生活是佛教（还有耆那教）的特点，使它与婆罗门教有所不同。出家的僧人称为"比丘"（俗称"和尚"，即师傅的意思），在家的信徒称为"居士"。其初只准男人出家，后来允许妇女出家，称"比丘尼"（俗称尼姑），甚至妓女也可以出家。佛教戒律有为在家、出家信徒共同遵守的，如"五戒"（戒杀、戒偷盗、戒邪淫、戒妄语，戒饮酒）和八戒；也有专为出家的僧尼制定的戒律，这类戒律条目繁多，如比丘戒就有 200 多条。

佛教在印度经历了原始佛教、部派佛教、大乘佛教、密教几个阶段，到公元 12 世纪在印度本土消失。

原始教义

释迦牟尼所阐发的教义，归纳起来，主要是"诸行无常，诸法无我,涅槃寂静”,这就是所谓“三法印”。“法印”比喻佛法是颠扑不破的真理。也有再加上“一切皆苦”一条,成“四法印”。“三法印”或“四法印”,是佛教创立初期区别于其他宗教的原则和标准,是佛的“正法”。

“一切皆苦”是佛教对世界、对人生的根本看法。“佛为一大因缘出世”。促使释迦牟尼出家求法的“一大因缘”,就是人世间的生老病死;他成道后所总结的“四谛”(四条真理),就是围绕“一切皆苦”来阐发的。

所谓“四谛”,即苦谛、集谛、灭谛、道谛。苦谛是说现实世界和人生充满种种痛苦。佛教认为人生总会有如下的痛苦:生苦(出生时的痛苦)、老苦(年老时的痛苦)、病苦(生病时的痛苦)、死苦(死亡时的痛苦)、怨憎会苦(与不喜欢的人和事相遇的痛苦)、爱别离苦(与喜爱的人和事分离时的痛苦)、求不得苦(有所欲求而得不到的痛苦)。佛教又把七种苦概括为“五盛阴苦”(也称“五取蕴苦”),前七苦加上“五盛阴苦”,合称“八苦”。

集谛讲的是造成痛苦的原因和理由。佛教认为,造成种种痛苦的原因既不是神灵,也不是社会环境,而是由于人自身的“惑”(贪婪和痴迷)和“业”(行为及意识活动)。人的行为、言论和思想会产生身业、口业、意业。前世的业,就是今生的因;今生的因,会带来来世的果,这就是果报。人为什么会“造业”? 是因为“无明”,即不明道理。而导致“无明”的原因又是人们的“贪”、“瞋”、“痴”。

灭谛讲的是要消除痛苦达到理想境界——涅槃。佛教认为,要脱离“苦”,就要不造“业”;不造“业”就要断“无明”;断“无明”,就不能产生和执着“贪”、“爱”等各种欲望和念想,而要根除它们。

道谛讲的则是达到涅槃境界的途径。“八正道”(佛教所认为的八种正确方法)就是这个途径。它们是:正见(正确见解)、正志(正确思维)、正语(正确言语)、正业(正确行为)、正命(正确生活)、正精进(正确努力)、正念(正确忆念)、正定(正确禅定)。

“诸行无常”是说一切事物或现象都是迁流变动的、刹那生灭的,没有常住不变的事物或现象。佛教认为,那种主张有常住不变的事物或现象的观点是“常见”,是一种错误的看法。

“诸法无我”是说在一切事物或现象中没有常住的自我(相当于灵魂)或自性。外界的一切事物都是在人心中呈现的假象,都是虚妄不实的，这就是所谓的“空”。人们如果不能认识“无常”、“无我”的道理，而是执着于“有常”、“有我”，那就是自寻烦恼，也就成为痛苦的原因。

“涅槃寂静”是佛教所谓的摆脱了生死轮回、永远静寂不动的意思。到了这一境界，就从根本上消灭了苦果、苦因。

印度佛教的全部理论和方法，就是以这些观点为出发点的，也是为这些基本观点所作的论证。

大乘佛教与小乘佛教

从发展过程和基本主张上说，佛教还有“小乘佛教”和“大乘佛教”之分。

小乘佛教是指初始的、传统的教派，大乘佛教则指后起的、变化了的教派。大约在公元前 2—1 世纪，一些要求改革的佛教信徒组成所谓“菩萨众”。他们指斥传统的佛教只讲自我解脱，不讲普度众生，这种佛教犹如只能运载少数人的小船，故贬之为“小乘”。他们认为自己则是能把一切众生救出苦海送往幸福彼岸的“大乘”。大乘认为，过去、现在、未来“三世”及十方世界有无数个佛，释迦牟尼只是其中之一。只要行慈济世，普度众生，并按照佛教戒律不断地净化自己，任何人都可以到达净土佛国，都可以解脱成佛。

大乘佛教又分为注重理论的“显宗”与注重咒语、仪轨的“密宗”。“显宗”则包括承认“俗谛”但认为只有“空性”才是真谛（“一切法皆毕竟空”）的中观派、宣扬善恶因果转变的瑜伽派（玄奘所移植的佛教便属于瑜伽派）。

佛教传入中国

印度佛教大约在公元前 1 世纪之前传到西域的龟兹（qiūcí，今新疆库车一带）、于阗（今新疆和田），大约在公元 1 世纪左右，又由西域传入中原。

汉明帝刘庄梦佛的故事，是关于佛教传入中原地区最为流行的传说。据说，东汉永平七年（64），刘庄梦见身带日光的神人在宫殿内飞行，次日问群臣这是什么神，大臣傅毅回答说：我听说西方有一种神,名字叫"佛",能飞动,身上有光。于是,刘庄就派中郎将蔡愔(yīn)和博士弟子秦景等人西行求法。永平十年(67),蔡愔、秦景等在西域大月氏国遇印度僧人迦叶摩腾、竺法兰,同时得到佛像、经卷,并用白马驮经载回洛阳。刘庄先让两位印度僧人住在鸿胪寺(朝廷礼宾接待机构),同时择地建庙,供奉佛像佛经,这就是现在的白马寺。迦叶摩腾、竺法兰二人在寺内译出的《四十二章经》,据说是中国最早翻译的佛经。

但也有学者对佛教是在汉明帝时传入中原的说法表示怀疑。他们的根据是裴松之在《三国志》注中所引用的三国时鱼豢所著的《魏略·西戎传》的一段记载。这段记载说,西汉哀帝元寿元年(公元前2年),大月氏国使臣曾向博士弟子景卢口授浮屠经("浮屠"为佛陀的音译)。《后汉书》也有东汉明帝刘庄异母兄弟楚王刘英在家拜黄帝、老子和浮屠的记载,他还出钱供养沙门(即和尚),这说明东汉初年佛教已在统治集团上层流传,传入中原的时间自然在这之前。

佛教初入中原,人们只是把佛当作一种神灵来崇拜,跟神化了的黄帝、老子一样,在朝廷和一些王公贵族的家里供奉。从文献记载看,汉桓帝刘志可能是第一个信奉佛教的皇帝,他曾在宫中建立黄老、浮屠之祠。汉灵帝刘宏时的严佛调,是最早出家的中原人士。三国时代的朱士行则是第一个登坛受戒、正式成为和尚的中原人士(也是西行求法的第一个中国人)。

佛教在中原传播

社会最动乱时期,是人民苦难最深重的时期,也是宗教最容易传播的时期。佛教进入中原,就赶上了这个时期。这个时期就是魏晋南北朝时期(包括东汉末年在内)。

中原地区久经战祸,人民痛苦不堪,他们无法看到现世的希望,便接受了来自彼岸世界的精神抚慰,希望来世能往生西方极乐世界。这时候,一些佛教徒也像黄老道及刚刚出现的道教一样,以斋戒祭祀、祛灾治病等形式传教,这很容易使人们把它当作黄老道和道教一类宗教而加以接纳。

魏晋时期,一些士大夫为远祸全身,选择了遁世超俗的生活方式,有的便信奉了佛教,甚至出家为僧。所以魏晋南北朝时期出现了不少有学问的高僧，他们对扩大佛教在士大夫中的影响，起了重要作用。而从西晋起，僧人们也开始与士人交往，有的僧人还研究玄学，参与士人的清谈。这种情况不断发展，到了东晋，便逐步形成士人不与高僧交往似乎就不是名士、僧人不与名士交往似乎就不是高僧的风气。像支遁（即支道林）那样的高僧，不仅善谈佛理，而且精于老庄，他谈佛、谈玄，令很多名流倾倒，谢安、王羲之、殷浩、孙绰、许询等一批士大夫都对他推崇备至。

这个时候，统治者也看中了佛教对抚慰生灵、巩固政权的作用。东晋、南北朝时，不少王朝的帝王信奉佛教，几乎把佛教变成国教。其典型的如后赵的石虎，他素以残忍著称，但对高僧佛图澄却礼敬有加，尊崇至极。前秦的苻坚也非常崇敬佛教，他听说龟兹国有大德智人鸠摩罗什，便于建元十八年（382），派吕光等出兵西域（这又是为了一个人而发动的战争）。等到吕光攻陷龟兹得到罗什时，姚苌已经夺取了苻秦的政权建立后秦，吕光便割据凉州（今甘肃武威），自立为凉王（后凉），并把罗什留在凉州。直到后秦弘始三年（401），姚兴又发兵攻克凉州，才将罗什迎入长安，尊为国师。这位佛学大师、著名的佛经翻译家便住在长安，主持佛经翻译，在逍遥园讲授佛学，度过他的晚年。北魏的献文帝拓跋弘也是佛教的信奉者，他竟在宫中建寺习禅、拜佛念经；孝文帝元宏则特许寺院向老百姓征粮，宣武帝元恪还在洛阳为一千多名外来僧人广建佛寺，把他们迎入内殿讲经，他听得很认真，还亲自笔录。

南朝的各朝帝王对佛教的热衷程度并不低于北朝。宋文帝刘义隆就是佛教的虔诚信奉者，他认为佛教有助于教化，常跟一些名僧研讨佛理；宋武帝刘骏甚至让僧人参与朝政，因僧人穿着褐黑色衣服，当时人就称这些参与朝政的僧人为“黑衣宰相”。梁武帝萧衍则更以崇佛而著称，他曾三次舍身同泰寺（今南京鸡鸣寺），然后又由大臣们用钱把他赎回来。这实际上是在给寺庙变相捐资。

帝王信奉佛教，加速了佛教的传播。唐代诗人杜牧有名句：“南朝四百八十寺，多少楼台烟雨中。”其实南朝的寺庙远不止 480 所。据传，宋代有寺院 1913 所，僧尼 36000 人；齐代有寺院 2015 所，僧尼 32500 人；梁代有寺院 2846 所，僧尼 82700 余人；连仅仅据有荆州一带 300 里区域的后梁，也有寺院 108 所，僧尼 3200 人。

“格义”

佛教到中原地区时,儒学和道家思想已经成为中国本土思想文化的核心。佛教这一外来宗教,为什么在中原地区初传时没有受到本土文化的排拒呢?这大概与佛教初传时采取“格义”的方式有关。

所谓“格义”,是指用中国文化中原有的概念、观念去翻译佛教经典,解释佛教教义。魏晋以前,主要是用黄老思想翻译和解释佛典,所以,东汉时代人们往往把佛教看成黄老之学和神仙方术一类东西;以后又用玄学的概念、思想翻译佛经,解释佛典,人们又把它视为与玄学相类似的思想加以接受。

以“格义”方式传播佛学,使佛教经历了“黄老化”和“玄学化”的过程。在“玄学化”过程中,由于佛教学者所接触的玄学理论的不同,与玄学一样,佛教也相应地出现了派别的分歧,形成所谓“六家七宗”。为了克服佛教的内部分歧,准确地理解佛教的教义,当时就有人(如道安)主张超越“格义”,不再依附玄学而直接研习佛典。

当佛教学者以佛教原典为依据阐发佛教教义时,就把印度文化与中国文化的差异凸显了出来。佛教与中国文化的冲突在它传入东土数百年之后终于发生了。

“礼仪”引发的争议

佛教与中国本土文化发生矛盾的导火线是“礼仪”问题(后来,基督教与中国本土文化发生冲突,也是从“礼仪”矛盾开始的)。东晋时,庾冰先提出“沙门(僧侣)应敬王者”,后来,桓玄又重提这个问题,并在浔阳等地实施了地方性的沙汰僧尼令。于是,以桓玄为代表的一方和以慧远为代表的一方,围绕着“沙门是否应该礼敬王者”问题,展开了激烈的论战。

慧远在论战中写了好几篇文章,他除了作《沙门不敬王者论》外,为了申述理由,又写了《形尽神不灭论》等,阐述佛教的“神不灭”论、因果报应论等佛教的基本教义。许多原来中国文化中所没有的观念,经惠远的阐发,流传开来。到齐、梁时,范缜作《神灭论》,反对慧远的“神不灭”论,又把佛教与本土文化的论战推向新的高潮。

在思想论战的同时，北朝还发生过两次禁佛事件，即北魏太武帝拓跋焘和北周武帝宇文邕的禁佛。这两次禁佛与以后发生的唐武宗李炎、后周世宗柴荣的禁佛，是中国佛教史上著名的“三武一宗”禁佛事件，佛教称之为四次“法难”。

引发佛教与中国文化冲突的“礼仪”问题，可能到宋代才最终解决。在欧阳修的《归田録》卷上中记载有这样一个故事：

> 太祖皇帝初幸相国寺，至佛像前烧香，问：“当拜，不当拜?”僧录(管理僧侣的职位)赞宁奏曰：“不拜。”问其何故，对曰：“见(同现)在佛不拜过去佛。”赞宁者，颇知书，有口辩。其语虽类俳优，然适会上意，故微笑颔之。遂以为定制。至今行幸焚香，皆不拜也。议者以为得体。

根据这条记录，则此前王者对佛礼拜还是不礼拜，没有定规。此后，“不拜”才成为制度。

道生的佛性论和僧肇的“不真空”论

佛教与中国文化的冲突，在实际上提出了佛教如何在一个不同的文化环境中真正立足的问题。在此之前，佛教以救助苦难方式贴近了社会下层，以服务政权的方式获得了权力的支持，以“格义”的方式为士大夫所接受。但是，佛教的根还是在印度文化土壤之中。一些僧人提出超越“格义”、回到原典主张，出发点是为了维护佛教的本真，但客观上却突出了佛教与中国文化的差异，引发了诸如“夷夏”之争、“因缘”与“自然”之争等等争论。前一争论，反对的是佛教不娶妻子、不祭祖宗、不敬君亲等有悖名教的主张；后一争论，关系到佛教与道家思想的对立。这都涉及佛教与中国文化的差异问题。

但是，佛教毕竟已经在中国流传了很久，它不可能不受中国文化的影响。这个影响不仅表现于通过“格义”使人们对佛教义理产生误解，如把佛教的“空”等同于道家的“无”，佛教的“涅槃”等同于道家的“无为”之类，还表现于对佛教根本义的理解。后者发生于佛教内部。由道生所引发的关于“一阐提人”是否具有佛性的争论，便是其中之一。

道生(355—434)是晋、宋间的高僧。他俗姓魏，巨鹿(今河北巨鹿)人。自幼就随高僧竺法汰出家,15岁便登讲座,20岁受具足戒(僧侣最高戒律)。他曾到庐山向慧远求学,东晋元兴三年(404),又问学于鸠摩罗什和佛驮跋陀罗,与僧肇两人成为罗什门下最有才华的年轻佛教学者。义熙十四年(418),法显与觉贤在建康(今江苏南京)合作翻译了《大槃泥洹经》(即《大般涅槃经》的初分四千颂)6卷。道生认为法显所译的《泥恒经》不承认"一阐提人"有佛性,在义理上是有问题的。他根据"一切众生皆有佛性"的观点,提出"一阐提人皆得成佛"说。所谓"一阐提人",是指完全断绝了成佛善根的人。在道生看来,认为"一阐提人"没有佛性,与一切众生皆有佛性,在逻辑上是矛盾的。道生的"一阐提人皆得成佛"说一出,立即引起佛教界哗然,认为道生公然违背经义,甚至将他逐出建康,但他依然坚持自己的看法。南朝宋元嘉五年(428)他到苏州虎丘,据说曾向石头说法,石头听了他的说法都点头赞成,这就是"石点头"故事的来历。后来,北凉的佛教学者昙无谶翻译的40卷大本《涅槃经》传到建康,里面果然有"一阐提人"可以成佛的说法,证明了道生观点的正确。于是,道生又名声大噪。道生还提出"顿悟成佛"说。他认为,既然佛教的义理是不可分割的,那么,证道也就不应该分为阶段,只有在证道的最后一念才可以获得"金刚道心",这就是"顿悟"。

这场争论看起来是佛教内部的争论,实际上关系到佛教如何融入中国文化的问题。在中国文化中,流行的是儒家的"人皆可以为尧舜"的观点,而印度佛教受种姓制度的影响,有相当一部分佛教学者认为有的人生来就没有佛性,不能成佛,这种观点与儒家"人皆可以为尧舜"的"性善论"是有矛盾的。道生提出"一阐提人"也可以成佛的思想,就在佛性论上与中国的"性善论"调和起来。这实际上是在理论"内核"上使佛教中国化。佛教进入中原地区时,流行的是大乘"中观"学说,关注的重点是般若(bōrě)"性空"理论,而佛性理论被视为"有宗",不被注意。从道生开始,佛性理论开始引起更大的关注,"涅槃佛性"学说便与"般若性空"学说一样,成为佛学的支柱理论。

到隋唐时代,"三论宗"的实际创始者吉藏又提出"一切草木并是佛性"[24]的观点,天台宗著名学者湛然则提出"无情有性"[25]说。"无情有性"说认为,即使草木、瓦砾等无生命的物体也有佛性。这又把佛性理论与庄子的"道无所不在"思想联系起来,使佛性论与道性论相对接。吉藏、湛然的佛性论正是沿着道生佛性学说的思路所作的进一步的发挥。

在道生提出“涅槃佛性”学说的同时，僧肇又提出“不真空”说，对佛教“性空”学说进行改造。在佛教看来，外界事物都是在人心中产生的，都是虚妄不实的，这就是“空”。这种思想与中国文化中重视经验、承认客观外界是实有的思想，也是矛盾的。于是，僧肇便对“空”作了重新解释。他一方面认为一切人和事物都生灭无常，缘会则生，缘了则灭，所以是虚幻不真实的；但另一方面又说，所谓“不真空”是指世界在本质上的不真实，而事物的现象还是存在的，不过是“假有”而已。这也是对佛教思想与中国文化的一种调和。

“判教”与创宗立派

自从道安提出超越“格义”主张之后，佛教界在南北朝到隋唐时期便出现了一场“判教”活动。“判教”又叫“教判”，就是对汉魏以来传入中国的佛典进行全面的整理和总结，根据佛典义理的浅深、佛说时间的先后等加以分类评说，以揭示各类经典在佛学体系中的意义和地位。

开展“判教”活动的动机，本是为了回归佛教原典，使佛教教义不失去本义，但在“判教”中，判教者都强调各自所研习的经典为“圆教”（完满的教义），都想把自己所持的理论立为正宗，这就形成了不同的判教体系，进而又以各自的判教体系为基础，形成了不同的佛教学派。

到隋唐时代，在寺院经济发展和教团势力壮大的基础上，佛教的学派又进一步发展成为佛教宗派，其中较为重要的宗派有天台宗、净土宗、华严宗、唯识宗、禅宗，此外还有密宗、律宗等。这些宗派中，像天台宗、净土宗、华严宗、禅宗等，都是扎根在中国文化的土壤中、适应中国当时的政治经济需要而产生的佛教派别。特别是禅宗的创立，更成为佛教中国化进程基本完成的标志。从此以后，中国佛教就以自己的面貌出现，并传入周边国家，步入世界文化。

中唐以后，虽然净土宗、天台宗等佛教宗派仍然有一定的影响，但最有影响的佛教宗派，可能还是禅宗。

禅宗

“禅”是“禅那”的简称。“禅那”是梵语的音译,原是思维修养、静虑定心的意思,本是印度佛教的一种修炼方法。传入中国以后逐渐形成了一个宗派,产生了一整套理论和修行方法,成为佛教中国化的最典型产物。

关于禅宗的来源,像许多宗教及其宗派的产生一样,也有很神奇的传说。在禅宗内部,一直把它的产生追寻到佛祖释迦牟尼。据说,释迦牟尼涅槃之前,在灵山说法,他手拿一朵花,对着大家一言不发,弄得大家面面相觑,不知所以。这时,只有大弟子迦叶(jiāxié)点头微笑。释迦牟尼知道迦叶已经会意,也微微一笑。“禅”就在这一笑之间产生了。这就是禅宗的“拈花微笑”故事,迦叶也就成为印度禅的初祖。据说,释迦牟尼在传法给迦叶时曾说:“吾有正法眼藏,涅槃妙心,实相无相,微妙法门,不立文字,教外别传,付嘱与摩诃迦叶。”[26]意思是:我有清净法眼,清净妙心,能够洞见实相即无相的真理,其微妙难以言说,我就不形诸文字,而以心传心,在教外别传一宗,嘱咐给大迦叶。这就确定了禅宗的基本精神或宗旨,即:教外别传,不立文字;直指本心,见性成佛。所谓“教外别传”,是指在佛祖所说的经典外,另有不依靠文字、语言,而直悟本心的法门。所以禅宗又称为“佛心宗”。它的出发点实际上是认为语言文字所表达的意思是靠不住的、不能真正表达本意的。这很可能是受到庄子“得鱼望筌,得意忘言”的启示。

按照禅宗的说法,从迦叶起,印度禅传了27代,到菩提达摩为二十八祖。达摩后来到了中国,创立中国禅宗,于是他又成为中国禅宗的初祖。关于印度禅的28代法统的说法,在印度的佛教文献中一直找不到任何记载,所以学者认为是后人的假托,连“拈花微笑”等故事,也是杜撰的。但是,“拈花微笑”故事确实是一个很美丽的传说,也把禅宗“以心传心”的“禅悟”很形象地表现了出来,所以我们还是介绍了。

禅宗的真正创立,应该从菩提达摩说起。达摩(? —535)是南天竺婆罗门人,原名菩提多罗,为南天竺香玉王的第三子。他跟从传说为印度禅二十七祖的般若多罗学法,得到般若多罗的赏识,就给他改名达摩。达摩的意译是道法，意思是他已经通达了佛法。达摩在南北朝时来到中国广州，梁武帝听说后，把他迎到金陵。达摩感觉到梁武帝虽然信佛，但对佛学的理解与他并不契合，于是便悄然北上。当他到了长江边时，面对浩浩江水，却没有渡江的船只。这时，他将一束苇草放到江面，踏着芦苇渡过了长江。这又是一个美丽而神奇的故事，叫“一苇渡江”。

达摩到了江北，进入北魏的领地。他所到之处，就以禅法教人。后来，他游嵩山少林寺，就在那儿独自修习禅定，时人称为壁观婆罗门，由此产生了达摩“面壁十年”的传说。当时有位叫神光的博学僧人，慕达摩之名，向他求法。据说，在神光向达摩求法时，达摩对他说：求法的人，不以身为身，不以命为命。于是神光就在雪地里站了几宵，并自断手臂呈献达摩，以表达他的精诚。达摩为他的精诚所感动，遂传法于他，并替他改名为慧可(487—593)，以后又将禅宗要义传给慧可。这就是“立雪”、“断臂”的传说(关于慧可“立雪”、“断臂”，还有其他传说)。这个故事显得有些残忍，但慧可求法的虔敬态度还是很感人的。少林寺中的初祖庵、二祖庵，相传就是达摩和慧可坐禅之处。随着禅宗的发展，达摩的事迹越来越神异，并成为中国画家经常表现的绘画题材。中国通俗小说还把达摩说成是少林武功的创始者，于是，达摩不仅是禅宗大师，也成为家喻户晓的武功大师。慧可“立雪”的故事在宋代也为理学家所吸收，成为儒家尊师重道的故事：相传理学家杨时、游酢拜见程颐，适值程颐瞑目而坐，于是他俩就侍立在门外，等到程颐醒来发现他们时，雪已积到一尺多深。这个故事叫作“程门立雪”，我们看了这个故事，就很容易与慧可“立雪”的故事联系起来。

自从禅学由达摩传给慧可以后，禅宗便成为代代相传的佛教宗派，而且以衣钵作为信物，以表明得自真传。慧可后来传法给僧璨(？—606)，僧璨入皖山(今安徽省天柱山)设道场(今为三祖寺)，为禅宗三祖。僧璨弟子道信(580—651)往破额山(后名双峰山，又称西山，在今湖北省黄梅县)传道，为禅宗四祖。道信弟子弘忍(601—674)又往冯茂山(又称东山，也在黄梅县)传法，为禅宗五祖。这时，禅宗已经兴盛，道信在唐武德年间初到黄梅双峰山时，会众就多达500人。弘忍移居东山20多年后，徒众多到700余人。

弘忍年事渐高，准备传法给弟子，他门下的首席弟子神秀，本可继承衣钵,但弘忍还是要求弟子们各作一偈(jì)[27]表达自己对禅的见解,以此选拔传人。神秀先做一偈:“身似菩提树,心如明镜台。时时勤拂拭,勿使惹尘埃。”意思是他将通过勤苦修行,抵制尘世的各种影响,保持自身佛性的清净。弘忍见后,对众人说:神秀的偈虽然没有达到“究竟”的境地(即没有穷尽佛理),但如能依此修行,亦得胜果,并劝大众诵读。这时,在碓房舂米的僧人慧能听僧人说了神秀的偈,他也认为还没有达到“究竟”的境地,也做一首。因为他不识字,就请人代写在墙上。他的偈是:“菩提本无树,明镜亦非台。本来无一物,何处惹尘埃?”这首偈把佛性、人心都看成“空”,比神秀的偈要彻底得多。弘忍见慧能见解“透彻”,遂秘密将衣钵传给他,让他南下,并暂时韬晦,伺机行化。慧能得到衣钵,随即南下,回到广东曹溪,隐遁在四会、怀集(今广西怀集)两县之间。十几年后,他到广州光孝寺,遇到众僧为风吹幡动到底是“风动”还是“幡动”争论不休,慧能说,不是风动,也不是幡动,而是心动。众僧十分惊异,拜他为师。后来,他又往曹溪宝林寺(今广东省韶关市南华寺)传法,是为禅宗六祖。

这时,神秀在北方已颇有影响,他先在荆州,后往长安传法,成为禅宗的“北禅”;慧能在南方传法,即为“南禅”。慧能在修行理论上与主张“渐悟”的神秀不同,而是主张“顿悟”,这是为成佛所开的“方便法门”。以后北禅逐渐衰落,南禅逐渐兴盛,成为禅宗主流,流传很广。我们现在说的禅宗,指的就是南禅。慧能说法的记录,经过整理,成为《坛经》。

佛教经典一般分为经、论、律三大部,合称“三藏”。对三大部经典都能精通的僧人,便称为“三藏”僧人,这就是玄奘又称“三藏”的缘故。其中的“经”,是指释迦牟尼说法的记录,其他佛教学者对佛理的阐释只能叫“论”。唯一例外的,就是《坛经》。

“三教论衡”

佛教作为异质文化,进入中原地区之后,不仅与儒学、道教之间发生双边的争论,同时在儒、道、释三者之间也发生争论和冲突,并引起人们对“三教”关系的关注。于是,开始对儒、道、释进行比较和评论。发生在“三教”之间的争论和对“三教”的比较、评价,便是所谓的“三教论衡”。至于在儒、佛之间或道、佛之间所发生的双边争论,有人也纳入“三教论衡”的范畴，我们没有接受这种理解，所以把赤乌四年(241)孙权与阚泽讨论“孔丘、李老得与佛比对不(否)”，即把“三教”放在一起所作的比较，看作“三教论衡”的开始。

前面说过，北周建德二年十二月，周武帝宇文邕曾经“集群官及沙门、道士等，帝升高座，辨释三教先后。以儒教为先，道教次之，佛教为后”，这是官方对儒、道、佛“三教”最早作出的评价性排序，也是严格意义上的“三教论衡”。

北周时，卫元嵩还撰有《齐三教论》七卷，到隋代，李士谦又撰写了《三教优劣论》。有人问李士谦“三教”的优劣，他说“佛，日也；道，月也；儒，五星也”[28]。武德八年(625)，唐高祖李渊临幸国子监，曾让儒家学者徐文远讲《孝经》，佛教学者惠乘讲《波若经》，道教学者刘进喜讲《老子》。陆德明则与三人论难，竟使他们理屈词穷[29]。这是学者之间对“三教”的评论和争论，也可以看作学界的“三教论衡”。

武德八年，李渊还下诏叙三教先后，将北周时定的儒、道、佛“三教”顺序改为“老先、孔次、释末”。

唐高宗李治喜欢召集僧侣、道士在御前讨论释、道义理。贞元十二年(796)四月李治诞日那天，又增加儒家出身的官吏参加，在麟德殿讨论三教[30]。从此以后，逢皇帝诞日或国家庆典，召集儒、道、释“三教”的代表人物于御前辩论便制度化。白居易有一篇《三教论衡》[31]，就是他参与“三教论衡”时所作的记录。

御前“三教论衡”的制度化，为“三教”辩论、交流提供了一个正式的平台。此前，“三教”之间的辩论往往剑拔弩张，争论非常激烈。从贞元十二年之后，“三教”逐渐转入平心静气的理论争论，并在争论的同时互相吸收。这表明“三教”之间出现了求同与融合的趋势，所以有人说“三教论衡”“初若矛楯相向，后类江海同归”[32]。这正是儒、道、释“三教”之间由对立、并立走向融合的表现。

【注释】

①《广弘明集》卷一《吴主叙佛道三宗》，大正新修《大藏经》第 52 册，第 109 页。按：南宋法云编的《翻译名义集》卷五《半满书籍篇》记述有“吴王问三教”，则“三教”概念或出于三国时，大正新修《大藏经》第 54 册，第 1146 页。

②《周书》卷五《武帝上》：“十二月癸巳，集群臣及沙门、道士等，帝升高座，辨释三教先后，以儒教为先，道教为次，佛教为后。”中华书局，1971 年版，第 1

册,第 84 页。按:又见《北史》卷一〇《周本纪下》,中华书局,1974 年版,第 2 册,第 359 页。

③司马光在《资治通鉴》中将魏、晋、宋、齐、梁、陈六个前后相接的朝代视为正统而编年纪事,所以习惯又称魏晋南北朝时期为“六朝”。

④皮锡瑞:《经学历史》,中华书局,1959 年版,第 148 页。

⑤刘歆语,《汉书》卷三六《楚元王传》,中华书局,1964 年版,第 7 册,第 1970 页。

⑥曹操:《求逸才令》,张溥:《汉魏六朝百三家集》卷 23《魏武帝集·令》。

⑦曹操:《举士令》,张溥:《汉魏六朝百三家集》卷 23《魏武帝集·令》。

⑧《左传·襄公二十四年》,阮元校刻《十三经注疏·春秋左传正义》卷三五,中华书局,1980 年影印本,第 1979 页。

⑨《抱朴子外篇·审举》:“灵、献之世,阉宫(按:一作‘宦’)用事,群奸秉权,危害忠良。台阁失选用于上,州郡轻贡举于下。夫选用失于上,则牧守非其人矣;贡举轻于下,则秀孝不得贤矣。故时人语曰:‘举秀才,不知书;察孝廉,父别居。寒素清白浊如泥,高第良将怯如鸡。’”杨明照:《抱朴子外篇校笺》卷一五,中华书局,1991 年版,第 393 页。

⑩《晋书》卷四九《阮籍传》,中华书局,1974 年版,第 5 册,第 1360 页。

⑪《晋书》卷四九《嵇康传》,中华书局,1974 年版,第 5 册,第 1374 页。

⑫曹丕:《典论·论文》,萧统:《文选》卷五二,上海古籍出版社,1986 年版,第 6 册,第 2271 页。

⑬《孟子·尽心上》,阮元校刻《十三经注疏·孟子注疏》卷一三上,中华书局,1980 年影印本,第 2765 页。

⑭《晋书》卷四九《阮籍传》,中华书局,1974 年版,第 5 册,第 1360 页。

⑮裴松之《三国志·魏志》卷八《张鲁传》注引《典略》,中华书局,1959 年版,第 1 册,第 264 页。

⑯《三国志·魏志》卷八《张鲁传》,中华书局,1959 年版,第 1 册,第 263 页。

⑰《史记》卷二八《封禅书》,中华书局,1959 年版,第 4 册,第 1368 页。

⑱蒙文通:《晚周仙道分三派考》,《蒙文通文集》第一卷《古学甄微》,巴蜀书社,1978 年版,第 335—342 页。

⑲《后汉书》卷七一《皇甫嵩传》:“钜鹿张角自称大贤良师,奉事黄老道,畜养弟子。”中华书局,1965 年版,第 8 册,第 2299 页。

⑳《龟甲文》,《抱朴子内篇·黄白篇》引。王明:《抱朴子内篇校释》,中华书局,1985 年版,第 287 页。

㉑《西升经》卷下《我命章》,《道藏》第 11 册,文物出版社、上海书店、天津古籍出版社,1996 年版,第 507 页。

㉒涅槃:梵语的音译,意译为“灭”、“灭度”、“寂灭”、“圆寂”等,指熄灭生死

轮回后的境界，是佛教修习所要达到的最高的理想境界。同时，佛教也用指死亡。这里指后者。

㉓因四周各有两棵枝枝相对的娑罗树而得名。

㉔吉藏《大乘玄论》卷三："若欲明有佛性者，不但众生有佛性，草木亦有佛性。"大正新修《大藏经》第 45 册，第 40 页。

㉕湛然《金刚錍(pī)》："曾于静夜久而思之，思之未已，恍焉如睡，不觉寱(yì，同"呓"，梦话)云：'无情有性。'"又："虚空之言何所不该，安弃墙壁瓦石等耶？"大正新修《大藏经》第 46 册，第 781 页。

㉖普济：《五灯会元》卷一，中华书局，1984 年版，上册，第 10 页。

㉗偈，梵语"偈佗"的简称，即佛经中的唱颂词。

㉘《隋书》卷七七《李士谦传》，中华书局，1973 年版，第 6 册，第 1754 页。

㉙《旧唐书》卷一八九上《陆德明传》，中华书局，1975 年版，第 15 册，第 4945 页。

㉚《旧唐书》卷一三五《韦渠牟传》："贞元十二年(796)四月，德宗诞日，御麟德殿，召给事中徐岱、兵部郎中赵需、礼部郎中许孟容与渠牟及道士万参成、沙门谭延等十二人，讲论儒、道、释三教。"中华书局，1975 年版，第 11 册，第 3728 页。

㉛《白居易集》卷六八，中华书局，1979 年版，第 1434—1440 页。

㉜钱易：《南部新书》卷乙，中华书局，2002 年版，第 16 页。

理学的兴衰

中國文化漫談理學的興衰
繪於合肥

读过鲁迅《祝福》的人可能会记得小说中的那个鲁四老爷。在他的书房里，“壁上挂着的朱拓的大‘寿’字，陈抟(tuán)老祖写的，一边的对联已经脱落，松松的卷了放在长桌上，一边的还在，道是‘事理通达心气和平’”。在他的案头，是“一堆似乎未必完全的《康熙字典》，一部《近思录集注》[①]和一部《四书衬》[②]”[③]。这个鲁四老爷就是一个“讲理学的老监生”，是有点漫画化的理学化身。鲁迅用这个形象表达了他(以及20世纪初其他新文化运动倡导者)对理学的看法：守旧、顽固、腐朽。

但是，就是这个在新文化运动时期被视为守旧、腐朽的理学，却成为中国封建社会后半期的意识形态，影响中国历史长达七八百年。

一个在历史上影响时间如此之长的思想理论，仅仅用守旧、腐朽就能够概括得了吗？到20世纪的后期，特别是80年代以后，学术界开始对理学作重新审视，海内外的一些学者对理学态度逐步发生变化：由适度肯定到较多地肯定它的积极方面。

究竟应该如何评价理学？了解了理学兴衰的历史，或许能够找到答案。

儒学的中衰和复兴儒学的呼吁

公元755年，在唐代爆发了一件重大事件——“安史之乱”。安禄山率15万之众的铁骑从渔阳(今天津蓟县附近)出发，很快攻占洛阳，第二年又攻占长安，迫使唐玄宗李隆基仓皇奔蜀。唐代著名诗人白居易曾经用这样的诗句描述这一事件：“渔阳鼙鼓动地来，惊破霓裳羽衣曲。”[④]然而，“安史之乱”惊破的不仅是杨贵妃的“霓裳羽衣曲”，还惊破了大唐王朝的“盛世”美梦，正式宣告大唐王朝从巅峰上跌落下来，成了唐王朝由盛转衰的分水岭。

正像任何重大社会变故发生之后都会引起人们痛定思痛一样，“安史之乱”平定之后，也促使人们对唐代的一系列政策进行了反思。到了元和元年(806)唐宪宗李纯即位之后，他在《才识兼茂科》的策问中不仅提出：“举何方而可以复其盛？用何道而可以济其艰？既往之失，何者宜惩？将来之虞，何者当戒？”并且有针对性地引导人们对历史上的治国之道进行思考：“执契之道，垂衣不言。委之于下，则人用其私；专之于上，则下无其効。元帝优游于儒学，盛业竟衰；光武责课于公卿，峻政非美。二途取舍，未获所由。余心浩然，益所疑惑。”[⑤]李纯的“余心浩然，益所疑惑”表明，他实际上已经对唐代初年的“道家治国”方针发生了怀疑，但又对儒学的政治、社会功能存有疑虑。

李纯对儒学的政治社会功能怀有疑虑，不是没有缘故的。且不说汉代的经学或呈现虚妄、烦琐，或走向支离破碎，也不说魏晋南北朝时期儒学的衰微，“玄学”成为显学，形成以道家为主导的儒、道合流局面，即使在儒学受到大力倡导的隋、唐时代，它的政治社会功能也丧失得差不多了。隋文帝杨坚就曾说：“国学胄子，垂将千数，州县诸生，咸亦不少，徒有名录，空度岁时，未有德为代范，才任国用者。”[⑥]到唐初，儒学虽一时呈现兴盛的景象，但也只是表面现象。它仍然停留于章句注疏之学的状态，除了为唐王朝制定典章制度提供依据外，对唐王朝所面临的各种现实而紧迫的问题，则束手无策。正是在儒学已经无法发挥社会政治功能的情况下，李渊、李世民才另辟蹊径，选择了道家治国方针。

到盛唐时期，儒学继续受到冷落。这个时期，雄才大略的李世民对重建强大的大一统帝国的追求，把唐王朝带进了空前强盛的时代。国家的空前强盛激发了知识分子意气风发的激情、建功立业的抱负。他们高吟着“宁为百夫长，胜作一书生”[⑦]，走向边陲，效命沙场，企望一展才华。“白首穷经”不仅不是他们心甘情愿的选择，甚至还是他们嘲讽的对象：“鲁叟谈五经，白发死章句。问以经济策，茫然坠烟雾。”[⑧]

就在儒学长期处于衰微状态的时候，佛教和道教却兴盛起来，它们不仅以虚幻的境界抚慰人们的心灵，为统治者提供维护社会安宁的精神工具，也以绵密的义理对热衷章句注疏的儒学形成压力，构成挑战。这时，一些不愿儒学继续衰落下去的学者，开始了复兴儒学的努力。其中最著名要数韩愈。

韩愈（768－824）把儒学的衰落归咎于佛教和道教的兴盛，于是大力抨击佛、道。他认为，“不塞（对佛老而言）不流（对儒学而言），不止（佛老）不行（儒学）”，甚至提出“人其人，火其书，庐其居”[⑨]的禁佛主张。元和十四年（819），唐宪宗李纯把凤翔法门寺所藏的释迦牟尼一节指骨舍利迎入皇宫供奉三天，一时轰动朝野，“王公士庶奔走舍施，唯恐在后，百姓有废业破产、烧顶灼臂而求供养者”。韩愈立即上了《谏佛骨表》，结果，使“宪宗怒甚，将置极法”，后经国戚诸贵“因事言之”，加以劝谏，才将他贬为潮州刺史[10]。韩愈在辟佛、老的同时，还着重阐发了“道统论”和“情性论”，与佛教、道教相抗衡。他提倡写作“古文”（以先秦两汉文章为样本的一种仿古文体），要求“文以载道”，领导了影响中唐时期文坛40余年的“古文运动”。这场“古文运动”，实际上也是一场复兴儒学的运动，只是它复兴儒学没有成功，只能算是对复兴儒学的一次大声呼吁。

韩愈复兴儒学的主张得到李翱（772—841）的支持。他写了《复性书》上中下三篇，试图重建儒家的心性理论。

儒家的心性理论，最早是由孟子和子思阐发的，从1993年湖北荆门郭店出土的楚简看，心性理论在战国时期仍然流行，但汉代以后，除了个别思想家涉及“人性论”外，就很少有人关心心性问题了。但佛教与道教对心性问题却很重视，它们以精致的思想和从人的内在本性中寻求自我约束根据的理路，构建了心性理论，对儒家形成挑战。重建心性理论，就成为复兴儒学的一项理论任务。李翱想担当起这个任务。他继承《孟子》、《中庸》及《周易》的有关思想，吸取佛学的有关理论，在“性善论”的基础上，提出了以“性善情恶”为中心观点的性情说。

李翱首先认为，人体百骸包括有“心”，这是凡人与圣人没有区别的，因此，百姓之性与圣人之性也没有差别。百姓之所以与圣人有差别，是因为他们“自弃其性”，而受其“情”所支配，让“情”迷惑了人的本性[11]。这就是“性善情恶”说。

李翱还认为，为了能够控制“情”，使“情”不至于“惑性”，就要“复性”：一方面通过外在的礼乐，“教人忘嗜欲而归性命之道”；另一方面则需要进行心性修养，使人们得以“归其本”[12]。

李翱虽然倾向于“性善情恶”的观点，但又认为“性”“情”之间存在着相互依赖关系，即“性与情不相无”，情是由性产生的，性则要靠情来表现[13]。

李翱的心性理论虽然是为了回应佛学和道教的理论挑战而产生的，但在他的心性理论中，包含着儒学过去所不太注意的东西，如他从本性“自足”出发表现了对人的主体性的重视，他在圣人与凡人本性相同的观点中透露出来的对人格平等的要求，等等。这都影响到宋代理学。所以，李翱的心性理论不仅是为儒学的改造指出了入手处，也成为宋代理学心性论的先声。只是他所主张的性情相互依赖的观点则未引起宋代理学家们的注意。

社会的变化

韩愈所领导的“古文运动”虽然很快沉寂了，但他倡导复兴儒学，却反映了时代的要求。

在中国封建社会由前期向后期转变的过程中，社会所发生的突出变化，是均田制的破坏，私家田庄迅速发展，官庄、皇庄也私家田庄化。相应地，部曲、佃客制度逐渐被废弃，租佃制开始发展起来，并成为主要的生产关系形式。这就使原来以国有和世族贵族所有为主的土地制度逐步让位于以庶族地主所有为主的土地所有制。

经济关系的变化必然会反映到政治制度、政治关系上来。士庶经济力量的消长在政治结构上的反映，便是统治集团核心成员的阶层结构有了改变，庶族地主逐步取代了世族地主，在政权结构中处于重要地位，逐步形成以出身庶族地主阶层为主的官僚集团，打破了汉代以来豪门世族专政的贵族政治局面。

经济制度和政治制度的变化不是突如其来的。它需要经历酝酿和渐变的长期过程。对于庶族地主阶层取代豪门世族专政这个过程来说，隋、唐王朝实行的科举制度不仅反映了日渐上升的庶族地主走向政治舞台的要求，也对政治制度的变化和文官制度的形成起了催化的作用。

隋、唐王朝进行选官制度的改革，将以“察举”为主的官员选拔方式改为以“考举”为主要形式的科举制度，本意是为了合理选拔官员的后备人才。但由于科举考试扩大了政权向社会的开放度，这就使它成为庶族地主跻身各级政权的一个通道，使一些出身于中下层地主阶级的知识分子通过科举得以跻身上层，原来可以依靠门第、阀阅得以进入官僚队伍的世家大族子弟则跌落到与庶族地主差不多的境况，失去了昔日的特权。

科举制度出现以后，给社会阶层的垂直流动带来新的变化，使“朝为田舍郎，暮登天子堂”[14]成为可能。这种垂直流动的新情况，很快就对政权结构产生影响，造成所谓“士族乱而庶人僭”[15]的局面。于是，“西魏、北周、杨隋及唐初将相旧家政权尊位遂不得不为此新兴阶级（按：指庶族地主阶层）所攘夺替代”[16]。

经济关系、政治关系的变化，要求意识形态也要相应地发生变化。唐代后期，便开始为建立与封建社会后期经济、政治关系相适应的意识形态进行了探索。在北宋时期形成的理学，就是探索的成果。

理学的形成

经过唐代后期和五代时期的酝酿，以及北宋初年范仲淹、欧阳修、胡瑗、孙复等人对复兴儒学的大力倡导，到北宋中叶，由周敦颐、邵雍、张载、程颢、程颐等人对儒学进行了改造，逐步形成新的儒学体系：理学。后世将这五位理学家称为“北宋五子”。

理学又称为“道学”(现代人也称为“新儒学”)，是以儒家的伦理思想为核心，吸取了董仲舒的思想，吸收了魏晋的玄学思想和佛学、道家(道教)思想而形成的。它既不同于孔、孟为代表的原始儒学，又不同于汉代经学，而是儒学新形态。

理学作为儒学的新形态，它与以前的儒学究竟有什么不同呢？

首先，思想核心不同。理学是以“理”(或“天理”)为核心范畴建立起来的。这个“理”是独立于客观事物的，在天地万物之先就存在的，但它又隐藏在万事万物的背后，成为万事万物的本质。这个思想似乎是道家的东西，儒家原来是没有的。

其次，理论体系不同。理学从“理”(或“天理”)出发，通过主客、理事、心性、体用等关系的讨论，提出以“主静”、“居敬”的存养工夫，来“穷理”、“存天理，去人欲”，以完成“修身、齐家、治国、平天下”的人生目标和社会目标。这个理论体系，也是以前儒家所没有的。

这个理论体系，体现了儒家“内圣外王”的精神，充满了儒者的继往开来的抱负、与天地一体的气象。这种精神、抱负和气象，集中表现在张载的“横渠[17]四句”中，即：“为天地立心，为生民立命，为去圣继绝学，为万世开太平。”[18]

再次，表现形态不同。汉唐时代的经学，注重对儒家经典名物的考据、注疏，它要求通过考据、注疏，了解圣人的本意或圣人隐藏于字里行间的“微言大义”。理学虽然也重视儒家经典的诠释，但它的重点是阐发义理，是借助传统的经典讲自己的话。这种形态可以在“玄学”和佛教的讲疏中找到源头，汉唐的经学则不是这样。

最后，崇奉儒家经典的侧重点不同。汉代经学重视的儒家经典是“五经”，唐代经学虽然扩展到“九经”，但最基本的还是“五经”。当时最重要的儒家经典的注疏，就是在唐高宗李治时代完成的、由孔颖达等人主持编纂的《五经正义》。而理学所崇奉的儒家经典，最突出的是“四书”，即《大学》、《中庸》、《论语》、《孟子》。这不仅仅是依据文本的重点不同，也反映理论的重点不同。经学以“五经”为依据，理论的重点是“礼学”，是以外在的政治伦理规范约束人的行为；以“四书”为依据，理论的重点是“心性”之学，是靠内在的道德理性自觉地支配人的行为。

理学出现以后，曾受到以王安石为代表的“新学”、以苏轼父子（苏洵、苏轼、苏辙）为代表的“蜀学”的反对。到南宋时，理学更一度为朝廷所不容，甚至作为“伪学逆党”而加以取缔，朱熹本人也屡受打击和迫害。直到朱熹死后才解除禁令，理学得到官方的承认而取得合法的地位。元代恢复科举考试后，规定了以程、朱对儒学经典的解释为权威性的根据。明代继承了元代的政策，继续确立理学为官学，并规定以二程、朱熹等宋代理学家所诠释的“四书”、“五经”为科举考试的主要依据。这样，理学作为封建社会后期意识形态的地位也就随之确立。

朱熹:理学的集大成者

理学之所以能够成为封建社会后期的意识形态，朱熹起了关键的作用。他在继承二程（程颢、程颐）思想的基础上，广泛吸收了周敦颐、张载、邵雍等北宋理学家的思想，对佛学和道家思想也作了扬弃，构建了一个规模庞大而又缜密精致的思想体系，遂使他成为宋代理学的集大成者。

朱熹（1130－1200），字元晦，号晦庵，别号考亭、紫阳，徽州婺源（今属江西）人，出生在福建龙溪。他于绍兴十七年（1147）秋中举人，次年登进士，曾任泉州同安主簿、秘书省秘书郎、知南康军、提举江西常平茶盐公事等，后官至焕章阁待制兼侍讲。朱熹为官时间虽然不长，但表现出清正廉洁、不畏权贵、以民为本的精神。他在淳熙八年（1181）十二月受命巡视台州时，曾弹劾前太守唐仲友“违法扰民，贪污淫虐，蓄养亡命，偷盗官钱”。唐仲友得到宰相王淮庇护，朱熹则接连多次上书，终于使唐仲友被罢免。他还上奏朝廷，指出时局“如人有重病，内自心腹，外达四肢，无一毛一发不受病者”，提出“辅翼太子，选任大臣，振举纲纪，变化风俗，爱养民力，修明军政”[19]六策。

朱熹更多的精力是用于教育。他先后从事教育活动 50 余年，曾重建白鹿洞书院和岳麓书院，并讲学于白鹿洞书院、岳麓书院和福建崇安的紫阳书院，一生孜孜不倦对学问的追求，使他成为宋代最为博学的儒家学者。

朱熹一生著述很多，其主要著述有《四书章句集注》、《诗集传》、《楚辞集注》、《周易本义》及后人编纂的《晦庵先生朱文公文集》、《朱子语类》等，在经学、史学、文学、哲学、伦理学、历史学、教育学、语言学、自然科学以及政治学、经济学、心理学等诸多领域，都有造诣。

朱熹的命运与孔子的命运有一点相似：他们生前都遭遇不同程度的挫折，直到死后，才被人们尊为圣贤。宋宁宗赵扩时，韩侂胄擅权，排斥支持朱熹的赵汝愚。赵汝愚罢相后，朱熹、蔡元定等理学家就不断受到贬窜。庆元三年（1197）二月下诏：“自今权臣（指赵汝愚）、伪学（即理学）之党，勿除在内差遣。”同年九月，又“诏监司、帅守荐举改官，勿用伪学之人”。十二月，再“诏省部籍伪学姓名”。庆元四年五月，又“诏禁伪学”，赵汝愚、朱熹等 59 人被列位“伪学逆党”，朱熹自然成了“伪学逆党”之魁，这次对理学及理学家的打击，就是有名的“庆元党禁”。直到朱熹去世之后的宋宁宗嘉泰二年（1202），“党禁”才废弛，朱熹的“罪名”才解除。到宋理宗赵昀时，追封朱熹为信国公，后来，又配享孔庙，成为孔庙中祀奉的“四配、十二哲”之一，朱熹学说的地位才确立起来。此后，朱熹的影响便日益扩大，其思想远播海外，在朝鲜、日本、越南等国也受到尊崇。

朱熹所构建的理学，是一个体大思精的思想体系，很难用几句话讲清楚。我们暂且从“理气论”、“心性论”、“格物致知论”等主要方面（也就是中国哲学史著作中所流行的“板块”式的分类），对他的哲学思想中的突出观点作一些简略介绍。

在“理气论”上，朱熹把宇宙万物都看作由“理”和“气”两方面构成的，“气”构成了一切事物的表象方面，“理”则是事物内在的本质和规律。“理”和“气”虽然不能分离，但从本原上说，理先于气而存在。朱熹还从“理气”论中推衍出“理事”论，认为一切事物中都有“理”，“理”是没有形迹的，但却是事物的本质，是事物生存和发展的根据。朱熹进而发挥了程颐的“理一分殊”思想，把作为宇宙的本体的“理”

(他又称为“太极”)看作“一”,而每一事物都禀受了这个“理”,所谓“万物皆有此理,理皆同出一原,但所居之位不同,则其理之用不一”[20]。他还借用佛教华严宗的“月映万川”比喻来说明“理一分殊”:就像天上的月亮只有一个,但每条江河却都能映现月亮。所谓“理一分殊”,实际上就是以朱熹的方式对哲学上所讨论的多样性统一问题作出的回答。

在心性论方面,朱熹继承和发展了张载“心统性情”的思想,提出“性”是“心”之体、“情”是“心”之用的观点。同时,又根据程颐的思想,将“性”区分为“天命之性”和“气质之性”。“天命之性”是禀于“理”而生的纯然至善的性;“气质之性”则是禀于“气”而生,它有清有浊、有善有恶。朱熹以“心统性情”和“天命之性”与“气质之性”之分的思想,进一步阐发了“道心”、“人心”范畴,认为人的内心都存有“人心”和“道心”两个方面,“道心”体现“天理”,“人心”体现“人欲”,使“人心”服从“道心”的过程,就是“存天理,灭人欲”的过程。

朱熹还根据《大学》的“格物致知”命题提出他的“即物穷理”思想,认为“即物”(即接触事物)是“穷理”(即揭示物理)的途径,而“穷理”则是通过体悟来揭示事物本有的“理”。与此同时,他还提出“知先行后”、“知行学相须”的观点,认为知和行不能偏废。当然,朱熹讨论知行问题,主要是为了说明道德践履问题,而不是为了探究认识的来源。

关于朱熹的学术精神,张立文曾作过概括,他说:

> 朱子学的最切近的学术目标,是要“格物穷理”,这个理既是形上学本体存有的根据,也是最深层的价值源泉。在朱熹思想中,如何协调人伦关系,规范宗法秩序,强化群体意识,提高群体智慧和力量,以对付各种灾害,达到人人和谐统一,成为传统文化哲学的基本课题,它是以中华民族现实生存为根基的文化群体的主体精神。自觉而深沉的忧患精神,煎熬与锤炼了朱熹的思想意识,驱使他不断超越所处的时代,从形上学本体论的思维高度反思人伦的存在价值、文化的生命意蕴、道德的永恒力量,打破学术的派别门户之见,出入佛老,游思空无,综罗百代,和合儒释道三教。力行是朱熹入世的品格和刚健精神的凸显,是其投身现实社会、奋发进取、追求自己理想价值实现的体现。朱熹虽谈论心性、辨析义理,但旨在重建社会道德价值理想和伦理生

活秩序，因而是有其现实针对性的求实精神的体现。他的道德精神是重建了儒家伦理价值体系，这就能从心性这一根本上匡正唐末五代以来的道德沦桑情境，使社会伦理复归于三代“天理流行”的至善境界。朱熹哲学表现出极大的兼容心态和开放精神。[21]

张立文认为，朱熹就是以这“求理精神、主体精神、忧患精神、力行精神、求实精神、道德精神、开放精神”七大精神，体现了历史的脉搏、时代的要求与中国的智慧的。

陆九渊：“心学”

几乎就在朱熹继承程颢、程颐思想，提出他的理学体系的同时，陆九渊的思想也基本形成了。陆九渊（1139－1192）字子静，号象山，南宋抚州金溪（今江西金溪）人。宋乾道八年（1172）登进士第，历任隆兴府靖安县主簿、国子正、敕令所删定官，绍兴二年（1191）知荆门军，次年，病死于荆门任上。

陆九渊是早慧的天才，4 岁时候，他仰望天际，就提出天地的边际在哪里的问题，为此，竟思考得废寝忘食[22]。他后来在治学上继承了孟子“万物皆备于我”的思想，认为“人心至灵，此理至明；人皆具有心，心皆具是理”，于是提出“心即理”的命题[23]，把二程和朱熹看作在宇宙之先就已经存在的“理”，放进了人的内心，人们只要能“明本心”，就能穷宇宙万物之“理”。他更由此发出石破天惊之论：“宇宙便是吾心，吾心便是宇宙”；“宇宙内事，是已分内事；己分内事，是宇宙内事”[24]，把个人和宇宙精神合而为一；对人生既充满自信，也充满着责任感与担当精神。这与《庄子》的“天地与我并生，而万物与我为一”、“独与天地精神往来”很相似，也是一种“天人合一”。他对“心”是如此强调，他所主张的学说也就因之叫作“心学”。

陆九渊的心学出现以后，人们对理学的理解就有广义与狭义之分。当我们把理学仅仅看作程朱理学的时候，就是对理学的狭义理解；如果认为理学还应该包括陆九渊所倡导的心学，那就是对理学的广义理解。

但不论对理学作广义理解还是狭义理解，陆九渊的思想与朱熹的思想都属于不同的思想体系，所以在两者之间常常发生争论。金华学派的吕祖谦(1137－1181)与朱熹和陆九渊都交好,很想调和双方的理论分歧,便在南宋淳熙二年(1175),约请陆九龄、陆九渊兄弟与朱熹等相聚于江西广信府铅(yán)山县鹅湖寺。

在这次集会上,朱熹与陆九渊围绕“教人之法”展开了激烈的争论。朱熹主张“泛观博览,而后为之约”;陆九渊则主张“先发明人之本心,而后使之博览”。朱熹认为陆学过于“简易”;陆九渊则认为朱学流于“支离”[25]。这就是中国学术史上著名的“鹅湖之会”。他们争论了三天,没有化解分歧。但“鹅湖之会”以后,他们都对自己的学说作了反思,促进了各自学说的完善。

陆九渊“心学”在问世时,虽有振聋发聩之势,但在宋元时期毕竟还是细流。经明代理学家陈献章、吴与弼的发挥,影响才开始扩大;到明代中叶,由于王阳明的弘扬,才成为激流巨川。所以人们把王阳明与陆九渊并称为“陆王”。

明初的理学

广义上的理学,在明代大体可以分为三个阶段。第一阶段是明初,这时,程朱理学继续在学术界占统治地位;第二阶段是明代中期,这是王阳明学派兴起并广泛传播的时期,也是明代理学与宋元理学相区别的突出表现;第三阶段是明代末期,这是对理学进行反思的阶段,王学开始受到质疑,程朱理学又有所抬头。

在明代开国之前,朱元璋就网罗了刘基、宋濂等理学家,经常与他们谈经论道。还任宋濂为郡学五经师,后又让他担任江南儒学提举,为太子讲经,成为明代“开国文臣之首”。朱元璋曾询问宋濂,讲“帝王之学”最重要的书是什么,宋濂说《大学衍义》最好,朱元璋立即命人书写《大学衍义》,张贴在殿内两庑的墙壁上[26]。而《大学衍义》的作者,正是南宋末年程朱理学派的著名学者真德秀。开国之后,朱元璋又与他们讨论如何以儒学为基础确定礼乐制度,并继续实行元代所确定的以“四书”“五经”为经典、以程朱一派诠释为依据的科举考试原则。

朱元璋去世后,其孙朱允炆继位,是为建文帝。不久,朱元璋第四子、时为燕王的朱棣以“清君侧”的名义,发动了“靖难之役”,带兵打到南京,迫使朱允炆自焚而死。于是,朱棣称帝,改年号为永乐,这便是明成祖。朱棣即位后，任用了解缙等一批归附自己的建文朝文臣，继续由他们主持讲筵、入对顾问，并命他们以程朱理学为指导，汇辑经传的诠释，编为《五经大全》、《四书大全》和《性理大全》，诏颁天下，企图达到“合众途于一轨，会万理于一原”[27]的目的，实际上就是要用程朱理学作为指导治国、规范社会的准则。这就更加巩固了程朱理学在意识形态领域的统治地位。

但在明朝初年，儒学也遇到一些麻烦的问题。首先是朱元璋对理学家们极为看重的《孟子》表示了极大的不满。

洪武二年(1369)，当朱元璋读《孟子》读到“君之视臣如手足，则臣视君如腹心；君之视臣如犬马，则臣视君如国人；君之视臣如草芥，则臣视君如寇仇”时，不禁很生气，说“非臣子所宜言”，要“议罢其配享”[28]，还说：“使此老(指孟子)在今日，宁得免耶?”[29]洪武二十二年(1389)，他终于命刘三吾负责，由钱宰等 27 人参订《孟子》，删去《孟子》中 85 条文字，并定名为《孟子节文》。所删的 85 条文字，主要是体现孟子民本思想、反对独裁的内容。这样，不仅一般的读书人很难窥到《孟子》的全貌，也很难看到读书人表达出的对封建专制统治的不满。

从朱元璋对待《孟子》的态度可以看出，统治者不论是提倡孔孟儒学，还是提倡宋元理学，都是为了维护封建统治的需要。如果与统治者的意志相冲突，即使出自孔、孟，那也是不能容忍的。

再一件就是在“靖难”之役中方孝孺之死给理学家们带来的尴尬。

方孝孺是宋濂的学生，洪武朝著名的儒家学者。他 26 岁时应征至京，朱元璋见方孝孺举止端方，称他为“庄士”，准备经过历练之后，让他辅助皇太子[30]。朱允炆即位后，将方孝孺从汉中府教授召为翰林院侍讲。

朱棣发起“靖难”之役时，方孝孺已颇有社会影响，他很想由方孝孺为他起草即位诏书。但在召见方孝孺时，方孝孺却“悲恸声彻殿陛”。朱棣劝慰他道：“先生毋自苦，予欲效周公辅成王耳。”方孝孺立即质问：“成王安在?”朱棣说：“彼自焚死。”方孝孺又问：“何不立成王之子?”朱棣回答道：“此朕家事。”即使如此，他还是要左右授笔札给方孝孺，并且说：“诏天下，非先生草不可。”方孝孺投笔于地，且哭且骂道：“死即死耳，诏不可草！”于是，朱棣大怒。尽管朱棣身边第一谋士姚广孝在他发兵南下时曾嘱托过他说:“城下之日,彼(指方孝孺)必不降,幸勿杀之。杀孝孺,天下读书种子绝矣。”朱棣也答应了姚广孝,但他这时还是将方孝孺“磔(zhé)诸市”,即处以车裂的极刑。就刑前方孝孺作了这样的绝命词:“天降乱离兮孰知其由,奸臣得计兮谋国用犹[31]。忠臣发愤兮血泪交流,以此殉君兮抑又何求。呜呼哀哉兮庶不我尤。”[32]

方孝孺之死,给那些归附朱棣的朝臣们出了一个难题。

与方孝孺的死难形成对比的是,建文朝不少理学信奉者如解缙,以及历仕四朝(成祖、仁宗、宣宗、英宗)并成为明代台阁重臣的“三杨”(杨士奇、杨荣、杨溥)等等,在“靖难”之役后都归附了朱棣。

这些归附的朝臣们无法回避却又不能不回避一个问题:朱棣从他侄子朱允炆手里夺取了皇位,固然如朱棣所说是他们的“家事”,但从理学家的角度看,是否具有合理性?当年朱熹在评论李世民时曾说:“唐太宗分明是杀兄劫父代位。”[33]那么,朱棣取代朱允炆是合理的吗?

与此相应的就是:如果朱棣获取政权是不合理的,那么,归附朱棣是否与理学家所说的“忠”会相悖?对这些理学信奉者来说,是不是有失气节?

这个问题本应由理学家来回答。但在整个明代,却没有人回答,甚至没有人提起。

这倒不是因为明代学者心中不存在这个问题。只是一旦提起这个问题,就会使理学家陷入理论和实际相矛盾的尴尬境地。为了避免再度陷入尴尬,朱棣之后,士大夫们面对越来越多、越来越尖锐的政治矛盾,如争夺皇位的斗争、官僚集团之间的斗争、宦官与官僚集团之间的斗争,便采取了回避的态度。他们或辞官(如薛瑄),或拒绝出仕(如吴与弼),以疏远政治。吴与弼拒绝出仕,还被人们津津乐道为“高尚其志”,似乎成为士大夫的最佳选择。

理学的尴尬对明代的学风也产生了影响。那些理学家们不再把治学目标和重点放在“治国平天下”上,而是转向自我内在修养,转向独善己身。从吴与弼开始,学者们就特别注重“存心”以“涵养德性本原”,注重“静坐”、“夜思”等冥悟的修养方法。吴与弼的学生陈献章更将“静坐”看作冥悟“作圣”之道的基本途径。他说,所谓“作圣之功”,就是“舍彼之繁,求吾之约,唯在静坐”,也就是说,只要长久“静坐”，就能发现“吾此心之理”，成为圣人[34]。

从吴与弼到陈献章，日渐显示出理学变化的趋势：由程朱理学向心学转化，并为王阳明学派的产生和风行铺垫了道路。

王阳明学派

我们习惯上把明代看作程朱理学占统治地位的时期。其实，到明代中叶，王阳明学派兴起之后，就开始取代程朱理学，成为学术主潮，程朱理学只是在科举考试上才有它的存在价值。

王阳明(1472—1529)，名守仁，字伯安，浙江余姚人，早年曾筑室于故乡阳明洞，因而自号“阳明子”、“阳明山人”，学者则称之为“阳明先生”。他的父亲王华，是成化十七年(1481)的状元，官至南京吏部尚书。出身于这样一个官宦家庭，他自然从小就接受了良好的儒学教育。王阳明在弘治五年(1492)中举人，但到弘治十二年才中进士。以后任过知县、兵部主事、南京太仆少卿、佥都御史、江西巡抚、兵部尚书等职，曾先后平定过广西、贵州和福建的农民起义。

在王阳明的“武事”中，对巩固明王朝统治来说最重要的是平定宁王朱宸濠的叛乱，但他却正因平叛之功，差点儿带来杀身之祸。

正德十四年(1519)，朱宸濠以明武宗朱厚照荒淫无道为理由，发兵10万，沿江南下，攻略九江、南康，出江西，直逼安庆。朱宸濠叛乱引起了朝野的震惊，但朱厚照却高兴起来。他是中国历史上一个很特别的皇帝，不仅具有那些荒淫帝王的普遍特点，还有一个与众不同的嗜好：给自己任命军职。他想靠“军功”使自己得到“提拔”，并将自己一直“提拔”到皇帝。这本来是一个荒唐的游戏，但朱厚照却乐此不疲。刚刚化名李寿统率六军“出征”西北回京不久，他又想“南巡”。这个想法遭到了大臣们的反对，并且与朝臣的关系弄得很僵，恰在这时，朱宸濠的造反，给了他一个借口。他不顾大臣们的劝阻，下诏南征，而且没有忘记给自己封一个“威武大将军”的头衔。也就是说，他不是以皇帝的名义“御驾亲征”，而要以一名“将军”的名义率军平叛。

谁知就在朱厚照下诏南征的同一天，王阳明已经平定了朱宸濠的叛乱。当朱宸濠沿江而下时，王阳明挥师南昌，朱宸濠闻讯，急忙回师救援，王阳明率军与朱宸濠叛军大战于鄱阳湖，仅用35天就平定了这场威胁明王朝的叛乱，生擒朱宸濠。

朱厚照在“南征”途中接到王阳明的捷报，但他一再阻止王阳明献俘，仍然继续“南征”。这时，宦官张忠等人乘机诬陷王阳明“先与（朱宸濠）通谋，虑事不成，乃起兵”，幸好有一位曾反对过刘瑾的宦官张永从中回护。在张永的启示下，王阳明把朱宸濠交由张永带去，再重新报捷，在捷报中表示“奉威武大将军方略，讨平叛乱”，并将那些曾经接受过朱宸濠贿赂的宦官、朝臣都列入征讨朱宸濠有功人员名单，这才得以保全了身家性命。直到明世宗朱厚熜即位之后，才给王阳明“论功封特进光禄大夫、柱国、新建伯”。王阳明去世后，又因朝臣的异议而夺爵，到明穆宗朱载垕（hòu）即位，“廷臣多颂其功”，才又“诏赠新建侯”，谥文成[35]。

清代著名学者王士禛在评论王阳明时曾说：“王文成公为明第一流人物，立德、立功、立言，皆踞绝顶。”[36]其实，王阳明对后世影响最大的还在“立言”方面，即他所阐发的心学体系。

王阳明原是程朱理学的信奉者，他在弘治五年中举后，住在父亲的任所，曾系统研读过朱熹的著作。这时，发生了事虽不大但却很有名的“格竹子”事件。人们普遍认为，就是因为这件事，使王阳明对程朱理学发生怀疑，走上了自创学派的路。王阳明自己曾经谈到过他这次“格竹子”的经历，他说：

> 众人只说格物要依晦翁，何曾把他的说去用？我着实曾用来。初年与钱友同论做圣贤，要格天下之物。如今安得这等大的力量？因指亭前竹子，令去格看。钱子早夜去穷格竹子的道理，竭其心思，至于三日，便致劳神成疾。当初说他这是精力不足，某因自去穷格。早夜不得其理，到七日，亦以劳思致疾。遂相与叹圣贤是做不得的，无他大力量去格物了。[37]

王阳明这段自述，很难使我们得出他就是因此而对程朱思想产生怀疑的结论。他的自述只能表明，他对人们讲程朱理学却不能身体力行非常不满，也表明他深感自己的功力还不足以通过“格物”而“致知”，以达到“圣贤”的地步。

真正埋下使王阳明走出程朱理学的根子，早在“格竹子”的3年之前（1489），他迎亲经过广信（今江西上饶）时曾拜见娄谅。18岁的王阳明听娄谅谈“宋儒格物之学”，对娄谅所说的“圣人必可学而至”，“深契之”[38]。王阳明在平定朱宸濠叛乱之后，曾厚礼安葬了娄谅的孙女、朱宸濠的妃子娄素珍[39]，或许就是出于对娄谅的敬意。

娄谅虽然声称信奉程朱理学，但他师从吴与弼(1391—1469)，也接受了吴与弼的心学思想。王阳明与娄谅的见面，便在他的思想上打开了一扇通向心学的窗户。所以黄宗羲认为，王阳明与娄谅的这次会面，是他学术变化的发端[40]。

由娄谅最早埋进王阳明思想中的心学种子，在王阳明被贬谪到龙场期间终于萌发。明正德元年(1506)，宦官刘瑾专权，排斥打击大学士刘键、谢迁等，激起士人共愤，南京户科给事中戴铣等21人或独自、或联名上疏声援，刘瑾逮捕戴铣等21人。时任兵部主事的王阳明不顾刘瑾权势的煊赫，上疏救援，并提出“宥言官，去权奸”，“有政事得失，许诸人直言无隐”的建议，请求明武宗朱厚照“开忠谠之路”[41]。结果触犯了刘瑾，被廷杖四十，贬为龙场(今贵州修文县)驿丞。

龙场是一个十分偏僻的驿站。正德三年春，王阳明赶到龙场后，便自筑草棚栖身，自种菜蔬自给。因为地处穷荒，余暇无书可读，就日绎旧闻。在对学术思想的回顾与思考中，他“忽悟格物致知，当自求诸心，不当求诸事物。喟然曰：‘道在是矣！’遂笃信不疑”[42]。这就是中国学术史、哲学史上著名的“龙场悟道”。

“龙场悟道”使他悟出了“心即理”的观点，为他的思想找到了新的支点。第二年，王阳明在贵州府城的文明书院阐发了他的“知行合一”论。正德十五年(1520)，在江西南昌又提出“致良知”论。至此，王阳明由“心即理”论、“致良知”论和“知行合一”论所建构的心学体系，就最后完成了。

在王阳明看来，“吾心”是宇宙万物的本源。认识了存在于“吾心”中的理，就是认识了事物之理。王阳明以这种“心即理”的观点为出发点，提出了他的“致良知”论和“知行合一”论。他认为，“良知”是不问圣愚，不论古今，人人都具有的[43]，连天地鬼神都是从“良知”而来的。这个“良知”就是“真己”，是人的真实的本质，也是人和万物的生命所系，“有之即生，无之即死”[44]。王阳明的“知行合一”论则是针对朱熹的“知先行后”说而提出来的，他认为“知者行之始，行者知之成。圣学只一个工夫，知、行不可分作两事”[45]。他说，如果“待知得真了，方去做行的工夫，故遂终身不行，亦遂终身不知”，但他又认为，所谓“知行合一”，实质上就是“心”、“理”合一。所以说：“求理于吾心，此圣门知行合一之教。”[46]

王阳明有两句名言：“破山中贼易，破心中贼难。”[47]他主张“致良知”，主张“知行合一”。其学术动机可能是想重振儒学的政治功能，从根本上“灭心中贼”，以维护封建秩序。

但是，王阳明所说的“良知”，实际上是人的主观精神的升华和膨胀，是一种超越了时间也超越了空间的主观精神。按照他的“致良知”学说，逻辑的结论只能是张扬人的个性和人的主体性，重视人的生命价值和人的主观能动精神。沿着这样的思路，就可能使王阳明的心学与程朱理学的“存天理、灭人欲”道德目标背道而驰。他也确实就得出肯定“人欲”的合理性的结论，认为人的“喜怒哀惧爱恶欲”等“七情”都是“人心合有的”[48]。他还从“良知之在人心，无间于圣愚”的观点出发，得出“满街人都是圣人”[49]这样蕴含着人格平等的结论。这都表明，王阳明心学的出现，必然会对程朱理学产生冲击。

泰州学派：王艮

王阳明虽然在明嘉靖八年(1529)去世，但他所创立的学派并未随着他的去世而消沉，相反，在王阳明去世之后，他的学派反而如日中天，服膺王学的学者几乎遍天下。在黄宗羲的《明儒学案》中，属于王阳明学派的，差不多占了百分之八十。较为有名的学派有浙中、江右、南中、楚中、粤闽、北方、泰州等，其中，泰州学派最有影响，也最引人注目。

泰州学派的创始人是王艮(gèn)。

王艮(1483—1541)，字汝止，号心斋，泰州安丰场(今江苏东台市安丰镇)人，学者称他为心斋先生。他原名王银，后来，他的老师王阳明根据《易·艮卦》“道止于至善”的意思，给他改名为艮。

明代将沿海居民分为“民户”与“灶户”，“灶户”以煮盐为生，地位十分低下，与囚徒差不多。正德十五年(1520)，更令各府州县将“情罪深重”的囚徒发送到本省盐场依照年份煎盐，“抵办逃亡灶丁课额”[50]。王艮就出身于这样的灶户家庭。

王艮因家境贫困，11 岁就辍学，在盐场烧盐，成为一个小“灶丁”，但这也培育了他自立自强的精神。19 岁起，王艮随父亲王守庵贩盐，由于他在经营中“措置得宜”，家境日渐富裕，这为他专心致志治学提供了经济条件。也就从 19 岁起，粗识文字的王艮开始读《大学》、《论语》、《孝经》。在没有受过良好教育的情况下，他依靠刻苦自学和殚心竭虑的思索，竟也学有所成。当然，他也向人求教，常常将书揣在怀中，"逢人质难"。38 岁那年，他听塾师黄文刚说，他的观点颇类王阳明，于是他带着他 9 岁儿子赶赴江西。

王艮拜王阳明为师的过程也显示了他鲜明的个性。王艮开始以"古服"见王阳明，王阳明迎进之后，他则据上座，颇有对王阳明不以为然之意，等到与王阳明"辩难久之"，则"稍心折"，于是"移其座于侧"，虽然略为尊重，但仍然采取了分庭抗礼的姿态，待听王阳明阐明了他的学说，才"下拜称弟子"。但是，回去之后，发现王阳明的观点仍有不能赞同的地方，第二天又见王阳明，表示昨天拜师轻率了，又上座，与王阳明展开辩论。经过反复辩论，终于心服，才真正以王阳明为师。王阳明也很赏识他的不轻从，对弟子说："向者吾擒宸濠，一无所动，今却为斯人动矣。"王艮在听到王阳明去世的消息后，痛哭迎丧直至桐庐，并处理好后事、安顿好其家，才返回[51]。

王艮师从王阳明后，虽然对王阳明极为尊崇，但在学问上仍然不苟从。路过金陵（南京）太学时，他讲学说："夫六经者，吾心之注脚也。心即道，道明则经不必用，经明则传复何益？经传，印证吾心而已矣。"[52]这就把王阳明的心学推向极致，把儒学的"经"、"传"只看作诠释、印证人们心中固有的"道"的工具，认识了"本心"，"经"、"传"也就成为无用之物。这在当时，是何等的离经叛道、惊世骇俗。

王艮最为自负的是他的"格物"说。在拜见王阳明之前，他就说过："王公论良知，艮谈格物，如其同也，是天以王公与天下后世也；如其异也，是天以艮与王公也。"[53]做了王阳明的学生以后，他对"格物"的阐释，仍然既不同于朱熹，也不同于王阳明。在他看来，主观的自我与客观的天地万物一样，都是"物"，但是，他们之间有本末的不同，作为自我的"身"是"本"，而天地万物是"末"，"格物"便是首先"正身"，只有"身"正，天下万物才能随之而正。这就像画一个方形，需要用曲尺（"矩"）一样，如果曲尺不正，就不可能画出方正的图形。而"身"就是曲尺，"天下国家"就是需要画的方形[54]。

因此，王艮特别强调尊身、爱身、保身，并进而主张人己平等和爱人。他说："身与道原是一件。至尊者此道，至尊者此身。尊身不尊道，不谓之尊身；尊道不尊身，不谓之尊道。须道尊自尊，才是至善。"

又说:“明哲者,良知也;明哲保身者,良知良能也。知保身者,则必爱身;能爱身,则不敢不爱人。能爱人,则人必爱我;人爱我,则吾身保矣。能爱身者,则必敬身;能敬身,则不敢不敬人。能敬人,则人必敬我。人敬我,则吾身保矣。”[55]

以上就是王艮对“格物”的主要看法,也就是人们习惯所说的“淮南格物说”[56]。

在王艮的思想中,除了“格物”论外,他还从“百姓日用条理处,即是圣人之条理处”出发,认为“道”不仅仅能被圣贤所掌握,在百姓的日常生活中,同样有“道”,不论老幼贵贱贤愚,人们只要去掉“私欲”,进行自我修养,都可以获得“道”,都可以成为“圣贤”。所以他讲学的主要对象,就是灶丁、佣工、农夫、商贩、渔民以及僧道徒众等下层人民。有人因此而把他看作开启平民教育的学者。

王艮所开创的泰州学派,在当时影响很大。王艮“开门授徒,远近皆至。同门会讲者,必请先生主席”[57],王艮去世后,泰州学派传人中著名的就有王襞、徐樾、赵大洲、罗汝芳等。特别是发展到颜钧、何心隐(梁汝元)一派,“遂非名教之所能羁络”[58],表现出更为明显的反传统的倾向,成为李贽“异端”学说的先导。

晚明:对王学的反思

晚明时期是学术思想活跃的时期。这个时期,王学的信奉者仍然很多,知识界几乎形成“笃信程朱、不迁异说者,无复几人”[59]的局面。其中,受王学特别是泰州学派影响很大的李贽(zhì),更是以“异端”思想家的面貌出现,无情鞭挞程朱理学,甚至否定孔子和儒学经典的神圣和权威,提倡人的主体意识,肯定人的物质需要,在理论上表现出强烈的叛逆性。

学术思想领域的叛逆精神还蔓延到文艺界,在王学的影响下,文艺界出现了与儒家传统文艺观相对立的“童心说”(李贽)、“本色论”(徐渭)、“至情说”(汤显祖)等文学主张,而且产生了《牡丹亭》、《金瓶梅》、《三言》、《二拍》等戏剧、小说作品和以袁宏道为代表的“公安派”(袁宏道为湖北公安人)散文。肯定和宣扬“至情”和人的物质需要,反对理学家所宣扬的禁欲主义,成为文学作品的突出主题。

这是一种新的社会思潮,学术界有人把这股社会思潮叫作“个性解放思潮”。

但是，王学的风行，不是儒学（包括理学）的福音。明代的科举考试，已经把儒学经典变成儒生进入仕途的敲门砖，他们除官方指定为科举考试依据的几部儒学经典和注释之外，其他儒学著作就不去问津，更不要说儒学以外的著作，以至于闹出进士不知《史记》作者为谁的笑话。到晚明时期，王学“发明本心”的“致良知”理论又把儒学经典变成印证“良知”和“本心”的工具，知识界弥漫着“束书不观、游谈无根”的“清谈”风气，儒学的社会政治功能丧失殆尽。这不仅动摇了理学的地位，整个儒学也面临着危机。一些关心儒学命运的学者，便开始了儒学的反思。

反思首先是针对王学的。晚明著名学者、王学浙中学派的传人周汝登（1547—1629）就对王艮的“淮南格物说”提出批评，说它是“舍却家国天下心意，另求一物”[60]。思想家吕坤也指出，由于王学盛行，导致了“终日谈本体，不说工夫。才拈工夫，便指为外道”的风气十分流行[61]。

对王学批评最激烈的是东林学派。他们把王学以“发明本心”为中心的理论和修养方法称为“虚病”，提出从“虚”返“实”的要求。如东林学派的著名学者高攀龙说：“古今学术于此分歧，便分两路去了：一者在人伦、庶物、实知、实践去；一者在灵明、知觉、默识、默成去……宇内之学，百年前是一路，百年后是一路，两者递传之后，各有所弊。毕竟实病易消，虚病难补。今日虚病见矣，吾辈当相与稽弊而反之实。知及仁守，莅之以庄，动之以礼，一一着实做去，方有所就。”[62]为了克服“虚病”，他与顾宪成等东林学派的学者倡导“实学”。他们所说的“实学”，虽然主要是指程朱理学，但并不是指理学高谈“性命”的方面，而是要恢复学术经世致用的传统。几社的创始人陈子龙等还编辑了《皇明经世文编》，为提倡经世“实学”张本。

从“实学”到儒学文献学化

还未等到明末学者提倡的“实学”形成气候，明朝便灭亡了。

“天崩地解”般的社会变化，刺激学者们对明亡的原因进行反思。在反思中，清初的学者们几乎众口一词地得出“学术误国”的结论，将明朝的亡国归咎于晚明的学风。如陆陇其说：“至于崇祯之际，风俗愈坏，礼义扫地，以至于不可收拾。其所从来，非一日矣。故愚以为明亡天下，不亡于寇盗，不亡于朋党，而亡于学术。学术之坏，所以酿成寇盗朋党之祸也。”[63]顾炎武也说：“五胡乱华，本于清谈之流祸，人人知之，孰知今日之清谈，有甚于前代者！昔之清谈谈老庄，今之清谈谈孔孟。未得其精而已遗其粗；未究其本而先辞其末……以明心见性之空言，代修己治人之实学。股肱惰而万事荒，爪牙亡而四国乱，神州荡覆，宗社丘墟。”[64]

在“学术误国”的共识下，一场批判王学的浪潮席卷了清初的学术界。与此同时，“实学”也作为拯救空虚学风的良药而被再度提起。如王敔在谈到其父王夫之时说，王夫之当时就“伍于濂、洛、关、闽，以辟象山、阳明之谬，斥钱（德洪）、王（畿）、罗（汝芳）、李（贽）之妄”，“明人道以为实学，欲尽废古今虚妙之说而返之实”[65]。即使是王阳明学派的学者，也主张用程朱理学之“实”补王学之“虚”，如当时号为学界泰斗的著名学者孙奇逢就提出：“门宗分裂，使人知反而求之事物之际，晦翁之功也。然晦翁殁，而天下之实病不可不泄。词章繁兴，使人知反而求之心性之中，阳明之功也。然阳明殁，而天下之虚病不可不补。”[66]颜李学派的李塨同样认为：“天地之道，极则必反。实之极必趋于虚，虚之极必归于实”，“今之虚学可谓盛矣，盛极将衰，则转而反之实。”[67]这样，就在清代初年，学术界卷起了一股“实学”思潮。

在这股“实学”思潮中，除学者们几乎都提出改变学风的要求之外，值得注意的还有一些学者表现出以下的思想倾向：

一是对君主专制的批判。

明末清初，一些思想家的批判已经远远超出了学术批判的范围，他们甚至把批判的锋芒直指君主专制制度。如黄宗羲指出：“今也天下之人怨恶其君，视之如寇仇，名之为独夫，固其所也。”[68]唐甄认为：“人君之患，莫大于自尊。自尊则无臣，无臣则无民，无民则为独夫。”[69]王夫之则提出了“一姓之兴亡，私也；而生民之生死，公也”[70]的观点，顾炎武也反对“尽天下一切之权，而收之在上”[71]的君主集权制度，主张采取置相、用贤、清议等办法对君权加以限制。

二是提出建立新的社会关系的要求。

在中国传统的社会伦理关系即“五伦”中，君臣、父子、夫妇、兄弟这四种关系，基本上是一种权利和义务不对称的单向服从关系。依靠这种单向服从关系，封建社会的政治秩序和宗法秩序才得以维持，整个社会关系才得以延续。但在“五伦”中还有一种与君臣、父子、夫妇、兄弟不同的关系，即朋友关系，其不同之处表现于它是以权利和义务对等为特征，而不是以单向服从为基础的社会关系，在这种关系中包含着社会平等的倾向。

长期以来，人们虽然讲“五伦”，其实主要说的是前四伦，对朋友一伦则不太强调，没有把它看作普遍的社会关系原则，而只适用于个人的社会交往。但到明末，在思想界则出现了一种新的观点，主张将“朋友”原则作为处理社会关系的基本原则。如何心隐便表现出淡化君臣、父子、夫妇、兄弟等四伦，只保留“朋友”一伦的倾向。所以当时有人在评论何心隐时说：“人伦有五，公（指何心隐）舍其四，而独置身于师友圣贤之间。”[72]到清代初年，李塨则更加明确地提出“五伦皆有朋友之意乃佳”[73]。他主张把处理朋友关系的原则（即权利和义务对等原则）扩大到处理君臣、父子、夫妇、兄弟等社会关系中。这实际上是以中国传统的方式提出了一种新的社会要求：人与人之间的人格平等和社会关系上的平等。

王源还提出变动封建社会经济关系的要求，主张实行以赎买为主、没收为辅的办法以平分土地的“收田”、“买田”政策，希望通过“收田”、“买田”的办法，使耕者有其田，以彻底解决土地问题[74]。这很像后来西方国家在实行民主改革时所采取的以赎买方式对农村土地关系进行调整的办法。

三是主张回归原始儒学。

在当时的许多思想家看来，明王朝灭亡的重要原因是因为儒学社会政治功能的丧失。所以主张恢复儒学的社会政治功能，纷纷到原始儒学中去寻求灵感，希望重振儒学。于是强调“凡文不关六经之旨、当世之务者，一切不为”[75]，倡导“经世致用”的学风，认为通过复兴儒学，就“百王之敝，可以复起，而三代之盛，可以徐还”[76]。他们对君主专制的批判，也往往以原始儒学为基点（如大同理想、民贵君轻等）。

为了回归原始儒学，顾炎武还提出“经学即理学”的口号，主张从文字音韵和典章制度入手研习儒学经典，准确探求和理解儒学经典所蕴涵的义理。

但是，他们倡导回归原始儒学的目的并未达到，它的结果是儒学的文献学化，即对儒学经典的整理和研究。

考据学的兴起

顾炎武一方面倡导“经学即理学”，一方面在文字音韵和典章制度的研究方面作出了示范：他以《音学五书》显示了从音韵方面研究古代典籍的成就，以《日知录》显示了在典章制度方面的研究成绩。在顾炎武的影响下，阎若璩（qú）的《古文尚书疏证》、胡渭的《禹贡锥指》相继问世。这两部书特别是《古文尚书疏证》的问世，在学术界引起了极大轰动，学者们纷纷从事古文献的研究，使考据之风盛行一时。到乾隆、嘉庆年间，考据学达到极盛，形成以惠栋为代表的吴派考据学和以戴震为代表的皖派考据学。

考据学又称为“汉学”。这是因为当时的学者主张继承东汉时代许慎、郑玄研究儒学文献的方法而得名。“汉学”在儒学经典以及其他古代典籍的研究上，确实取得很大的成绩，很多古籍在经过汉学家们的研究和诠释之后，我们才能读得懂。汉学家们还主张“实事求是”的研究原则和以归纳为主的研究方法，这对克服社会科学研究中的主观性、随意性很有意义。从儒学的发展来说，汉学家们提出“无征不信”的信条，从考据入手，重新审视包括儒学经典在内的古代典籍，在一定意义上动摇了儒学经典及其注疏的权威性，对于人们走出传统思想的禁锢，也有一定的意义。20 世纪二三十年代的“疑古”思潮，就与“汉学”所张扬的怀疑精神有一定的联系。

但是，“汉学”（实际上是古文经学）也像很多学术思潮一样，时间一长，就违背初衷，产生新的弊端。“汉学”家提倡对古代经典的研究和典章制度的考证，本意是要纠正明末“束书不观，游谈无根”的学风，准确、正确地理解和诠释古代典籍，为解决现实问题提供原则和方法，即“通经致用”。而后来，很多汉学家却舍本逐末，变成了为考据而考据，并把学风导向烦琐。任何一种学说、思想或思潮，一旦烦琐化或教条化，就意味着要走向衰亡。清代后期的“汉学”也是这样。但这时，社会矛盾日益增多和尖锐，现实问题的积累，使一些学者开始对既脱离实际又支离繁琐的“汉学”不满，要求恢复学术面向现实的“经世致用”传统。

还在“汉学”盛行时，庄存与、刘逢禄等著名学者便提出从东汉的“古文经学”转向西汉的“今文经学”的主张，倡导借鉴“公羊学”的经世致用和关注儒学经典中的“微言大义”的治学原则。刘逢禄的学生龚自珍(1792—1841)与魏源(1794—1857)一起,借“公羊学”“相与指天画地,规天下大计”[77],呼吁变法。在他们的影响下,康有为、梁启超后来也借助“公羊学”倡导变法维新。

随着社会变革呼声的日益增强和“今文经学”的兴起,“汉学”(古文经学)虽然仍不绝如缕,但再没有出现过像乾、嘉时期那样风靡学术界的局面。新文化运动兴起以后,“汉学”(“古文经学”)与理学一起,都消沉下去。随着戊戌变法运动的失败,“今文经学”也失去了市场。儒学退出历史舞台,几乎成为必然的命运。

儒学:复兴,还是继承?

但是,到20世纪60年代以后,海外又出现一股复兴儒学的思潮。80年代,这股思潮蔓延到大陆。鼓吹这股思潮的学者,追接20世纪20年代一批学者倾向儒学的立场,以接续儒家学脉、复兴儒学为己任,并力图以儒家学说为本位吸纳与融合西学,对儒学进行改造,希望从“旧学”中培育“新知”,使儒学能够为今天的现代化服务,在新时代呈现“内圣外王”的新局面。人们习惯将这股学术思潮称为“当代新儒学”。

20世纪60年代以后,韩国、新加坡和中国台湾、中国香港地区先后实现了经济腾飞,日本经济也获得高速发展。这些经济快速发展的国家和地区恰好属于儒学文化圈,这更强化了一些学者复兴儒学和传播“现代新儒学”的信心。而随着“冷战”结束,“西方中心论”的时代成为过去,民族文化多元发展的格局正在成为现实,国际学术界对中国文化表现出更大的兴趣,这也激起了主张复兴儒学的学者们的理论热情,有人甚至提出了建立“第三期新儒学”[78]的口号和目标。

“现代新儒学”是一个复杂的文化现象,我们不可能在这里对它作出全面的评论。但它的出现提出了一个问题,即儒学是否能够真正复兴?

前面在介绍儒学思想的发展轮廓时,我们常顺便简略介绍了儒学兴衰的背景,目的是说明儒学思想的形成和发展不是思想家们随意的产物,而是因应时代需要、与时推移的结果。它作为社会的意识形态,其历史与封建社会相始终,也只能与封建社会相始终。在明末清初复兴儒学的思潮中，出现了那么多处于理论巅峰的学者，但也没有能够使儒学得到复兴。历史告诉我们，当封建社会已经走向末路的时候，为它服务的意识形态不可能仍然具有创新的生命力，明末清初复兴儒学的结果，使儒学走进文献化的阶段，不是偶然的，也不能简单地归结为是由统治阶级的文化政策（如“文字狱”）所造成的。

但我们也不认为儒学在今天就毫无价值。它在曲折发展过程中，积累了丰富的理论经验和思想资料，这些理论经验和思想资料，对于我们进行文化创新，仍然具有借鉴意义；儒学所提出的很多思想，不仅影响了过去，还在影响今天，对我们认识中国文化、了解中国社会，仍然是不可或缺的；在儒学所阐发的道德伦理思想、人生哲学中，有一些是具有超越时代价值的，对我们今天增进个人素质、提高社会道德水平也有不少可资参照的方面，等等。这都是值得我们借鉴的思想文化遗产。

但是，要区别“复兴”和“继承”。“复兴”是体系性的，作为思想体系或意识形态，儒学已经失去了它的存在理由；“继承”是扬弃，经过扬弃，儒学仍然可以为我们创造当代新文化提供思想资料和历史借鉴。

【注释】

①《近思录》是南宋朱熹、吕祖谦选录周敦颐、程颢、程颐以及张载 4 人文字所编的一部理学入门书，共 14 卷。清初的茅星来和江永分别为它作过集注。

②《四书衬》是清代骆培所著的一部解说“四书”的书。

③鲁迅：《祝福》，《鲁迅全集》第 2 卷，人民文学出版社，1973 年版，第 139—140 页。

④白居易：《长恨歌》，《白居易集》卷一二，中华书局，1979 年版，第 238 页。

⑤宋敏求编：《唐大诏令集》卷一〇六《才识兼茂明于体用科策问》，学林出版社，1992 年版，第 497 页。

⑥《隋书》卷二《高祖纪下》，中华书局，1973 年版，第 1 册，第 47 页。

⑦杨炯：《从军行》，《全唐诗》卷五〇，上海古籍出版社，1986 年版，第 153 页。

⑧李白：《嘲鲁儒》，《李太白全集》卷二五，中华书局，1977 年版，第 1157 页。

⑨韩愈：《原道》，马其昶《韩昌黎文集校注》卷一，上海古籍出版社，1986 年版，第 19 页。

⑩《旧唐书》卷一六〇《韩愈传》，中华书局，1975 年版，第 13 册，第 4200—

4201 页。

⑪李翱:《复性书》上,《全唐文》卷六三七,上海古籍出版社,1990 年版,第 3 册,第 2849—2850 页。

⑫李翱:《复性书》上,《全唐文》卷六三七,上海古籍出版社,1990 年版,第 3 册,第 2850 页。

⑬李翱:《复性书》上,《全唐文》卷六三七,上海古籍出版社,1990 年版,第 3 册,第 2850 页。

⑭高明:《琵琶记》第一〇出《杏园春宴》,毛晋编《六十种曲》第一册,中华书局,1958 年版,第 38 页。

⑮《新唐书》卷一九九《儒学中·柳冲传》,中华书局,1975 年版,第 18 册,第 5679 页。

⑯陈寅恪:《唐代政治史述论稿》,三联书店,1956 年版,第 19 页。

⑰"横渠"是张载的号,因张载曾讲学于横渠镇,时人便称他为横渠先生。

⑱张载:《近思录拾遗》,《张载集》,中华书局,1978 年版,第 376 页。

⑲《宋史》卷四二九《道学传·朱熹传》,中华书局,1977 年版,第 36 册,第 12758 页。

⑳黎靖德:《朱子语类》卷一八,中华书局,1986 年版,第 2 册,第 398 页。

㉑张立文:《朱熹的智慧》,载《光明日报·理论周刊》1998 年 4 月 10 日。

㉒《陆九渊集》卷三六《年谱》,中华书局,1980 年版,第 481 页。

㉓陆九渊:《与李宰(二)》,《陆九渊集》卷一一,中华书局,1980 年版,第 149 页。

㉔陆九渊:《杂说》,《陆九渊集》卷二二,中华书局,1980 年版,第 273 页。

㉕《陆九渊集》卷三六《年谱》,中华书局,1980 年版,第 490 页。

㉖《明史》卷一二八《宋濂传》,中华书局,1974 年版,第 12 册,第 3786 页。

㉗胡广:《进〈五经四书〉〈性理大全〉表》,黄宗羲编:《明文海》卷六六,中华书局,1987 年版,第 1 册,第 589 页。

㉘《明史》卷一三九《钱唐传》,中华书局,1974 年版,第 13 册,第 2982 页。

㉙全祖望:《辨钱尚书争孟子事》,《鲒埼(jié qí)亭集》卷三五,朱铸禹:《全祖望集汇校集注》,上海古籍出版社,2000 年版,上册,第 660 页。

㉚廖道南:《殿阁词林记》卷六《直文渊阁侍读学士改文学博士方孝孺》:"洪武壬戌(1382),上用学士吴沉揭枢荐,诏征至京。入见,陈说多称旨。上问枢曰:'孝孺孰与汝?'对曰:'十倍于臣。'锡(赐)之宴,几稍欹必正而后坐,上使人觇之,喜其举动端整,谓皇太子曰:'此庄士也!当老其才以辅汝。'"文渊阁《四库全书》本。

㉛犹:兽名,猴类,亦称犹猢。《尔雅·释兽》:"犹,如麂,善登木。"

㉜《明史》卷一四一《方孝孺传》,中华书局,1974 年版,第 13 册,第 4019 页。

㉝黎靖德:《朱子语类》卷一三七,中华书局,1986年版,第8册,第3259页。

㉞陈献章:《复赵提学》,《黄宗羲全集》第7册《明儒学案》卷五《白沙学案上》,浙江人民出版社,2005年版,第83页。

㉟《明史》卷一九五《王守仁传》,中华书局,1974年版,第17册,第5164—5165、5168页。

㊱王士禛:《池北偶谈》卷九《王文成》,中华书局,1982年版,第201页。

㊲王阳明:《传习录下》,《王阳明全集》卷三《语录三》,上海古籍出版社,1992年版,第120页。

㊳钱德洪、王汝中辑:《王阳明年谱》,《王阳明全集》卷三三《年谱一》,上海古籍出版社,1992年版,第120页。

㊴按:黄宗羲以为娄妃是娄谅之女,但明人夏尚朴《东岩集》卷五《冰溪娄先生墓志铭》记为娄谅孙女,墓志当不至妄言。

㊵黄宗羲:《明儒学案》卷二《崇仁学案二·教谕娄一斋先生谅》,《黄宗羲全集》第7册,浙江人民出版社,2005年版,第38—39页。

㊶王阳明:《乞宥言官去权奸以章圣德疏》,《王阳明全集》卷九,上海古籍出版社,1992年版,第291—292页。

㊷《明史》卷一九五《王守仁传》第17册,中华书局,1974年版,第5168页。

㊸王阳明:《传习录中·答聂文蔚》,《王阳明全集》卷二《语录二》,上海古籍出版社,1992年版,第79页。

㊹王阳明:《传习录上》,《王阳明全集》卷一《语录一》,上海古籍出版社,1992年版,第36页。

㊺沈佳:《明儒言行录》卷八《王守仁》,文渊阁《四库全书》本。

㊻王阳明:《传习录中·答顾东桥书》,《王阳明全集》卷二《语录二》,上海古籍出版社,1992年版,第43页。

㊼王阳明:《与杨仕德薛尚诚》,《王阳明全集》卷四,上海古籍出版社,1992年版,第168页。

㊽王阳明:《传习录下》,《王阳明全集》卷三《语录三》,上海古籍出版社,1992年版,第111页。

㊾王阳明:《传习录下》,《王阳明全集》卷三《语录三》,上海古籍出版社,1992年版,第116页。

㊿《明会典》卷三四《课程三·盐法三》,《续修四库全书》第789册,上海古籍出版社,1995年版,第605页。

51黄宗羲:《明儒学案》卷三二《处士王心斋先生艮》,《黄宗羲全集》第七册,浙江人民出版社,2005年版,第828—829页。

52张峰:《王艮年谱》,转引自龚杰:《王艮评传》,南京大学出版社,2001年版,第8页。

⑬黄宗羲:《明儒学案》卷三二《处士王心斋先生艮》,《黄宗羲全集》第7册,浙江人民出版社,2005年版,第828—229页。

⑭黄宗羲:《明儒学案》卷三二《处士王心斋先生艮·心斋语录》,《黄宗羲全集》第7册,浙江人民出版社,2005年版,第832—833页。

⑮黄宗羲:《明儒学案》卷三二《处士王心斋先生艮》,《黄宗羲全集》第7册,浙江人民出版社,2005年版,第836页。

⑯洪武二十五年(1392)设置淮南盐区盐场大使,共分置二十六场大使(以后相继省并,至清中后期存有二十一场)。泰州的安丰场为淮南二十六场之一,故学术史称王艮的"格物说"为"淮南格物说"。

⑰黄宗羲:《明儒学案》卷三二《处士王心斋先生艮》,《黄宗羲全集》第7册,浙江人民出版社,2005年版,第829页。

⑱黄宗羲:《明儒学案》卷三二《泰州学案一》,《黄宗羲全集》第7册,浙江人民出版社,2005年版,第820页。

⑲《明史》卷二八二《儒林传序》第24册,中华书局,1974年版,第7222页。

⑳周汝登:《与赵学博怀莲》,《东越证学录》卷一〇,明万历刊本。

㉑吕坤:《呻吟语》卷一《谈道》,江苏古籍出版社,2002年版,第74页。

㉒高攀龙:《讲义·知及之章(庚戌)》,《高子遗书》卷四,文渊阁《四库全书》本。

㉓陆陇其:《学术辨上》,《陆稼书先生文集》卷一,商务印书馆,1936年版《丛书集成》初编本,第11页。

㉔顾炎武:《夫子之言性与天道》,黄汝成:《日知录集释》卷七,上海古籍出版社,2006年版,上册,第402页。

㉕王敔:《大行府君行状》,《船山全书》第16册,岳麓书社,1996年版,第73页。

㉖嵇璜等:《清朝文献通考》卷二二五《经籍考一五》,浙江古籍出版社,1988影印商务印书馆十通本,第6878页。

㉗李塨:《送黄宗夏南归序》,李塨:《恕谷后集》卷一,(上海)商务印书馆,1935年版,第1—2页。

㉘黄宗羲:《明夷待访录·原君》,《黄宗羲全集》第一册,浙江人民出版社,2005年版,第3页。

㉙唐甄:《潜书·任相》,中华书局,1963年版,第124页。

㉚王夫之:《读通鉴论》卷末《叙论一》,《船山全书》第十册,岳麓书社,1988年版,第1175页。

㉛顾炎武:《守令》,黄汝成:《日知录集释》卷九,上海古籍出版社,2006年版,上册,第540页。

㉜李贽:《何心隐伦》,李贽:《焚书·续焚书》,中华书局,1975年版,第

90 页。

⑬冯辰、刘调赞:《恕谷年谱》卷五,中华书局,1988 年版,第 178 页。

⑭李塨:《平书订》卷七《制田上》,商务印书馆,《丛书集成》初编本,1937 年版,第 53—54 页。

⑮顾炎武:《与人书》三,《顾亭林诗文集·亭林文集》卷四,中华书局,1983 年版,第 91 页。

⑯顾炎武:《与黄太冲书》,《顾亭林诗文集·亭林佚文辑补》,中华书局,1983 年版,第 238 页。

⑰梁启超:《清代学术概论》,上海古籍出版社,1998 年版,第 76 页。

⑱一些主张建立现代新儒学的学者把先秦孔子、孟子、荀子和汉代董仲舒所代表的儒学作为第一期,宋明时代的理学作为第二期,“现代新儒学”也就成为第三期。

西学东渐

“西学东渐”

1909 年，中国第一位留学美国的容闳（1828－1912）在纽约出版了他的自传性回忆录：“My Life in China and America”。1915 年，上海商务印书馆出版了由徐凤石、恽铁樵译述的该书中文本，并易名为《西学东渐记——容纯甫先生自叙》。于是，人们便开始以“西学东渐”来表述近代西方学术在中国的传播过程。

“西学东渐”的实际过程开始很早，它可以追溯到晚明时期。当时，西方传教士来到中国，带来了西方近代科学知识，将一个与中国传统文化迥然不同的知识体系呈现在中国学者面前。到康熙年间，由传教士内部发生的“礼仪之争”引发了中西文化的冲突，“西学东渐”过程也就随之结束。

鸦片战争前后，西方学术文化再度在中国传播。这次西方学术文化，是伴随着西方列强的鸦片和坚船利炮而进入中国大门的。如果说它还有积极作用的话，那就是激起一些先进的中国人向西方寻求救国救民的真理，主动地接触了西方文化。这个过程贯穿了整个中国近代的历史。

明末清初和清末民初这两次“西学东渐”，使中国文化面临着来自西方的强势文化的挑战。

耶稣会士来华

基督教[①]很早就传入中国。明朝天启五年（1625），人们发现了一块镌刻有 1900 多字的巨大石碑，碑题为“大秦景教流行中国碑”，它记述了自贞观九年（635）起“大秦”（古代中国对罗马的称呼）“景教”传入中国的过程和在中国流传的大致情况。这是关于基督教第一次传入中国的记述。基督教在唐代流传了大约 200 年，到唐武宗会昌五年（845）时，在“灭佛”事件中也受到了打击，以后便消失了。

到 13 世纪的元朝时，基督教再次传入中国，当时叫“也里可温”教。“也里可温”（Erkeun 或 Arkaim）是元朝的蒙古人对基督徒的称呼，它源自希伯来文“上帝”（Elohim）一词，所谓“也里可温”，就是上帝信奉者的意思。1269 年，元世祖忽必烈还曾委托返回欧洲的意大利商人波罗(polo)兄弟,带一封玺书给教皇,提出请教皇派遣100名通晓七艺(文法、论理学、修辞学、算学、几何学、音乐和天文学)的传教士来华,如果能证明基督教比其他宗教更优越、更可信,蒙古的统治阶层及臣民将改奉基督教。波罗兄弟回欧洲谒见了教皇。教皇除复函外,并派遣了两名教士与波罗兄弟一同前往中国。但这两名教士中途返回,只有波罗兄弟及其子侄马可·波罗(Marco Polo)到了中国。基督教这次在中国流传了不到100年,随着明朝取代元朝,它又一次消失了。

基督教这两次在中国的流传,虽然在中外关系史上是有意义的事件,但对中国文化没有产生什么影响。明朝后期,基督教再次进入中国,才出现了中西方文化的碰撞和交流。

15—16世纪,欧洲发生了宗教改革运动。马丁·路德创立了新教,并在欧洲广泛传播。西班牙人依格纳修·罗耀拉(Ignatius de Loyola,1491—1556)于1534年在巴黎创建了耶稣会,以扶助教皇,与新教相抗衡。

耶稣会成立不久,便想叩开东方的大门。依格纳修·罗耀拉的追随者方济各·沙勿略(Francis Xavier)带领费来拉修士(Alvaro Fereira)与中国青年基督教徒安当(Antoius)等,乘坐圣十字号船由印度果阿前往中国。1552年(明嘉靖三十年)8月底,他们抵达离广州158公里的上川岛,沙勿略也就成为进入中国领土的第一个近代西方传教士。但沙勿略到上川岛不到100天,尚未能够寻求到与内地中国人接触的机会,就在1552年12月3日病逝。他在上川岛上唯一的同伴安当与两名土著居民将其安葬,次年,安当又破土取棺,随圣十字号船返航,于1554年3月15日将沙勿略遗体运回果阿安葬。

16世纪的后半世纪,葡萄牙人已经在我国的澳门定居。在澳门定居的葡萄牙人中,除了商人之外,还有传教士。1576年,教会在澳门设立了主教区。于是,1578年,远东教务视察员范礼安(Alexadre Valignani,1538—1606)在巡视东方教区时也来到澳门。他经过视察认为,要想能够在中国内地传教,必须改变传教士在其他各国的传教方法,传教士首先要会读、会写、会说中文,同时要尽量熟悉中国的礼仪和习俗。于是便向耶稣会总会长建议改派理想的青年神甫来中国。1579年(明万历七年)7月,驻印度果阿的耶稣会省会长就派了罗明坚(Michele Ruggieri,1543—1607)来到澳门。罗明坚为了进入中国内地,就随着葡萄牙商人到广州进行交易活动(这是他当时进入中国内地的唯一可行途径)。罗明坚的彬彬有礼博得两广总督陈文峰的好感,1582年,陈文峰邀请罗明坚到两广总督的驻地肇庆长住。次年,陈文峰获罪去职,罗明坚只得返回澳门。但新任总督郭应聘到任不久,又与肇庆知府王泮主动邀请澳门传教士来肇庆,并答应拨给土地,供其建造"圣堂"和住宅。1583年(万历十一年),耶稣会便派罗明坚与利玛窦(Matteo Ricci,1552—1610)一同赴肇庆。5年后,罗明坚被耶稣会改派往罗马,于是,利玛窦便成为西方传教士在中国内地开展传教活动的第一人[②]。

此后,西方传教士便竞相来华。著名的传教士除利玛窦外,还有意大利人龙华民、高一至、熊三拔、艾儒略、毕方济、罗雅谷、利类思,西班牙人庞迪我,葡萄牙人阳玛诺、傅汎际,德国人汤若望,法国人金尼阁,瑞士人邓玉涵等等。

利玛窦的传教方式

按照范礼安提出的建议,利玛窦1582年到澳门之后,就开始学习中文。他到肇庆时,还根据沙勿略等人在日本传教的经验,剃须、剃发,穿上袈裟,把自己打扮成一个"番僧"模样。在与瞿太素结识之后,瞿太素告诉他,中国的士大夫向来轻视和尚,最好改为儒服,于是,他又留须、留发,改穿儒服,甚至连饮食也中国化。他就这样极力想通过"习华言,易华服,读儒书,从儒教"[③]的方式,博得中国人的信任。他还注意到根据不同对象采取不同的交往方式和传教方式:对下层社会成员,以浅近的语言宣扬基督教的福音;对士大夫,则从介绍西方自然科学以及哲学、逻辑学、艺术等入手,先进行学术上的交流,渐次述及基督教精神。他还把自鸣钟、配译汉字的世界地图、天文仪器、三棱镜等陈列在"圣堂"中,以引起士大夫对西学的注意。入教的中国人也不要求他们放弃原来的信仰和习惯,如尊孔、祭祖等。

利玛窦很快就发现,要想在中国顺利传教,不仅需要得到地方官员的支持,还需要得到皇帝的允许,否则,教会的地位难以稳定。于是,他在取得地方官员支持之后,又千方百计与朝廷直接联系,最后通过中央官员和太监的关系,于1601年进入北京。1605年,在北京买了一套有 40 多间房屋的大宅院,作为“北京会院”(即现存的“南堂”)。利玛窦到北京后,便广泛结交朝中士大夫,一些名公巨卿如徐光启(礼部尚书)、李之藻(光禄少卿)、王徵(山东佥事)等,都在利玛窦的影响下信奉了基督教。

由于利玛窦注意学习中国语言、尊重中国文化和习俗,又善于获得士大夫的支持和朝廷允诺,所以他在中国传教终于得以成功。1610 年,利玛窦去世时,已有教徒 2500 多名。

西学在中国的传播

由于早期传教士大多采取交流学术的形式在士大夫中间传教,西方近代自然科学也就随之传入中国。当时所传入的“西学”,涉及天文、历法、数学、地理学、物理学和火炮制造技术等很多方面。

天文、历法

这是中国士大夫最感兴趣的方面,在先后传入的 90 余种西方图籍中,天文历法书籍就达 43 种,收入《崇祯历书》就有 21 种。

《崇祯历书》是徐光启、李天经与传教士共同编辑的,它采用的是丹麦人第谷·布拉赫(Tycho Brahe,1546—1601)所提出的折中的天文学体系[④],而没有接受哥白尼(Nicolaus Copernicus)的宇宙体系和开普勒(Johannes Kepler)发现的太阳系行星运动定律,但是它引入了地球的概念和新的计算方法,引用了哥白尼、伽利略(Galileo Galilei,)、开普勒(Johannes Kepler)等人的一些天文数据和资料,介绍了“太阳诸星如磁石与铁”等观念。

数学

在数学方面,最突出的是《几何原本》的传入。利玛窦与徐光启合译的《几何原本》,不仅介绍了欧氏几何知识,还把具有严密逻辑结构的公理化体系介绍到中国。中国古代虽然有不少数学著作,在数学领域也取得不少成就,但是,一直没有形成公理化的体系,没有步入近代数学阶段。至此,中国学者才开始接触具有公理化体系的数学。此外,在李之藻与利玛窦合译的《同文算指》中所介绍的西方笔算法,《比例规解》中所介绍的伽利略发明的比例规,等等,都为当时中国数学界注入了新的知识。

地理学

这方面较有影响的是利玛窦绘制的《万国坤舆全图》，万历三十六年(1608)，明代宫廷艺人曾摹绘 12 份。这是参考奥尔蒂利等人所绘的地图而绘制的，它介绍了五大洲、三大洋的地理位置，引进了西方的地图概念和以经纬度划分球面的方法。

此外，艾儒略(Julio Aleni，1582－1649)在《职方外纪》、《西方问答》等书中对西方地理学知识的介绍，也使士大夫耳目一新。

火炮技术

传教士来华之前，明王朝曾在平定交趾时打败佛朗机(对西班牙、葡萄牙人的混称)，获得过西洋火器。万历年间，传教士再次传入西方火器的制造技术。

明末士大夫与西学

传教士所带来的西学，主要是在士大夫中传播。士大夫这一精英阶层对西学的态度，也就关系到西学在中国的命运。

西学传入中国以后，在士大夫中间引起了不同的反响。

以徐光启、李之藻、王徵、杨廷筠(湖广道御史)等为代表的士大夫对西学持肯定的态度。他们认为，西学可以“大者修身事天，小者格物穷理”，可以对中国文化起取长补短之效，因此，主张翻译、介绍、研究西学。如徐光启就说过：“欲求超胜，必须会通。会通之前，先须翻译。”[⑤]李之藻以天主教为“天学”，认为它“不脱‘六经’之旨”，是“天儒合一”；杨廷筠也以天主教教义与儒学“脉脉同符”，“吾人不必疑为异端”；徐光启表达得更明确：“余尚谓教必可补儒而易佛。”“(天主教)真可补益王化，左右儒术、救正佛法者也。”[⑥]

但是，也有一些人持反对态度，徐如珂(南京礼部礼部郎中)、沈漼(cuǐ，南京礼部侍郎)、晏文辉(南京礼科给事中)等人就是代表。他们上疏指责传教士“邪说惑众”，建议对他们“急行驱逐”。1616年，沈漼在南京逮捕了信教的华人和传教士，并说他们“阴谋不轨”，明神宗曾下令将在南京的传教士王丰肃、谢务录与在北京的庞迪我、熊三拨等一起押解到澳门。这就是中国历史上发生的第一次教案——南京教案。直到崇祯年间，传教士的活动才再度活跃起来，王丰肃、谢务录也改名高一志、曾德昭再次北上。这表明，虽然当时反对西学的人不是少数，但他们还不足以制止西学在中国的传播。

继沈漼排教之后，又发生一起在清初引起轩然大波的排教事件，这就是由杨光先所引发的“历案”，历史上又称“历狱”。

“历案”

在中国，历法问题向来都被看作政治问题。所谓“易正朔”，几乎成为改朝换代的代名词。杨光先的排教，就是抓住这个敏感问题发难的。

利玛窦去世之后，另一个耶稣会传教士汤若望（Johann Adam Schall von Bell，1591—1666）1618 年动身来中国。1620 年，他到了澳门，1623 年到北京。他在北京很快结识了士大夫和知识界人士，如徐光启、方以智等。崇祯初年，发生日食预报的错误，徐光启上疏说，由于一直使用郭守敬的《授时历》，时间长久了，难免出现差错，应该及时修正。崇祯皇帝朱由检接受了徐光启的意见，由徐光启主持修改历法。徐光启便推荐汤若望供职钦天监，参与修历工作，主要负责天文推算，以后又协助徐光启、李天经编纂《崇祯历书》。汤若望还在受命以西法督造火炮的同时，口述了火炮从冶铸、制造到保管、运输、演放以及炮弹制造等原理和技术，由焦勗整理成《火攻挈要》（2 卷）和《火攻秘要》（1 卷）。这是以中文撰写的介绍西方火器技术的重要著作。

顺治元年（1644），清军进入北京，汤若望以他的学识和技能受到清廷的保护，并命他继续修正历法。他用西法修订的历书定名为《时宪历》，经批准颁行天下。同年十一月，任命汤若望为钦天监正。次年，他以《崇祯历书》为基础纂成《西洋新法历书》（103 卷），进呈摄政王多尔衮，他因此成为太常寺少卿。顺治皇帝福临亲政后，先后授他太仆寺卿、太常寺卿、通政使等职，并赐号“通玄教师”（康熙时为避讳，改为“通微教师”）。

就在这时，明朝末年因先弹劾陈启新“假尊经”、后又“舁棺自随”弹劾大学士温体仁而名噪一时的杨光先，开始向汤若望发难。杨光先是安徽歙县人，他在顺治十六年(1659)就写了《辟邪论》等多篇指摘基督教和西历的文章。第二年，两次上疏参劾汤若望，参劾较为集中的问题之一是在汤若望主持制定的历书封面上刻有“依西洋新法”字样，杨光先认为这是要奉西洋正朔。控告似乎没有什么结果，但他锲而不舍，于康熙三年(1664)再次参劾汤若望等传教士邪说惑众、历法荒谬、阴谋造反。鳌拜等辅政四大臣借机兴“钦天监狱”，拘捕了汤若望、南怀仁、利类思、安文思四名传教士和信教官员李祖白及潘尽孝等。次年，礼部判决汤若望拟凌迟处死，但不久京师地震，汤若望免死羁狱，后因孝庄太皇太后的干预而释放，允许汤若望等四名传教士在北京居住，但不准传教，钦天监内支持新历的李祖白等五名中国官员仍被处决，其他人或流放、或革职。汤若望释放后于康熙五年病逝于寓所。

撤销汤若望等人的钦天监职务之后，鳌拜于康熙四年(1665)任命杨光先为钦天监副，杨光先以仅知历理、不知历数为由，四次请辞，不仅没有批准，鳌拜还升他为监正，杨光先再辞，仍未获准，他只得就职。

杨光先于历法确实所知甚少，他接任之后，由于西方的历法被推翻，传统的《大统历》、《回回历》都是过时的历法(《大统历》从清朝建立起便未施行，《回回历》也基本上停滞)，即使仍然使用《大统历》、《回回历》，也都需要修订，再加上杨光先用人不当，整个钦天监的工作呈现一片混乱，屡次错测节气时日，错报日月食的时间。已经亲政的14岁康熙皇帝玄烨，决心结束历法上的混乱，同时清理中西历法之争，于康熙七年(1668)十二月，喻杨光先、吴明炫、安文思、南怀仁等，“将天文历法详定，以成至善之法”[7]，让他们用各自的方法进行实测，推算正午日影所止之处。经过三次实测，南怀仁用西法都测量准确，而杨光先用《大统历》、吴明炫用《回回历》的方法测量，皆有错误。次年二月，玄烨起用南怀仁，并使用西方历法，废止了《大统历》和《回回历》。杨光先只受到“但夺官、免其罪”的处理。杨光先在回乡途中，暴死于山东。这场震动朝野的“历案”，至此方告了结，留下的则是杨光先的《不得已》集和他的名言“宁可使中夏无好历法，不可使中夏有西洋人”[8]，让人们去评说。

“礼仪之争”和中西文化交往的中断

“南京教案”和“历案”，虽然也从一些侧面反映了“西学东渐”之后的中西文化冲突，但这些冲突毕竟只是局部的，它没有给中西文化交流带来根本性的影响，没有造成中西文化交流的中断。而康熙年间所发生的“礼仪之争”就不同了，它结束了基督教在中国传播的黄金时代，也中断了东西方文化交流的进程。

玄烨亲政以后，不仅了结了“历案”，任用南怀仁主持钦天监工作，还聘用葡萄牙人闵明我、徐日升，比利时人安多等到钦天监和皇宫中任职，并通过南怀仁致信罗马教廷，欢迎教会多派懂自然科学的耶稣会士来华，又派法国传教士白晋赴法争取科学家来华，等等，他自己也很认真地学习西学。就在玄烨正热衷于西学的时候，“礼仪之争”发生了。

“礼仪之争”开始于基督教内部。这场争论包含三方面内容：①是否允许入教的士大夫祭祀孔子的问题；②是否允许中国教徒祭祀祖先的问题；③基督教的神名在中文中如何正确翻译的问题，这个问题又叫“译名之争”。

首先发生的是“译名之争”。在传教士中，围绕着基督教的神名究竟应该翻译为“天”、“上帝”或是“天主”，展开了神学的讨论。以后，争论的焦点便转向“礼仪”：从基督教的教义来看，中国士大夫和民间的“祭孔祀天”礼仪是否属于异端？教会能否对已经皈依天主教并参加教堂生活的中国教徒的祭祖习惯加以容忍？

“礼仪”争论首先发生在福建。主持当地教会的耶稣会士艾儒略(Julio Aleni，1582—1649)继承了利玛窦的传教方式，他自己就对儒学很有研究，被教内外绅民誉为“西来孔子”。艾儒略在传教中，态度十分开明，他允许教徒们进祠堂、入孔庙。但后来才到中国内地传教的方济各会教士对他这种宽容的做法表示反对。1633年，方济各会士李安堂到福建宣教，对耶稣会神父们居然容忍教民奉行异端大感震惊，于是他联合多明我会士反对耶稣会士的做法。

争论从福州扩展到广州、马尼拉，在耶稣会表示不能接受方济各会的意见之后，马尼拉主教决定把矛盾上交到罗马。1645年，教廷宗教裁判所的神学家根据在福建传教的多明我会会士的一面之词，作出了对耶稣会不利的决定。于是，耶稣会会士卫匡国专程赴罗马申辩。他解释说，中国人的祭祀只是一种社会性的礼仪，而不是宗教迷信。据此，教皇亚历山大七世于1656年作出倾向于耶稣会的决定：如果中国礼仪问题果如卫匡国所说，中国信徒可以行祭祀之礼。

不久，在北京发生"历案"，包括三名多明我会会士、一名方济各会会士在内的23名传教士被遣送到广东，他们在广州召开了长达40天的"广州会议"，总结了近百年来在中国的传教活动。总结中，礼仪问题成为激烈争论的焦点之一。最后，会议以表决形式通过议案，决定在中国礼仪问题上继续持妥协态度。

"礼仪之争"到此本来可以结束，但是，参加"广州会议"并在决议案上签了字的多明我会会士闵明我回到欧洲后，却在所出版的《中国的传统历史、政治与宗教》一书中继续判定中国礼仪是异端，并得到许多虔诚信徒的支持。

多明我会士的首鼠两端，给罗马教廷带来了麻烦。它又一次面临着两难境地。

就在这时，一批属于法国巴黎外方传教会和教廷直属传信会的传教士来到中国。那个使礼仪之争激化得不可收拾的法国巴黎大学神学博士阎当主教，也在其中。1693年，阎当主教在福建发出命令，要求在他的教区内严禁中国礼仪，且要摘去各地教堂所仿制的康熙皇帝玄烨书赐汤若望的"敬天"匾额。此外，阎当还发动欧洲神学家支持他。1700年，经过30次讨论，巴黎大学神学院定中国礼仪为异端。当时，巴黎大学与耶稣会正在展开神学论战，教皇虽然没有立即支持巴黎大学神学院的判定，但也不得不加以重视。1704年，在各方很大的压力之下，教皇克莱孟十一世主持讨论了阎当提出来的非议，结果作出了禁止中国礼仪的决定，并派多罗为特使前往中国。多罗于1705年觐见玄烨，传达了教皇的谕令。玄烨大怒，不仅把教皇谕令看作破坏中国传统礼俗的粗暴行为，也看作对他本人的无礼和挑战。

1715年3月，克莱孟十一世再次发布了关于中国礼仪问题的禁令。因为禁令是以"自那一天"开头的，所以这道禁令便被称为《自那一天》。禁令要求世界各地所有的中国礼仪之争，都应该按本规定彻底结束。玄烨读到《自那一天》后，在批语中写了这样的话："此后不必西洋人在中国传教，禁止可也，免得多事。"

中西文化接触的大门就这样关闭起来。直至19世纪，西方资本主义国家用鸦片和坚船利炮才重新打开中国的大门。

从明清之际中西文化从接触到中断的过程可以看出，导致中西文化交流中断的原因，并不像一些人所说的那样，是因为中国对外来文化的排拒，而是由于罗马教廷屈从于那些站在欧洲文化本位立场上的传教士，从而作出了错误决定所造成的。

马戛尔尼使团

1792年的9月26日，雄心勃勃的英王乔治三世派遣了一个庞大的使团，乘英国皇家战舰“狮子号”、“印度斯坦号”等几艘舰船从朴茨茅斯港出发，以补祝乾隆皇帝八十寿辰的名义访华。使团的正使便是曾任驻俄公使、孟加拉总督（未至任）的马戛尔尼勋爵（1737—1806），副使是乔治·斯当东男爵。他们事先通过东印度公司把使团来华的信息通知了两广总督，表达了希望准予他们直接进京晋见乾隆皇帝的要求。乾隆皇帝弘历准其所请，并派长芦盐政徵瑞、直隶总督梁肯堂为钦差大臣，专门负责接待使团。1793年8月，马戛尔尼一行抵达大沽，很快由接待大员陪同经北京前往热河承德行宫，参加弘历83岁寿辰的庆典。

为了打动弘历，马戛尔尼带来了丰厚精美的礼物，其中有欧洲当时最精美的天体运行仪和地球仪，有安装110门大口径炮的“君主”号战舰模型，有榴弹炮、迫击炮、连发炮、步枪、卡宾枪等先进武器，还有望远镜、秒表和大量画册。后来，清王朝按照“薄来厚往”的原则，回赠了丝绸、瓷器等三千多件礼品。当然，马戛尔尼也带来了英国想从中国得到各种利益的“清单”，其中包括：准许英商在舟山、宁波、天津等地贸易；准许英商按俄罗斯商人之例，在北京设货栈；在舟山附近指定一处不设防的小岛，作为英商停泊、居留、存放货物之所；在广州附近辟出一块地方，让英商享有以上的权利；英商在澳门、广州内河运货可以免税或减税；免除粤海关除正税外的其他一切税收，中国应公布关税额例，以便遵行。在这份清单中，自然也没有忘记传教士可以自由传教的要求。

马戛尔尼在觐见之前，遇到的第一件麻烦事是礼仪问题。他拒绝按照中国的传统礼仪行跪拜礼。军机大臣和珅在热河约见使团时，马戛尔尼竟称病不见，只派副使斯当东前往，这给弘历留下“妄自骄矜”的印象，但还是表示可以“顺其国俗”，行免冠单膝跪拜礼（据说，在觐见乾隆时，他还是不自觉地与蒙古王公贵族等一起行了三跪九叩礼）。当马戛尔尼多次想与和珅讨论两国贸易和建交问题而无结果时，他便用书面形式提出以上的要求。

弘历认为英国政府提出那些条件是“非分干求”，一一予以批驳，并告诫说“天朝物产丰盈，无所不有，原不借外夷货物以通有无”。乾隆这句话一直被人们视为清王朝盲目地“以天朝大国”自居的“经典”性语言之一。

马戛尔尼的出使失败了，但他看出了中国的败落。在1794年离开中国时，马戛尔尼说：“中华帝国只是一艘破败不堪的旧船，只是幸运地有了几位谨慎的船长才使他在近150年期间没有沉没。它那巨大的躯壳使周围的邻国见了害怕。”他还预言：“假如来了个无能之辈掌舵，那船上的纪律与安全就都完了。”这艘船“将不会立刻沉没。它将像一个残骸那样到处漂流，然后在海岸上撞得粉碎”[9]。

马戛尔尼走了。半个世纪之后，英国侵略者又来了。这次来的不是使团，而是继鸦片之后的坚船利炮。他们用坚船利炮所得到的东西，远远超过了马戛尔尼想通过谈判得到而没有得到的东西。

而在英国议会通过向中国动武议案的时候，有一个人起了不可忽视的作用，他就是马戛尔尼的副使乔治·斯当东之子托马斯·斯当东，即小斯当东。小斯当东16岁那年曾跟随其父与马戛尔尼使团一起来到中国。19岁时，他曾阅读清王朝的法典《大清律例》，此后花了十年时间将这部法典翻译成英文。他在这部译著的“前言”中说：“马戛尔尼勋爵和他的使团在中国短暂的逗留足以使他们发现：中国人所吹嘘并得到许多欧洲历史学家承认的中国对其他民族的优势全然是骗人的。”[10]1840年他多次在议会阐述对中国动武的主张，如这年4月7日，小斯当东在下院阐述他的主张时说：“当然在开始流血之前，我们可以建议中国进行谈判。但我很了解这民族的性格，很了解对这民族进行专制统治的阶级的性格，我肯定：如果我们想获得某种结果，谈判的同时还要使用武力炫耀。”[11]最后议会以五票的多数通过了对中国开战的议案。

“师夷之长技”

鸦片战争的结果，是一系列丧权辱国的不平等条约。但鸦片战争的炮火也惊醒了中国人，使他们中的先进分子开始睁开眼睛看世界。林则徐、魏源便是当时先进的中国人的代表。

道光二十一年(1841)六月，魏源匆匆从扬州赶赴镇江，会见了因广东战败而发配新疆伊犁“效力赎罪”的林则徐。他的《江口晤林少穆制府》诗二首，记述的就是这次会晤。其第一首写道：

> 万感苍茫日，相逢一语无。风雷憎蠖(huò)屈，岁月笑屠龙。方术三年艾，河山两戒图。乘槎天上事，商略到鸥凫。⑫

这是两位忧国志士感慨颇深的会晤，也是一次意义颇大的会晤。正是在这次会晤中，林则徐将他组织翻译的《四洲志》以及《澳门月报》、《粤东奏稿》等资料交给魏源，嘱托他撰写《海国图志》(魏源在诗后有一句小注：“时林公属撰《海国图志》”)。

林则徐可谓托付得人。魏源与龚自珍等正倡导经世致用的学风，期望唤醒国人的忧国之心。他在1825年，便应贺长龄之邀，选编了《皇朝(清)经世文编》，表达了他的经邦济世的思想。如果说魏源在编选《皇朝经世文编》时，还主要关注对清初经世思潮的发扬的话，那么，这时的魏源已经将目光投向了海外。道光二十年(1840)，他写过组诗《寰海》，其第二首(千舶东南)就这样写道：

> 千舶东南提举使，九边茶马驭戎韬。但须重典惩群饮，那必奇淫杜旅獒。周礼刑书周诰法，大宛苜蓿大秦艘。欲师夷技收夷用，上策惟当选节旄。⑬

从这个组诗中不仅可以看到魏源对广东战事的密切关注，还可以看出他已经形成了“师夷之长技以制夷”的思想。这一思想也正是林则徐编纂《海国图志》的动机。

1842年冬，魏源完成了50卷的《海国图志》(以后又经过3次修改，扩展为100卷)。他在此书的“自序”中说：“是书何以作？曰：为以夷攻夷而作，为以夷款夷而作，为师夷之长技以制夷而作。”他忠实地实现了林则徐——也是他自己的意愿。

“师夷之长技”，用现代的话来说，就是“学习西方先进的科技”。

这句话在那个时候说出来，是需要勇气的：需要敢于承认西方的先进，中国的落后。对于自康雍以来处于闭关自守的中国和中国人来说，做到这一点很不容易。人们用近代“最早敢于睁开眼睛看世界的中国人”来赞誉林则徐和魏源，是很对的。

当然，林则徐、魏源看到的还主要是“技不如人”。虽然魏源在《海国图志》中也介绍了西方各国的历史、地理、政治、经济、科学、宗教等情况，但在他们的心目中，西方的“长技”主要还是坚船利炮。

“自强”运动

魏源没有想到的是，《海国图志》书成之后，首先受益的竟然是日本人。它成为日本幕府末期一些学者、文化人走向“开国主义”的契机，推动了日本的“明治维新”。与日本学者、文化人争读《海国图志》形成鲜明对照的是，在中国，反映反而冷淡。

为历史所写的书，历史是终究不会忘记它的。咸丰八年（1858），马克思在《资本论》中提到的唯一中国人王茂荫上了一份奏折，题为《请刊发〈海国图志〉并论求人才折》，建议重新刊印《海国图志》，以为求“御夷之法”者的参考。当《海国图志》再版时，左宗棠欣然作序，为之鼓吹。在魏源的启示下，一些士大夫们开始向西方学习，以探寻富国强兵的出路。这就是“自强运动”。

从 1861 年到 1895 年的 35 年时间内，清王朝出现了一场以“自强”为旗号的运动。“自强”口号是恭亲王奕䜣、大学士桂良、文祥等人提出来的。1861 年 1 月，奕䜣在《奏请八旗禁军训练枪炮片》这一札片中说：“探源之策，在于自强，自强之术，必先练兵。现在抚议虽成，而国威未振，亟宜力图振兴，使该夷顺则可以相安，逆则可以有备，以期经久无患。况发捻等尤宜迅图剿办，内患除则外侮自泯。”[14]这是第一次提出“自强”口号。咸丰皇帝奕詝（zhǔ）采纳了奕䜣的意见，并命两江总督曾国藩、江苏巡抚薛焕酌办。1861 年，曾国藩在安庆建立了军械所，“自强”运动的序幕由此拉开。

曾国藩、李鸿章是在平定太平天国过程中崛起的人物，对支撑晚清时局有举足轻重意义。由他们作为“自强”运动的倡导者和实施者，阻力自然就比较小。于是，“自强”运动很快就有了相当的声势。因为“自强”运动的主要人物如曾国藩、李鸿章、左宗棠等都主张学习西方科学技术以实现富国强兵的目标，所以历史学家们一直把他们称为“洋务派”。

在“自强”运动中，清王朝主要做了以下工作：设立总理各国事务衙门，负责接待外国使节，管理涉外的各种事务；设立同文馆，教授外国语言；曾国藩、李鸿章和左宗棠等在南方一些城市设立了机器局和造船厂，从国外购买机器，雇用国外技师；派一批幼童到美国留学；等等。1872 年，又设立了轮船招商局。“自强”运动的重点是发展军事工业，用新式武器装备军队，特别是花巨资建立了新式海军。

但是，“自强”运动两次最大的挫折恰恰就出在成绩最“骄人”的海军上。1884 年，中法为越南宗主权问题发生冲突，法军避开陆地从海上进攻台湾，转而又进攻福州船政基地。船政基地是左宗棠辛苦建立起来的，其军舰是在法国人帮助下建造出来的。在这场老师打学生的海战中，仅 1 个小时，左宗棠的 11 艘战舰就被击沉了 9 艘。

第二次挫折轮到李鸿章。由李鸿章直辖的北洋舰队，拥有各种型号的舰艇 35 艘，总吨位计 15 万吨，号称是亚洲最强大的舰队。很多西方评论家认为，中国海军无论是数量上或是威力上都超过了日本。但是，1894 年发生的中日甲午海战，结局却令中外震惊：北洋舰队全军覆灭。

经过这两次打击，特别是甲午海战，“自强”运动也就差不多偃旗息鼓了。

“维新”思潮

就在中日甲午战争前夕，曾在多家国外商业机构任职，并与李鸿章、左宗棠、张之洞交往甚密的郑观应，出版了一本题为《盛世危言》的书。在这本书中，郑观应实际上表达了他对“自强”运动的不同看法。他认为，“今日之洋务，犹时务也。欲救时弊，自当对症以发药”。他又说：“泰西之强，强在学，非强于人也。然则欲与之争强，非徒在枪炮战舰也。”[15]他还认为，欧洲国家得以走向富强，是靠商业的发展，“商务日振，国势日强，民生日富”[16]，坚船利炮不过是他们保护商业利益的工具，商务才是“国家之元气”[17]。从这个角度来看，“自强”运动一开始就把发展军事工业作为起点和重点，是本末倒置。在他看来，“欲制西人以自强，莫如振兴商务”，而不能“谓商务为末务”[18]。

批评“自强”运动的还有王韬、冯桂芬等人。王韬可以说是中国第一位报刊专栏政论家。他曾向曾国藩献过“御戎”、“和戎”、“平贼”等策，又向太平军建过言，为此，被清政府通缉，在英国领事的庇护下逃往香港，协助英人理雅各翻译中国古代典籍。为翻译需要，理雅各邀他赴英国，并游历法、俄各国。1874 年，王韬在香港创办了《循环日报》，介绍西方文化，鼓吹变法自强。1884 年，在李鸿章的默许下定居上海，执掌格致书院。他虽然也主张以西法制造船、炮，但更主张大力发展工商业，成立民间公司，实行君主立宪制度。他还从“合东西两半球，联而为一”的世界大势出发，指出变法的必要，认为“一变之道，在乎师其所能，夺其所恃”[19]。王韬还指出，学习西法，不只是“恃西人之舟坚炮利，器巧算精”，还需要“师其上下一心，严尚简便”[20]，即其民气和制度。

郑观应、王韬、冯桂芬等人的观点上承魏源思想，下启梁启超的《变法通议》，所以我们称之为早期的“维新”思潮。这股思潮经甲午战争失败的激化，便出现康有为的公车上书和 1898 年的“戊戌变法”，把维新运动推向高潮。

这时，需要提到的还有严复。他不仅在他所主办的《国闻报》上宣传西方政治制度，还翻译和介绍了大量的西方社会学、经济学方面的著作，包括《原富》(亚当·斯密)、《群学肄言》(斯宾塞)、《法意》(孟德斯鸠)、《群己权界论》(即《论自由》，穆勒)、《名学》(穆勒)、《社会通诠》(甄克思)、《名学浅说》(耶方斯)等，其中最著名的是赫胥黎的《天演论》。严复于 1898 年译述出版的《天演论》，运用达尔文“物竞天择，适者生存”的生物进化观点，宣传“优胜劣汰”的社会进化理论，同时，批判了中国旧有的国家制度和科举制度，宣传人民应享有民主自由。这些西方学术著作的翻译出版，对中国知识界了解西学、学习西学，无疑是极大的推动。它们不仅影响了当时“维新”运动，对中国以后学术思想的发展也有很大的影响。

“维新”运动与“自强”运动一样，表明中国已经由被动接受西学转向主动学习西学。但两者相比，也有以下不同：第一，“自强”运动的倡导者和实施者以官僚及其幕僚为主体，而“维新”运动的主体是对西方国家较为了解的非官僚的“在野”知识分子；因此，第二，“自强”运动是由上而下发动的，而“维新”运动则是由下而上形成的；第三，“自强”运动选择了以发展军事工业为重点，而“维新”运动的视野则要广阔一些，主张把变革的重点放在科举制度、教育制度、政治体制以及军事体制等方面，同时还有不少人提出重商的主张。因此，“维新”运动“西化”的色彩更浓。他们相信，只要运用西法就可以使中国走上富国强兵之路。如王韬就曾满怀信心地预言：“吾知中国不及百年，必且尽用泰西之法而驾乎其上。”[21]

在只有西方作参照的历史条件下，当时人们可选择的富国强兵之路似乎只有“西化”。

“中学为体，西学为用”

正当“变法维新”之际，张之洞提出了“旧学为体，新学为用”的口号，并认为“中学为内学，西学为外学，中学治身心，西学应世事。不必尽索之于经文，而必无悖于经义”[22]。以后，就把张之洞的意思概括为“中学为体，西学为用”，简称“中体西用”，并认为这个口号是张之洞首先提出来的。

其实，“中体西用”是当时的流行思想。1891 年，康有为即说：“必有宋学义理之体，而讲西学政义之用，然后收其用也。”[23]这应该是“中体西用”的最早表述。继康有为之后，郑观应也说：“合而言之，则中学其本也，西学其末也。主以中学，辅以西学，知其缓急，审其变通，操纵刚柔，洞达政体，教学之效，其在兹乎？”[24]大声疾呼学习西方、实行变法的王韬，也同样有“中体西用”思想。如他在《上当路论时务书》中就说过：“治民之本，当知尽其在我者也。西学西法非不可用，但当与我相辅而行之可也。”[25]冯桂芬也主张要“以中国之伦常名教为原本”。他说：“愚以为在今日，又宜曰鉴诸国。诸国同时并域，独能自致富强，岂非相类而易行之？尤大彰明较著者。如以中国之伦常名教为原本，辅以诸国富强之术，不更善之善者哉！”[26]梁启超同样说过：“舍西学而言中学者，其中学必为无用；舍中学而言西学者，其西学必为无本。无用无本，皆不足以治天下。”[27]

我们罗列“维新派”关于“中体西用”的论述，不是为了考证这一思想的源流，而是想说明“中体西用”说并不像人们所说的那样，是“洋务派”的主张，也不是“洋务派”为了调和“洋务派”与“维新派”的矛盾，或为了调和“西学”与守旧派的矛盾而提出的策略。它反映了传统具有巨大的惯性，即使高举“反传统”旗号的人，也难以摆脱传统的影响或制约。“西学”当时固然受到守旧人士的强烈反对，但是，主张“新学”的人也未必就真正能够从骨子里割舍得了“旧学”。如果从这个角度看问题，那么，不久之后所发生的新文化运动就是很必要也是很必然的了。

“新文化运动”

“自强”运动的失败，向世人昭示了单纯向西方学习军事制造技术不是真正的“自强”之路；“戊戌变法”的失败，向世人昭示了依靠“维新”无法使一个腐朽政权起死回生；“辛亥革命”的失败，向世人昭示了推翻帝制也不意味着中国就此就可以新生。袁世凯政府公开命令尊孔读经，企图在“保存国粹”的旗号下，加强思想控制、酝酿复辟帝制，复古思潮也乘机泛滥。

救国救民的道路还需要继续探索。

新文化运动就是又一次探索。

1915 年，陈独秀创办《青年杂志》，拉开了新文化运动的序幕。他在《青年杂志》的创刊号上发表的《敬告青年》一文，实际上就是新文化运动的宣言书。在《敬告青年》中，陈独秀举起了“人权”（民主）与“科学”的大旗，呼吁青年要成为“意志顽狠，善于不屈，体魄强健，力抗自然，信赖本能，不依他人为活，顺性率真，不饰伪自文”的新国民，希望他们是：

——自主的而非奴隶的；

——进步的而非保守的；

——进取的而非退隐的；

——世界的而非锁国的；

——实利的而非虚文的；

——科学的而非想象的。

1916 年 9 月，《青年杂志》改名《新青年》。它的主要撰稿人则集中在北京大学。1917 年 1 月，著名教育家蔡元培任北京大学校长，实行了“思想自由”、“兼容并包”的办校方针，他聘请陈独秀任文科学长，李大钊任图书馆主任，胡适、刘半农、钱玄同、沈尹默、周作人、鲁迅等一大批提倡新文化的学者纷纷来北大任教。这样，一场以《新青年》为舆论阵地、以北京大学为思想中心、高举“德先生”（民主）和“赛先生”（科学）两杆大旗的新文化运动，就蓬勃展开，并逐步席卷全国很多地区。

新文化运动是具有真正启蒙性质的思想文化运动。它对旧思想、旧文化形成了巨大的冲击，为中国走向现代化做了必要的廓清道路的工作。它所高扬的科学和民主的旗帜，随着马克思主义在中国的传播而成为中国新文化发展的主流意识，直到今天也仍然还需要继承和发扬。

新文化运动也有未完成的课题。传统与现代化的关系，就是它没有来得及深入思考的问题之一。20 世纪初期，人们所看到的现代化只有西方模式，这时，是很容易把现代化与“西化”等同起来的。新文化运动中出现全盘“西化”的观点是不奇怪的，不能简单地责怪新文化运动导致传统的断裂。当时也有人（如杜亚泉，笔名伧父）愤而指责新文化运动导致对中国固有文化的抛弃，并由此引发了一场关于中西文化问题的论争。但当时的情势下，这些传统文化维护者的立场未必就比提倡新文化的学者更正确。

真正处理好传统与现代化的关系，可能还要等到半个世纪以后，等到“中国特色社会主义”这一命题的提出。人们只能解决在一定的历史条件下所提出的和所能够解决的问题。这就是历史对人们的制约。

【注释】

①基督教有时特指新教，即耶稣教。这里所说的基督教，均属泛指，即涵盖天主教、东正教、新教等，只有在必须分别时，才指明具体教派。

②江文汉：《明清间在华的天主教耶稣会士》，知识出版社，1987 年版，第 10—11 页。

③柳诒徵：《中国文化史》下卷，上海东方出版中心，1988 年版，第 661 页。

④第谷·布拉赫的天文学体系是折中的体系，它企图调和日心说与地心说，一方面把几个行星看作沿着轨道环绕太阳在运动，一方面又认为太阳和几个行星作为一个整体，仍然围绕着静止的地球运行。

⑤徐光启：《历书总目表》，《徐光启集》卷八，上海古籍出版社，1984 年版，下册，第 374 页。

⑥参见顾卫民《基督教与近代中国社会》，上海人民出版社，1996 年版，第 77—78 页。

⑦陈占山：《杨光先评传》，《不得已》附录三，黄山书社，2000 年版，第 244 页。

⑧杨光先：《日食天象验》，《不得已》卷下，黄山书社，2000 年版，第 79 页。

⑨[法]阿兰·佩雷菲斯：《停滞的帝国——两个世界的撞击》，生活·读书·新知三联书店，1993 年版，第 532 页。

⑩[法]阿兰·佩雷菲斯:《停滞的帝国——两个世界的撞击》,生活·读书·新知三联书店,1993年版,第566页。

⑪[法]阿兰·佩雷菲斯:《停滞的帝国——两个世界的撞击》,生活·读书·新知三联书店,1993年版,第603页。

⑫魏源:《江口晤林少穆制府》,《魏源集》下册,中华书局,1976年版,第781页。

⑬魏源:《寰海》,《魏源集》下册,中华书局,1976年版,第805页。

⑭奕䜣:《奏请八旗禁军训练枪炮片》,《筹办夷务始末(咸丰朝)》第八册,中华书局,1979年版,第2700页。

⑮郑观应:《西学》,《盛世危言》卷2《礼政》,内蒙古人民出版社,1996年版,第128、133页。

⑯郑观应:《商务一》,《盛世危言》卷5《户政》,内蒙古人民出版社,1996年版,第506页。

⑰郑观应:《商务一》,《盛世危言》卷5《户政》,内蒙古人民出版社,1996年版,第481页。

⑱郑观应:《商务一》,《盛世危言》卷5《户政》,内蒙古人民出版社,1996年版,第504页。

⑲王韬:《弢园文新编·答强弱论》,生活·读书·新知三联书店,1998年版,第103页。

⑳王韬:《弢园文新编·变法自强下》,生活·读书·新知三联书店,1998年版,第39页。

㉑王韬:《弢园文新编·变法上》,生活·读书·新知三联书店,1998年版,第14页。

㉒张之洞:《劝学篇·外篇·会通第十三》,《张之洞全集》第12册,河北人民出版社,1998年版,第9767页。

㉓康有为:《与朱一新论学书牍》,《康有为全集》第1集,上海古籍出版社,1987年版,第1040页。

㉔郑观应:《西学》,《盛世危言》卷二《礼政》,内蒙古人民出版社,1996年版,第133页。

㉕王韬:《上当路论时务书》,郑振铎编:《晚清文选》,上海书店,1987年影印本,第410页。

㉖冯桂芬:《采西学议》,郑振铎编:《晚清文选》,上海书店,1987年影印本,第105—106页。

㉗梁启超:《西学书目表后序》,《梁启超全集》第1册,北京出版社,1999年版,第86页。

有容乃大

中国文化为什么会有强大的生命力，从而使中华文明成为世界上唯一的古老而又不间断的文明？我们可以列举很多原因，但有一个不能不提的重要原因，那就是它具有博大的宽容精神。中国人很早就形成了这样的理念：有容乃大。

从林则徐的对联说起

1839年，林则徐任两广总督，赴广东查禁鸦片。据说他到广东后，曾为政事堂书写一副对联以自勉。这副对联是：

海纳百川有容乃大，壁立千仞无欲则刚。

林则徐在这副对联中用了四个典故：

“海纳百川”：出自《庄子》。《庄子·秋水篇》说：“天下之水莫大于海，万川纳之。”《庄子》的话可能来源于《老子》。《老子》说过：“江海所以能为百谷王者，以其善下之，故能为百谷王。”①

“有容乃大”：出自《尚书》。周成王曾对大臣君陈训道：“尔无忿疾于顽，无求备于一夫。必有忍，其乃有济；有容，德乃大。”②意思是：你不要愤恨那些愚钝无知的人，不要求全责备于哪一个人。一定要有所忍让，才能够办成事；一定要有所宽容，才可以说德量大。

“壁立千仞”：出自晋代张载的《剑阁铭》。《剑阁铭》中有这样句子：“惟蜀之门，作固作镇。是曰剑阁，壁立千仞。”③意思是：它是蜀地的门户，也是蜀地的屏障和保障。这就是剑阁，它的山岩像墙壁一样陡峭，高达千仞（一仞七尺，一说八尺）。

“无欲则刚”：出自《论语》。据《论语》载，孔子有一次感叹道“我没有见到过刚毅的人”。有人说他的学生申枨差不多。孔子说：“枨也欲，焉得刚？”④“无欲则刚”就是由此引申而来的。

林则徐把这四个典故连缀起来，表达了两层意思：胸襟和操守。即一个人要有“海纳百川”般的胸怀，要有“壁立千仞”般的操守。

林则徐这副对联可能在当时就流传开来。1868年（同治七年），方浚师由侍读学士外放广东广肇罗道，行前，他到老师倭仁处辞行，并请倭仁“训言”。大概因为方浚师恰好要去广东，于是，这位出身蒙古族却笃信程朱理学的大学士便手书林则徐此联以赠⑤，希望方浚师有“海纳百川”的胸怀和“壁立千仞”的操守。

其实,“海纳百川”不只是一个有抱负的个人应有的胸怀,也是一个伟大的民族应有的胸怀。

中华民族就具有这样的胸怀。它像“海纳百川”一样,广泛吸纳不同文化,不断地丰富自己,发展自己,形成中华文化的特质之一:兼容并蓄的包容性。

中华文化正是用它经久不衰的历史证明了“有容乃大”的真理性。

说“来”、“贝”

中国文化的包容性可以追寻到远古时代。我们的先民们在那个时候就以平常心看待外来的事物。

读者可能已经注意到,前面在介绍我国农业的起源时,回避了一个很重要的粮食作物品种——小麦。我国是小麦种植面积很广、也是种植小麦很早的国家,大约公元前 2000 左右,中原地区就开始种植小麦。但是,中原地区的小麦究竟是从哪里来的,迄今还是一个谜,至少是一个争议很大的问题。不过,很多专家倾向于认为我国只是小麦的次生种植中心,而不是小麦的原生地。小麦(包括大麦)可能起源于西亚两河流域以北的新月形地带,以后逐步传入我国的西藏、云南、新疆[6]。到公元前 2000 年左右,传入中原地区。

我国的长江流域和黄河流域分别是稻、粟、稷的原生地。这里的居民在小麦引入之前的几千年中,已经养成了“粒食”的饮食习惯。小麦的传入,把“粉食”这种饮食方式带到了中原地区,这对人们固有的饮食习惯来说,显然是一种冲击,就像我们现在习惯了吃大米和中式面食,一下子要改吃面包一样。但是,我们并没有看到当时人们有抵制小麦的痕迹,而只是看到在中国字中增加了一个字——“来”[7],甚至还把它看作上天赐予的祥瑞[8]。

如果说学术界对小麦——“来”的来源还有争议的话,那么,对货币——“贝”的来源的看法则比较一致。

在汉字中,用“贝”字作偏旁的字最主要的有两类:一是与交易活动有关的,如买、卖、赊、赎、赔、赚、账、贾、购等;一是与财产、财富或珍宝、珍贵有关的,如宝、贵、赀、财等。

从甲骨文可以看到,“贝”字()像贝壳形。人们为什么把交易活动和财富、珍宝与贝壳联系起来呢？因为“贝”曾经作为货币使用过。在司马迁对货币起源的论述中，还提到过以“贝”作货币的历史[9]。不过，司马迁所说的“龟贝”，可能已经是铜铸币，而不是真正的贝壳。但是，以真正贝壳作为币材，在历史上确实存在过。考古工作者在殷墟的商王武丁配偶妇好墓中，就发现有近7000只贝壳，数量如此之大的贝壳，很可能是作为财富而随葬的。因为只有在贝壳成为货币的时候，用大量的贝壳随葬才有意义。在金属货币出现以后，制作了贝壳状的金属币，只是保留了用贝壳作货币的历史记忆。

贝壳究竟是从什么时候用作货币的呢？那肯定是在市场交易活动出现以后。我国古代市场交易活动出现很早，据说，神农氏时代就有了专门作交易场所的“市”，人们当时就“日中为市，致天下之民，聚天下之货，交易而退，各得其所”[10]。这种“市”与后来的“集”、“墟”差不多，或者可以说就是“集”、“墟”：人们汇集起来进行交易活动，就是“集”；人们散集后，场地一空，便是“墟”。但这时在交易中是否使用作为一般等价物的货币，尚不能断定，很多学者认为，当时还是物物交易，也就是说还没有使用货币。古人认为，货币到夏代才出现[11]。考古工作者在河南偃师二里头遗址中发现有12枚仿制的骨贝和石贝，人们认为这有可能是作货币用的。如果二里头遗址确实是夏代遗址，那么，现代考古则支持了古人关于货币产生于夏代的论断。

贝壳这种极为普通东西，为什么会用作货币呢？原来远古时代作货币的贝壳，并不是普通贝的壳，而是海贝的壳，而海贝则来自遥远的南海。海贝的壳质地坚硬、光泽好，且不容易得到，所以显得十分珍贵。早在18000年前的山顶洞人，就作为装饰品，以后还用于祭祀，用它作币材也就很自然了。

当来自遥远的南海之滨的物品——海贝壳作为货币在中原地区使用的时候，华夏文明之光已经在中原地区升起。但是，中原地区的人们并不鄙薄这种外来的物品，甚至用它作装饰以炫耀、用它作祭品以享祖先、用它作货币以代表财富。

“夷夏之防”不是不可逾越的墙

中华文化之所以具有强大生命力，显然是受赐于“多元一体”的民族结构。不同民族文化的相互碰撞和交流，是中华文化不断发展的动力之一。

但是，在中华文化中，也出现过阻碍民族文化交流的观念，“夷夏之防”就是这类观念之一。

前面说过，至迟到西周，就形成了东夷、西戎、北狄、南蛮与中原地区华夏族并存的民族格局。华夏族相对于周边的夷蛮民族来说，社会要进步，文化要发达，这就造成了中原民族的优越感和排他性。公元前587年(鲁成公四年)，鲁成公姬黑肱从晋国返鲁之后，不满于晋国，打算叛晋而与楚国结盟，鲁国大夫季孙行父(即季文子)在劝谏时，引述了西周时代史佚的话“非我族类，其心必异”[12]。这大概是最早提出的关于“夷夏之防”的观点，它成为以后一些人排斥外来民族及其文化的重要依据，也是现代一些学者得出中国文化具有保守性和排他性的重要依据。

“夷夏之防”确实是阻碍华夏民族与周边民族、中华民族与外来民族交往的一道墙，但是，它并不是一道不可逾越的墙。如果打开历史，在各个历史时期，我们都会看到越过“夷夏之防”这道墙而出现的民族交往、民族交融的景象。汉民族就是在不断打破“夷夏之防”的过程中形成和发展起来的。

“夷夏之防”在西周末年、东周初年就开始被打破。

春秋时代的秦国，是原“东夷”民族的一支迁徙到西方所建立的，所以它很长时间不具有华夏民族的资格，不能参与中原诸侯国的会盟。公元前771年，犬戎族攻破西周都城镐京，秦襄公抓住这个机会，派兵与卫国、郑国等中原诸侯国一起护送周平王东迁洛阳。由于护送周平王有功，秦国取得了成为诸侯国的资格，可以参与中原国家的会盟，终于突破了“夷夏之防”，进入了华夏文化圈。

东南方的吴国和越国，本来也是“断发文身”的蛮族，后来也接受了中原文化，并依靠军事力量参与中原诸侯国的会盟和霸主的角逐，于是也进入了华夏文化圈。

南方的楚国是芈(mǐ)姓，属于“荆蛮”国家，并且自称“蛮夷”。到楚庄王时，楚国强大起来，打败了晋国，迫使鲁、郑、陈、宋等国先后归附，成为中原霸主，于是也俨然成为中原国家。

还有很多西周时代不属于华夏文化圈的小国，春秋战国时期先后被较强的诸侯国兼并，它们也随之进入华夏族文化圈。

秦、汉王朝的建立，形成了统一的国家。广袤的版图更为打破

“夷夏”民族界限、促进华夏民族与少数民族融合创造了条件。于是，以原来的华夏族群为基础形成了更为紧密的民族实体：汉族。

汉族形成以后，并未结束中原民族与周边少数民族交往和融合的过程，相反，汉族正是因为有少数民族的不断加入，才发展成为现代汉族的。汉代以后的魏晋南北朝时期、唐王朝时期、五代十国时期以及元代、清代，都是少数民族与汉族交往频繁时期，也是汉族从少数民族不断补充血液、得以发展的时期。唐太宗李世民还说：“自古皆贵中华、贱夷狄，朕独爱之如一，故其种落皆依朕如父母。”[13]这更是对“夷夏之防”的明确否定。

为什么一方面讲究“夷夏之防”，一方面又不断突破“夷夏”界限？如前面所说，其原因存在于古人的民族观中。古人的民族界限，也即他们所“防”界限是文化，而不是种族。就像唐代韩愈所说的，“诸侯用夷礼则夷之，进于中国则中国之”。南宋学者罗泌也说：“《春秋》用夏变（于）夷者夷之，夷而进于中国，则中国之。”[14]也就是说，只要在文化上认同，就可能在民族上融合。文化吸引力成为民族融合和凝聚的基础。

在西方，从文化角度看民族问题是近代的事，但在中国古代，则是一以贯之的思想。

赵武灵王“胡骑胡服”

华夏文化相对于周边少数民族来说，虽然是强势文化，但不是在任何时候、任何方面都优越于周边民族。华夏民族也需要用少数民族文化丰富自己、发展自己，才能使汉民族永葆活力。

承认华夏民族的不足而主动向少数民族学习，较早也是较为典型的例子，可能要数赵武灵王雍的“胡服骑射”。

“胡服骑射”首先是一次军事改革。当时，中原国家的主要兵种是步兵和“车兵”，车战是重要的作战形式。战车的多少，甚至成为评价一个国家国力强弱的标志，出现所谓“万乘之国”、“千乘之国”（即有一万辆战车的国家、一千辆战车的国家）的说法。

诗人屈原在《国殇》一诗中，为我们全景式地展现了一次车战的画面。他写道：

战士们手里拿着吴戈啊，身上穿着犀皮甲。

战车与战车交错啊，刀与剑短兵相接。
旗帜遮蔽了太阳啊，敌人像乌云涌来。
箭与箭飞舞交坠啊，战士们勇猛争先。
敌人冲击了我的阵地啊，践踏了我的队列。
左边的马已经死去了啊，右边的马也受了伤。
战车车轮被陷住啊，战马被绊住了马足。
鼓手仍然举起鼓槌啊，敲响震天的战鼓。
上天看着战场也怨恨啊，神灵们也不禁愤怒。
残酷的杀戮结束了啊，战士的尸体抛弃在漫山遍野。[15]

屈原在诗中，一反他那浪漫主义的风格，用写实的方式描写了车战的全过程：从远距离的箭射，到近距离的格斗。这次战斗，对楚国来说，是一次抗击侵略的战斗，也是一次惨烈失败的战斗。屈原写出了保卫国土的热忱所激发出的楚国战士的英勇，以及战斗的残酷激烈、楚军的顽强悲壮。

这种以战车对付战车的车战，在地势较为平坦、战车可以任意驰骋的中原地区，或可发挥其威力，但在地形复杂的地区，就很难展开。如果用它来对付北方游牧民族的骑兵，就会显得很笨拙。

而赵国正是地处北方，与娴于骑射的林胡、楼烦等少数民族接壤。多次战争，都因使用战车而不能取胜。第六代国君赵雍即位后，进行了以“胡服骑射”为主要内容的改革，他仿照北方民族，建立起骑兵。于是，在中原国家出现了新的兵种——骑兵，并逐渐成为驰骋于中原大地的主要兵种之一。

“胡服骑射”不仅是军事改革，也是一次文化变革。赵雍实行“胡服骑射”，不可避免地会遇到服装问题。宽袍大袖的装饰不适合于骑射，是显然的。于是，赵雍便带头穿起了短衣、长裤和革靴的胡服。这种装束最初应用于赵国的军队，以后在民间也效法开来，成为普遍装饰。

服装问题只是一个表层文化问题，在它的后面还有一个深层次的问题，即要不要坚持华夏文化本位的问题。赵雍提出改革方案后，立即受到以他的叔父公子成为首的一些人的反对。公子成反对的主要理由，就是华夏文化作为本位文化是不可动摇的。他说：“中国者，盖聪明徇智之所居也，万物财用之所聚也，贤圣之所教也，仁义之所施也，《诗》《书》礼乐之所用也，异敏技能之所试也，远方所观赴也，蛮夷之所义行也。今王舍此而袭远方之服，变古之教，易古之道，逆人之心，而佛（bèi，通‘悖’）学者、离中国，故臣愿王图之也。”在公子成看来，华夏文化是最优秀的文化，赵国不能背弃中原地区的传统，放弃优秀的华夏文化，而去采用夷狄文化。赵雍面对公子成的责难提出：“夫服者，所以便用也；礼者，所以便事也。圣人观乡而顺宜，因事而制礼，所以利其民而厚国也……乡异而用变，事异而礼易。是以圣人果可以利其国，不一其用；果可以便其事，不同其礼。儒者一师而俗异，中国同礼而教离，况于山谷之便乎？”[16]也就是说，华夏的礼制并不是不可改变的。只要能够使国富兵强，则无论是华夏文化还是夷狄文化，都不妨采用，而不必拘泥保守。

公子成与赵武灵王的争论，似乎成为中国以后所发生各次民族文化争论的一个模式：反对改革者总是以华夏固有文化的先进性为理由，拒绝吸收少数民族、外来民族的文化，而主张改革者则认为需要因时、因事、因地而变更制度，不能一成不变；如果便用、便事，即使是蛮夷的东西也不应排拒。

以后的历史证明，吸收少数民族文化、外来文化对于中华文化的发展有着重要意义。它不仅没有使中华文化失去特色，相反，还使中华文化的内涵得到不断丰富和发展。

“张骞凿空于前，班超投笔于后”

秦汉王朝的建立，为中外文化交流带来了新的局面。作为一个统一的大帝国所发生的对外交往，必然会扩大中外文化交流的规模，增强汉文化对少数民族文化和域外文化的吸收能力。

谈到汉代对外来文化的吸收，人们自然不会忘记“丝绸之路”。1877 年，德国地理、地质学家斐迪南 · 冯 · 李希霍芬（Ferdinand von Richthofen，1833—1905）出版了《中国》一书。在这本书里，他首次用“丝绸之路”来命名从中国长安经新疆通往中亚、西亚到欧洲和北非的古代贸易通道。这条连接欧亚大陆的古老商道，也是一条文化通道，它把中华文化与印度文化、波斯文化、古希腊文化连接了起来。佛教、伊斯兰教、早期的基督教（景教）、犍陀罗艺术[17]以及西域绘画、乐曲、乐器、舞蹈和吞刀、吐火等杂技，西域的葡萄、苜蓿、石榴、胡桃、胡瓜、胡麻、胡葱以及大宛马等物产，就是通过这条通道融入中华文化,进入中国人的生活的。

打开“丝绸之路”,张骞和班超起了重要作用,所以史书上说“张骞凿空于前,班超投笔于后”[18]。

张骞(? —前 114)字子文,西汉时汉中郡成固县(今陕西城固)人。他曾经两次出使西域。第一次是公元前 138 年出发,到公元前 126 年返回长安,历时 13 年。出使的目的是联络大月氏夹击匈奴,其间被匈奴羁押 10 余年。他回长安后,将“身所至者,大宛、大月氏、大夏、康居,而传闻其旁大国五六,具为天子言之”。第二次是公元前 119 年,张骞以中郎将率 300 人的使团,再次出使西域,以联络乌孙,共同抗击匈奴。其间,他还派副使到了大宛、康居、大月氏、大夏、安息等国。出使这些国家的使者回国时,各国也派使者与汉使一同到了汉朝,“于是西北国始通于汉”。张骞之后,汉朝“益发使抵安息、奄蔡、黎轩、条枝、身毒国”,其时,“使者相望于道,诸使外国,一辈大者数百,少者百余人”[19]。安息国还在汉朝使者回国时,“发使随汉使来观汉广大,以大鸟卵及黎轩(后世称为大秦、海西国)‘善眩人’(即魔术艺人)献于汉”[20]。

张骞两次出使西域,虽然与大月氏、乌孙结盟的目的未能实现,但打通了汉朝与西域的交通,促进了中华文化与域外文化的交流,特别是打开了汉人的眼界,使汉人知道在遥远的西方还存在着与中原地区迥然不同的文化,而不至于只是靠零星的传闻来了解西域。

在汉王朝的影响力达到西域之前,匈奴的势力早已伸进西域。张骞通西域之后,西域即为汉王朝与匈奴互相争取之地。但到西汉后期,随着汉王朝国力的衰减,它与西域的交往也逐渐减少,匈奴的势力在西域又得到扩张。东汉王朝建立后,为了疏通与西域的交往,公元 73 年(汉明帝永平 16 年),班超继张骞之后又一次出使西域。

班超(32—102)字仲升,因后来封为定远侯,习惯又称为班定远,出身于一个史学世家,是著名史学家班彪之子、班固之弟、班昭之兄。汉明帝永平五年(62),班超与母亲随其兄班固迁居洛阳,因为家境贫寒,他靠替官府抄写文书维持生计。他不满足于这种抄写工作,曾投笔而叹:“大丈夫无他志略,犹当效傅介子[21]、张骞立功异域,以取封侯,安能久事笔研(即砚)间乎!”[22]

永平十六年(73),他以假司马(代理司马的小官)随窦固一起攻击北匈奴时,奉命率吏士 36 人出使西域。他就以这寥寥 36 人,攻杀了匈奴派驻鄯善、于阗的人员,废除了亲匈奴的疏勒王,重新确立了东汉王朝在西域的地位。“不入虎穴,焉得虎子”就是他在这次军事行动之前所发出的豪言。以后,班超反击了北匈奴在西域的进攻,平定了莎车、龟兹、焉者等地的叛乱,击退了月氏对西域的入侵,于是,“丝绸之路”又畅通起来。班超在西域长达 31 年之久,他曾派遣甘英出使大秦,甘英到达条支的西海(今波斯湾)而返回[23]。中国文化和欧洲文化直接交流的机会,就这样擦肩而过。

唐代的“胡风”

唐王朝是中国历史上继汉代之后又一个中外文化交流的高峰期。

这个时期,也是外来文化风靡的时期。浓厚的“胡风”弥漫于唐朝各地,特别是首都长安和陪都洛阳,胡服、胡食、胡乐、胡画、胡语成为时尚。西域的葡萄美酒、宝马玉器,波斯的毛织品、印度的棉花,等等,都成为中原地区的流行物品,连宫廷乐章也使用了西域的“胡乐”,其中《高昌乐》可能最受欢迎。

在唐代的长安,除了流行胡服、胡骑、胡旋舞外,还有一种叫“拂林狗”的长毛叭儿狗,也颇受贵妇的青睐。这种长不盈尺、棕色长毛、永远长不大的“拂林狗”,据说是来自波斯。

唐代的女性,可能是汉代以后最解放的女性。她们的开放程度,决不逊于今天的女性。诗人元稹在他的诗中这样写道:

> 自从胡骑起烟尘,毛毳腥毡满咸洛(指长安和洛阳)。
> 女为胡妇学胡装,伎进胡音务胡乐。
> ……
> 胡音胡骑与胡妆,五十年来竞纷泊(纷泊:纷纷)。[24]

元稹虽然有着鲜卑族的血统,但汉文化的熏陶使他早已不再适应“胡风”,那么多来自“胡域”的事物在眼前盘旋,使他感到眼花缭乱,接受不了。但李白对待来自“胡域”的事物,心态要比元稹好多了,他是“胡人”经营的酒店中的常客,常常沉浸在胡姬的歌舞中品尝着葡萄酒,与朋友一醉方归。在他的诗中写道:

> 琴奏龙门之绿桐,玉壶美酒清若空。

催弦拂柱与君饮，看朱成碧颜始红。
胡姬貌如花，当垆笑春风。
笑春风，舞罗衣，君今不醉将安归。[25]

元稹的好友白居易也与他不同。带有少数民族血统的白居易，虽然同样有着深厚的汉文化修养，但他并不拒绝“胡风”。唐文宗太和三年(829)，白居易辞去刑部侍郎，以太子宾客分司东都洛阳，在洛阳生活到武宗会昌五年(846)75岁去世。在此期间，白居易就在履道坊的宅内张设了毡帐，经常就在毡帐会客，像“胡人”那样过起帐篷生活，留下了大量“帐篷诗”。如在《池边即事》一诗中，他写道：

毡帐胡琴出塞曲，兰塘越棹弄潮声。
何言此处同风月，蓟北江南万里情。[26]

据说，时为太子的李承乾，也很喜欢这种帐篷[27]。在当时世界上最大的城市中过着帐篷生活，确实是一道不可思议的风景。

隋唐时代，在汉语中夹杂外来语，似乎也是一种时髦。比如在白居易《暮江吟》中有诗句“半江瑟瑟半江红”，其中的“瑟瑟”读起来就让人感到怪怪的。因为“瑟瑟”这个词虽然在唐代之前就已经出现，但那只是作为象声词使用，如乐府诗《今有人》：“风瑟瑟，木搜搜，思念公子徒以忧。”[28]为什么白居易却用它来表示色彩呢？据钱文忠教授说，原来“瑟瑟”是波斯语jamsat(绿松石头)的音译，还有一种说法，认为它是一种结晶玻璃，在阿拉伯语、波斯语、乌兹别克语里都叫作shee－shay[29]。

使用外来语的时尚，还表现在隋唐人的起名字上。比如，隋炀帝杨广的小名叫“那罗延”(“大力士”)，此名就来自梵语；唐代诗人王维，字摩诘，其“摩诘”也是借用佛教第一个居士维摩诘的汉语译名；李白更是给自己的儿子取了一个很特殊的名字：颇黎[30]。据说，“颇黎”就是“玻璃”的译音。幼年曾经生活于异域的李白，似乎还真的有“异域情结”[31]，连给儿子取名也带上异域风味。

唐代“胡风”的盛行，可能与唐太宗“自古皆贵中华，贱夷狄，朕独爱之如一”的华夷一家观念有直接关系。

说到这里，不能不提美国学者谢弗(E. H. Schafer)。他在1963年出版了《撒马尔罕的金桃——唐代的舶来品研究》(中文译本将书名改为《唐代的外来文明》)。在这本西方盛赞的汉学名著中，谢弗教授细致研究了多达170多种唐代的外来物品，立体地展示了中外文化交流的壮阔场面。它似乎又把人们带到早已忘记的撒马尔罕王国向大唐王朝贡献"大如鹅卵，其色如金"的金桃的年代，让人们看到由思想解放、政策开明、贸易自由、"胡汉一家"所缔造的繁荣的盛唐气象。我们上面对唐代"胡风"的叙述，不少就取材于谢弗的著作。

昆仑奴

唐代作家裴铏著有小说集《传奇》三卷，后人把唐代文言小说称为"传奇"，即来源于此。《传奇》这部小说集久已散佚，但有四篇还保留在宋代李昉等编的《太平广记》中，其中有一篇题为《昆仑奴》的小说，讲了这样一个故事：

> 唐朝大历年间，崔生去看望父亲的好友——一位功勋盖世的一品大臣（原型或为郭子仪）时，在其家看上一名身着红衣的歌妓（红绡）。告别时，红绡向崔生竖起三个手指，又翻了三次手掌，然后指着胸前一面小镜子说"记住"。崔生回到家里便失魂落魄。崔家的"昆仑奴"磨勒，破解了红绡的手语哑谜：约定崔生十五月圆之夜会面。磨勒于是杀了一品大臣家的看家恶狗，携崔生进入红绡所住宅院，使两人得以相见，又背着两人"飞出峻垣十余重"回到崔家。两年后，一品大臣发现红绡踪迹，召见崔生盘问，崔生如实讲了经过。一品大臣说："红绡的事不追究了，但磨勒一定要除去。"便派兵包围崔生宅院，捉拿磨勒。磨勒手握匕首，飞出高墙，快如飞鹰，转眼不知去向，虽箭发如雨，都无法射中。一品大臣又惊又怕，每夜派兵在家守卫。十多年后，有人看见磨勒在洛阳卖药，容貌丝毫未变。[32]

在唐代文言小说中，《昆仑奴》算不上是特别优秀的小说，人们对这篇小说感兴趣的一个重要原因，是主人公"昆仑奴"磨勒的种族问题，即认为磨勒是在唐代文学作品中出现的非洲黑人的形象。但也有人认为磨勒不一定是非洲黑人，他也可能来自东南亚一带。

"昆仑奴"是唐代诗文中经常出现的人物现象。著名诗人张籍有一首题为《昆仑儿》的诗，就是专门描写昆仑奴的。他在诗中写了昆仑奴的来源和特点，特别突出了他们的黑肤、穿耳、卷发和半裸。他写道：

昆仑家住海中州，蛮客将来汉地游。
言语解教秦吉了，波涛初过郁林洲。
金环欲落曾穿耳，螺髻长卷不裹头。
自爱肌肤黑如漆，行时半脱木棉裘。[33]

从唐代的诗文中我们还知道，昆仑奴大都充当家奴。据说诗人王昌龄在去长安时，船行至马当山，船家说要向水神祈祷，王昌龄请船家代为上岸祭献，且作诗一首："青骢一匹昆仑牵，奉上大王不取钱。直为猛风波滚驟，莫怪昌龄不下船。"[34]这位牵马的昆仑奴，大概就属于家奴。他们还特别精通水性。如有篇小说写洛阳魏王池里有一个鼋窟，其中鼋能幻化，为射杀成为精怪的鼋，就找了数十名昆仑奴深入窟底，杀死了大小鼋数十头[35]；还有一篇小说提到，在李德裕贬官赴潮州的途中，经过鳄鱼滩，舟船损坏，他所收集的宝玩、书画全都沉入水中，也是让船上的昆仑奴潜水寻找的。因为水下鳄鱼太多，昆仑奴也无法接近，才不得已而放弃[36]。

总之，"昆仑奴"虽然可能是贩卖到中国的奴隶，但在唐代文学作品中的昆仑奴，多为具有奇技异能的人物，甚至是侠义之士，作者除了对他们流露出新奇感之外，很少看到有种族歧视的描写。至于在中国境内的外来商人、留学人员以及使者，更是与本地人民享受一视同仁的对待。

开封的犹太人

古代中国人一视同仁对待异域来客的又一个典型的例子，是对待来华的犹太人。

据说，中国的开封地区有犹太人，是利玛窦首先发现的[37]。

1605 年，有位名叫艾田的开封犹太人拜访利玛窦，利玛窦将艾田引进经堂。当他看到祭坛上所悬挂的圣母玛利亚怀抱婴儿耶稣、施洗约翰跪着祈祷的圣像时，艾田以为圣像上的人物是《旧约圣经》所说的利百加和她的两个儿子雅各与以扫，并称他们为自己的祖先。艾田还把另外一幅所画的《新约圣经》的四福音书作者的肖像当作雅各 12 个儿子中的 4 个。利玛窦还发现艾田认为自己是"一赐乐业"

(Israelite)[38]，而不知道“犹太人”这个称呼。他由此得出结论，认为在中国的犹太人，是在公元前犹太教形成之前就离散出来的。

艾田还向利玛窦介绍了在开封以及其他地方的“一赐乐业”教家庭。他说，在杭州有更多的“一赐乐业”教家庭，他们也同样有犹太会堂。还说，在他们刚刚重修的开封犹太会堂里，保存着一部有五六百年历史的《摩西五经》。3 年后，利玛窦派了一位名叫黄明沙的中国修士到开封进行了调查，证实了艾田所说的一切都是真实的。

但是，有些学者认为，开封地区的犹太人，可能是宋代来到中国的。当时有一支犹太人从波斯经孟买到泉州，再经杭州然后抵达汴梁（即开封）。宋王朝让他们居住下来，准许建立教堂，并且不干预他们的信仰。也有学者认为犹太人是因为经商而从天山南路进入中原地区的。

这支犹太人来到开封之后，开始时还保留着原有的宗教信仰、语言和生活习俗，以后也尊孔祭祖、参加科举、与汉人通婚，从与当地人相安无事到逐渐汉化而融入了当地社会。后来，人们发现了明代和清初所立的三块石碑，即《重建清真寺记碑》（明弘治二年，1489）、《尊崇道经寺记碑》（明正德七年，1512）、《祠堂述古碑记》（清康熙十八年，1679）。学者们认为虽然“作为一个民族的犹太人和作为宗教的犹太教已不复存在”[39]，但这三块石碑依然可以见证这段中外民族交往的历史。

中国最早的“外国语大学”

元朝在文化上的一个特点是：对汉族文化采取压制态度，但对外来文化却很宽容。元朝很重视西域人（当时称为“色目人”），很多西域人在政府中担任要职。于是，西域文化也随之进一步传入中国。不过这个时期传入的西域文化主要是阿拉伯文化，而与元朝之前以波斯文化为主有所不同。

元朝在京师还建立了回回国子监，专门教授阿拉伯文，这应该是中国比较早设立的“国立外国语大学”了。这时传入中国的阿拉伯文化，主要是阿拉伯的天文、历法、医学、建筑、音乐等。到清朝初年，在钦天监中还有人专门研习其天文、历法。

从“会通”到“超胜”

在“有容乃大”这个题目下，我们谈了一些有关华夏—汉文化和少数民族文化、外来文化交往的零星片段。

前面已经谈到中外文化交流的两大事件——佛教的传入和西学东渐，我们想再加上这些零星片段，以表明中华文化是具有包容性的文化。不可否认，中华文化也像一切民族文化一样，会有排他性，但是，它并不是一味地排拒，同时对异质文化也有着包容的一面。

而且，中华文化的包容性不是简单的兼容并蓄，而是要通过消化、吸收，与中国固有的文化融会起来。这种文化精神突出表现在“会通”这一理念当中。

“会通”思想在中国出现很早，它至迟可以追溯到《易》传。《易》传说：“圣人有以见天下之动，而观其会通，以行其典礼，系辞焉以断其吉凶，是故谓之爻。”[40]高亨对这段话作了如下的解释：“爻，仿效也。此言圣人有以见到天下事物之运动变化，而贯彻其会合贯通之处，从而推行社会之典章制度，于是在各爻下系上爻辞，以论断吉凶，所以谓爻画曰爻。”[41]也就是说，“会通”是以承认事物的运动变化为前提的，是在认识事物运动变化的基础上，寻求事物之间的结合点和切入点，将各种事物加以统摄。将这一思想用于处理不同文化之间的关系，那就是在不同文化的接触中，以原有文化为本位对其他文化加以吸收、消化和融合。

从中国文化发展的历史上看，“会通”的内涵包括两个方面。一是中国内部不同的民族文化、区域文化之间的“会通”。这个过程在中国文化起源的新石器时期就表现了出来。新石器时代各文化区系的形成，就是“会通”的结果，而在各文化区系之间也存在着交流和融合。此后，从思想文化侧面看，春秋战国时代，一方面是学派林立，一方面是各学派之间相互吸收，形成“同归而殊途，一致而百虑”[42]的局面；汉代的儒学可以说就是儒学在“会通”了各派思想基础上形成的；在魏晋时期，儒、道之间的“会通”形成了“玄学”。二是与外来文化的“会通”。中国文化曾经吸收过中亚文化、阿拉伯文化、印度文化。印度佛教传入中国后，不仅逐渐形成中国化的佛教，而且在南北朝以后，历经隋唐，还与儒、道之间进行“会通”，形成了宋代的理学；明清之际，更出现了中学与西学的“会通”，使中国学术出现了向近代转型的迹象。

中国古代之所以重视“会通”思想，是与人们企图革新图变相联系的。古代中国人很懂得事物只有在运动中才能保持生命力的道理，提出了“流水不腐，户枢不蝼(lóu)，动也”[43]的观念；他们还将万事万物只有变化才能发展的认识上升到理性高度，提出了“穷则变，变则通，通则久”[44]这个著名命题，而用带有贬义色彩的“墨守成规”、“抱残守缺”等等词语来评论那些反对“变”的人。即使在人们心目中属于比较保守的理学家，也不会忘记《大学》第二章对“变”的强调。《大学》在这一章中列举了《盘铭》(商汤时代刻铸在青铜器皿上的铭文)、《尚书·康诰》和《诗经·大雅·文王》这些文献，力图说明除旧布新是必然的要求[45]。所以，在历史上讲变革的思想家、政治家中，也不乏儒家学者，包括理学家。

古人无论是讲“会通”还是讲“有容乃大”，往往都是出于文化自信。他们也有理由充满文化自信。因为在西学传入之前，中华文化与周边各民族文化相比，它是强势文化，它向外辐射的力度远远大于周边民族对中国文化的影响程度。但是，到了明清之际，情况发生了变化，西学的传入让士大夫们看到了另一种优越于中国文化的西方文化。面对具有强势的西方文化，一些士大夫开始修正自己的观念，提出了“欲求超胜，必须会通”[46]的新口号。他们没有放弃“会通”，但只是把“会通”看作实现“超胜”的途径和条件。

“欲求超胜，必须会通”是个好口号。它承认了西方文化的先进性，又不失自身的文化自信。此后，人们为了应对强势的西方文化，曾经提出过“中体西用”、“西体中用”以及“全盘西化”等种种主张，这些主张虽然也可能与“会通”并不相悖，但是，相比之下，还是以“会通”为途径、以“超胜”为目的的提法为好。它对我们今天建设社会主义新文化来说，似乎依然是一个有借鉴意义的口号。

【注释】

①《老子》六十六章，王弼：《老子道德经》，上海书店，1988年影印世界书局《诸子集成》本，第3册，第40页。

②《尚书·君陈》，阮元校刻《十三经注疏·尚书正义》卷一八，中华书局，1980年影印本，第237页。

③张载:《剑阁铭》,《文选》卷五六,上海古籍出版社,1986 年版,第 6 册,第 2411 页。按:张载字孟阳,河北安平人,是西晋时的文学家,非北宋的张载。其父张收任蜀州太守时,他曾随父入蜀,于此时作《剑阁铭》,益州太守张敏见而奇之,表上其文,晋武帝司马炎遂遣使镌石。

④《论语·公冶长》,阮元校刻《十三经注疏·论语注疏》卷五,中华书局,1980 年影印本,第 2474 页。

⑤方浚师:《蕉轩随录》卷一〇,中华书局,1995 年版,第 394 页。

⑥贵州师范大学教授陈庆富和四川农业大学教授颜济等学者发现,目前分布在中国西藏、云南和新疆的三种特有小麦(西藏半野生小麦、云南铁壳麦和新疆稻麦)中,西藏半野生小麦和云南铁壳麦,都是中东原始小麦品种传入中国后,分别在西藏和云南保存了与环境相适应的类型的结果。新疆是不是小麦的原生地,我们还不敢断言。即使是小麦的原生地,在公元前 2000 年左右,它对于中原地区来说,也是外来事物。见中国食品产业网,2005 年 12 月 21 日。

⑦张辑《广雅》:"来,小麦;牟,大麦",王念孙:《广雅疏证》卷一〇,中华书局,1983 年影印本,第 334 页。朱熹在注《诗·周颂·思文》"贻我来牟,帝命率育"句时也说:"来,小麦。牟,大麦也。"《诗集传》卷一九,中华书局,1958 年版,第 227 页。

⑧《说文解字》释"来"字道:"来,周所受瑞麦来牟。一来二缝,象芒束之形。天所来也,故为行来之来。"段玉裁:《说文解字注》第五篇下,中华书局,1981 年影印本,第 231 页。

⑨司马迁《史记》卷三〇《平准书》:"农工商交易之路通,而龟贝金钱刀布之币兴焉。"中华书局,1959 年版,第 4 册,第 1442 页。

⑩《易·系辞下》,阮元校刻《十三经注疏·周易正义》卷八,中华书局,1980 年影印本,第 86 页。

⑪《盐铁论·错币》:"夏后以玄币。"王利器:《盐铁论校注》卷一,中华书局,1992 年版,第 57 页。

⑫《左传·成公四年》:"秋,公至自晋,欲求成于楚而叛晋。季文子(即季孙行父)曰:'不可。晋虽无道,未可叛也。国大臣睦而迩于我,诸侯听焉,未可以贰。史佚之志有之,曰:"非我族类,其心必异。"楚虽大,非吾族也。其肯字(爱)我乎?'公乃止。"阮元校刻《十三经注疏·春秋左传正义》卷二六,中华书局,1980 年影印本,第 1901 页。

⑬司马光:《资治通鉴》卷一九八,中华书局,1957 年版,第 13 册,第 6247 页。

⑭罗泌:《路史》卷二四《国名纪》,文渊阁《四库全书》本。

⑮此段《国殇》的原文为:"操吴戈兮被犀甲,车错毂(gǔ,车轮的中心插轴之处。'车错毂':战车交错)兮短兵接。旌蔽日兮敌若云,矢交坠兮士争先。凌余

阵兮躐(liè,超越)余行(háng,行列),左骖殪(yì,杀死)兮右刃伤。霾(mái,同'埋')两轮兮絷(zhí,绊住马足)四马,援玉枹(fú,鼓槌)兮击鸣鼓;天时怼(duì,怨恨)兮威灵怒,严杀尽兮弃原野('野'或读 shù)。"洪兴祖:《楚辞补注·九歌第二》,中华书局,1983 年版,第 82—83 页。

⑯《史记》卷四三《赵世家》,中华书局,1959 年版,第 6 册,第 1808—1809 页。

⑰公元 1—6 世纪盛行于古代印度犍陀罗地区(今巴基斯坦北部及阿富汗东部一带)以雕塑为主的佛教艺术。犍陀罗艺术在佛教造像中,吸收了古代希腊末期人神同形同性的理念和重视自然写实性的雕刻手法,丰富和发展了佛教的雕塑艺术。

⑱《隋书》卷八三《西域》,中华书局,1973 年版,第 6 册,第 1859 页。按,"张骞凿空"语出《史记·大宛列传》,裴骃《史记集解》引苏林注曰:"凿空,开通也。骞开通西域道。"司马贞《史记索隐》也说:"西域险阨,本无道路,今凿空而通之也。"但中原地区与西域交往,实在张骞通西域之前,司马迁为什么还用"凿空"一词?司马迁所说的"凿空",大概是指自张骞之后,汉王朝才开始与西域诸国正式互通使节,建立起国与国的关系。

⑲《史记》卷一二三《大宛传》,中华书局,1959 年版,第 10 册,第 3170 页。

⑳《史记》卷一二三《大宛传》,中华书局,1959 年版,第 10 册,第 3173 页。

㉑傅介子(?—前 65),西汉北地(郡治在今甘肃庆阳西北)人。曾出使大宛、龟兹、楼兰,诛杀楼兰王,使西域各国脱离匈奴,与汉王朝通好。

㉒《后汉书》卷四七《班超传》,中华书局,1965 年版,第 6 册,第 1572 页。

㉓《后汉书》卷八八《西域传》:"和帝永元九年,都护班超遣甘英使大秦,抵条支。临大海欲度,而安息西界船人谓英曰:'海水广大,往来者逢善风三月乃得度,若遇迟风,亦有二岁者,故入海人皆赍三岁粮。海中善使人思土恋慕,数有死亡者。'英闻之乃止。"中华书局,1965 年版,第 10 册,第 2918 页。

㉔元稹:《法曲》,《元稹集》卷二四,中华书局,1982 年版,第 282 页。

㉕李白:《前有樽酒行》(之二),《李太白全集》卷三一,中华书局,1977 年版,第 1451 页。

㉖《白居易集》卷二六,中华书局,1979 年版,第 605 页。

㉗司马光《资治通鉴》卷一九六:"(李承乾)好效突厥语及其服饰,选左右貌类突厥者五人为一落,辫髪羊裘而牧羊,作五狼头纛及幡旗,设穹庐,太子自处其中,敛羊而烹之,抽佩刀割肉相啖。"中华书局,1957 年版,第 13 册,第 6189—6190 页。

㉘《宋书》卷二一《乐三》,中华书局,1974 年版,第 2 册,第 608 页。

㉙钱文忠:《世界背景下的中国文化》,钱文忠教授在山西太原文化论坛上的讲演。

㉚魏颢《李翰林集序》:“白始娶于许,生一女、一男,曰明月奴。……次合于鲁一妇人,生子曰颇黎。”《李太白全集》卷三一,中华书局,1977 年版,第 1451 页。按,一般认为“颇黎”即玻璃。但也有人据《新唐书》卷 221 下《西域下》所载的一段文字:“吐火罗或曰吐豁罗、曰覩货逻,元魏谓吐呼罗者,居葱岭西乌浒河之南,古大夏地,与挹怛杂处,胜兵十万,国土著少女多男,北有颇黎山”,认为“颇黎”是吐火罗国的山名,据说此山产神马(汗血马)。还有人认为“颇黎”是突厥语“狼”的译音。

㉛据说,李白出生于异域,大约 5 岁时随父亲李客回到四川。但是,对李白是否真的出生在异域,出生于异域的什么地方,学者们的看法颇不一致。或据李阳冰《草堂集序》说,认为李白出生于条支(“条支”在今阿富汗);或据范传正《李公新墓碑》说,认为李白出生于碎叶,而“碎叶”是在新疆的焉耆、哈密,还是在中亚,也说法不一。

㉜原文载李昉等编《太平广记》卷一九四,中华书局,1961 年版,第 4 册,第 1452 页。

㉝张籍:《昆仑儿》,《全唐诗》卷三八五,上海古籍出版社,1986 年版上册,第 961 页。

㉞《太平广记》卷三〇〇《王昌龄》,中华书局,1961 年版,第 6 册,第 2385—2386 页。

㉟《太平广记》卷四七〇《谢二》,中华书局,1961 年版第 10 册,第 3870—3871 页。

㊱《太平广记》卷四六四《鳄鱼》,中华书局,1961 年版第 10 册,第 3820—3821 页。

㊲学者认为,利玛窦到中国北京以后有两大发现,一是发现马可·波罗在他的游记中所说的“契丹”实际上就是中国,二是发现中国的开封地区有犹太人。江文汉:《明清间在华的天主教耶稣会士》,知识出版社,1987 年版,第 20—21 页。

㊳“一赐乐业”(Israelite)可能是以色列(Israel)的音译。

㊴中国籍美裔著名犹太学者、全国政协委员沙博理语,见方良根《开封犹太人遗迹再寻访》,《人民日报》(海外版),2006 年 5 月 1 日第 2 版。

㊵《易·系辞上》,阮元校刻《十三经注疏·周易正义》卷七,中华书局,1980 年影印本,第 79 页。

㊶高亨:《周易大传今注》,齐鲁书社,1979 年版,第 518 页。

㊷《易·系辞下》,阮元校刻《十三经注疏·周易正义》卷八,中华书局,1980 年影印本,第 87 页。

㊸《吕氏春秋·季春纪·尽数》,陈奇猷:《吕氏春秋新校释》卷三,上海古籍出版社,2002 年版,第 139 页。

㊹《易·系辞下》，阮元校刻《十三经注疏·周易正义》卷八，中华书局，1980年影印本，第86页。

㊺《礼记·大学》："汤之《盘铭》曰：'苟日新，日日新，又日新。'《康诰》曰：'作新民。'《诗》曰：'周虽旧邦，其命维新。'是故君子无所不用其极。"阮元校刻《十三经注疏·礼记正义》卷六〇，中华书局，1980年影印本，第1673页。

㊻徐光启：《历书总目表》，《徐光启集》下册，中华书局，1963年版，第374页。

后　记

十分感谢安徽大学出版社将这本小册子收入《走进传统文化》丛书。

1992年我开设《中国古代文化》这门课程时，由于找不到合适的教材，便自编了一份讲义。2008年，曾将讲义作了修改，印发给学生作为课外读物。由于修改十分匆忙，在书中留下了一些遗憾，但却无法改正，使我很惶恐。现在，安徽大学出版社给了我这个修订的机会，感激之情自是难以言表。

利用安徽大学出版社给予的修订机会，我对文字作了多处修改，对引文作了全面核对，并补足了注释中的版本信息，等等。尽管如此，但由于此书篇幅虽小而涉及面却较大，也很难说完全没有讹误，特别是目力不济，很容易看错、打错字，只是我已经力尽于此了。

张成权

二〇一三年元旦